本书得到国家自然科学基金青年项目（72303163

产业政策
与中国企业
对外直接投资

决策分析、生产率提升
与福利效应

张宸妍 ◎ 著

中国财经出版传媒集团

经济科学出版社
Economic Science Press
·北 京·

图书在版编目（CIP）数据

产业政策与中国企业对外直接投资 ： 决策分析、生产率提升与福利效应/张宸妍著 . -- 北京 ： 经济科学出版社，2025. 3. -- ISBN 978 - 7 - 5218 - 6602 - 5

Ⅰ. F120；F279. 23

中国国家版本馆 CIP 数据核字第 2024P0F667 号

责任编辑：王　娟　李艳红
责任校对：杨　海
责任印制：张佳裕

产业政策与中国企业对外直接投资
——决策分析、生产率提升与福利效应
CHANYE ZHENGCE YU ZHONGGUO QIYE DUIWAI ZHIJIE TOUZI
——JUECE FENXI，SHENGCHANLÜ TISHENG YU FULI XIAOYING

张宸妍　著

经济科学出版社出版、发行　新华书店经销
社址：北京市海淀区阜成路甲 28 号　邮编：100142
总编部电话：010 - 88191217　发行部电话：010 - 88191522
网址：www. esp. com. cn
电子邮箱：esp@ esp. com. cn
天猫网店：经济科学出版社旗舰店
网址：http：//jjkxcbs. tmall. com
北京季蜂印刷有限公司印装
710 × 1000　16 开　14.5 印张　220000 字
2025 年 3 月第 1 版　2025 年 3 月第 1 次印刷
ISBN 978 - 7 - 5218 - 6602 - 5　定价：58.00 元
（图书出现印装问题，本社负责调换。电话：010 - 88191545）
（版权所有　侵权必究　打击盗版　举报热线：010 - 88191661
QQ：2242791300　营销中心电话：010 - 88191537
电子邮箱：dbts@ esp. com. cn）

前　　言

　　2004 年以来，中国对外直接投资实现快速发展，国内企业以产业链为起点在全球配置资源。对外直接投资既是企业国际化的重要途径，也是中国深度参与全球价值链的重要推动力量。在对外直接投资高速增长的过程中，产业政策体系发挥了关键作用。中国特色的对外投资开放制度通过一系列政策转化为治理效能，彰显出巨大的优势。为推进国家治理体系和治理能力现代化，提高产业政策的有效性是重中之重。然而需要认清的是，当今国际形势复杂多变，全球产业链供应链面临重构，发达国家收紧外资审查政策，中国对外直接投资面临较高的风险和不确定性。在这一背景下，总结过去中国对外直接投资的成功经验，理清产业政策对企业对外直接投资的影响机制，探讨对外直接投资地位巩固与结构优化，既可以为中国推动高水平对外开放、建设世界一流企业的现实需求提供理论指导，也是中国建设更高水平开放型经济新体制的学理依托。

　　本书基于中国开放型经济在对外直接投资领域的发展脉络及成就，提出评估中国对外投资产业政策的基本框架，全面系统地考察产业政策与中国企业对外直接投资的关系。首次梳理对外直接投资产业政策的发展脉络，从便利化政策、方向指导政策、金融财税政策三方面进行分类，搭建政策分析框架，并采用数量和文本分析方法综合考察政策集合的动态变化。进一步利用 2004~2013 年商务部境外投资企业名录和中国工业企业数据库，从企业意愿和能力视角、政策协同性视角、企业能力提升视角、福利视角展开理论分析和经验研究，深入探讨产业政策对中国企业对外直接投资的作用渠道。

　　本书包括八章内容。第 1 章是导论，具体包括研究背景、研究意义、主要研究内容和研究框架、研究方法、可能的创新与贡献。第 2 章是文献综述，回顾并梳理了企业对外直接投资的影响因素研究、政府对企业对外直接投资的作用研究、对外直接投资的生产率效应研究。第 3 章为中国对外直接投资产业政策：发展脉络与指标量化，首先详述中国对外直接投资产业政策的发展路径，然后介绍了政策的测算及量化方法，最后概括产业政策和中国企业对外直接投资的变动趋势。第 4 章至第 7 章为本书的核心章节。第 4 章从企业意愿和能力的视角出发，通过动态优化模型，研究产业政策对中国企业对外直接投资决策的动态影响，重点关注企业特征的调节机制，从总体上实证评估了产业政策影响中国企业对外直接投资的经验效果，并且作为拓展分析，进一步考察不同类型政策的作用。第 5 章从政策协同性的角度考察产业政策对企业对外直接投资的影响效应，以中央政府发布的便利化政策为核心，考察省级政府发布的相关政策与中央政策的互动关系，以及两类政策与企业、区域因素间的互动关系，是国内首次考察不同层级对外投资产业政策和企业对外直接投资之间关系的研究。该章首先从制度的视角对国际商务理论加以拓展，并依次给出相应的理论假说，在此基础上，通过构建面板数据模型考察不同层级便利化政策的影响效应，并采用工具变量最小二乘法探讨内生性问题。第 6 章从企业能力提升的视角出发，研究产业政策如何影响企业对外直接投资和生产率之间的关系，并关注不同投资类型、不同行业类型的差异性，考察了滞后生产率效应。第 7 章构建含有产业政策支持的异质性企业模型框架，探究产业政策影响企业对外直接投资的微观机制和福利效应，根据第 3 章对产业政策的梳理，在行业—年份层面实证研究产业政策如何影响对外直接投资的临界生产率和平均生产率，并通过数值模拟考察产业政策的福利效应。第 8 章是主要结论与政策启示，归纳总结全书，得出相应的政策启示和该领域未来的研究方向。

基于前文的理论推演和实证分析，本书得到的主要结论包括以下几点。

（1）产业政策不仅显著提升了中国企业进行对外直接投资的概率，而且也促进了已投资企业再次参与国际化；产业政策对生产率较高企业的对外直接投资的促进作用更强，对非国有企业对外直接投资的促进作用强于对国有企业对外直接投资的促进作用，证实了中国对外投资产业政策侧重于提升企业对外直接投资的意愿和能力。进一步分析发现，相比于其他类型的政策，金融财税政策对企业是否进行对外直接投资的影响更强。

（2）中央政府和省级政府颁布的便利化政策均能显著促进企业的对外直接投资，省级政府的相关政策能进一步加强中央政策的促进作用；当企业隶属较高的政府层级时，省级政策的促进作用受到削弱；在市场化程度较高的区域，中央和省级的政策对促进企业对外直接投资的作用更加明显。另外，根据便利化政策的内容和作用对象分类，不同类型的政策对企业对外直接投资的影响存在差异，外汇管理政策的促进作用强于审批核准政策和信息支持政策。影响机制检验表明，规模偏离度是中央、省级便利化政策促进企业对外直接投资的可能渠道。

（3）对外直接投资正向影响企业生产率，产业政策支持力度的增大会加强这一影响；无论企业对外直接投资目的地的研发资源密集程度、信贷约束程度如何，产业政策支持力度的增大都会加强对外直接投资的生产率效应；产业政策显著提升了非战略型行业中企业对外直接投资对生产率的作用，而对于战略型行业中企业对外直接投资的生产率效应的影响并不显著。另外，对外直接投资对企业生产率的影响具有显著的滞后作用，但产业政策支持并没有加强对外直接投资和生产率之间的长期因果关系。

（4）产业政策支持降低了对外直接投资的临界生产率和平均生产率，并且该结论在考虑了生产率的衡量方法、政策的内生性等问题之后依然稳健；不同类别产业政策的影响存在差异；理论模型容易拓展至多国，就区位选择而言，企业的对外直接投资倾向于选择政策支持力度大的目的地；数值模拟结果表明，在政府预算中性的假设下，适度的政策支持能够提高社会福利。

本书从产业政策的视角为中国企业的对外直接投资提供了一个全方位的诠释，丰富了对外投资产业政策的研究，为论述对外投资产业政策对企业对外直接投资的影响机制提供了微观依据，对中国完善对外直接投资政策和服务体系具有重要的意义。本书可以给出的启示如下：第一，政府通过实施广泛的产业政策，降低企业对外直接投资的临界生产率，助力企业实现国际化。第二，产业政策能够驱动中国企业的对外直接投资，而对于不同生产率、不同所有制的企业，产业政策对企业对外直接投资影响的差异值得关注。第三，从推动企业对外直接投资的角度出发，需要继续转变政府职能、深化简政放权，同时增强各类对外投资政策的协同，进一步明确各政府部门的权责分工，提高政策合力。第四，政府在制定和实施对外投资产业政策过程中应重视长期效果的反馈，建立提高对外直接投资逆向溢出作用的长效机制，既要及时给予对外直接投资以相应扶持，也要明确自身的角色和定位。第五，政府和企业应共同培养和发展企业的独特竞争优势，通过推动企业以对外投资的方式积极参与国际竞争，合理布局国内国际两个生产，提高中国制造业的全球制造半径，实现国内国际双循环的协同提升。

目　　录

第1章 导 论

1.1 研究背景

随着全球生产网络的不断变革，跨国公司在世界经济活动中的作用日益增强，对外直接投资不仅是企业国际化的必经之路，也是各经济体深入参与全球价值链分工布局的重要推动力量。中国企业的对外直接投资是在服务国家经济发展的宏观目标下，兼顾企业利润最大化做出的战略决策，着力于以对外投资发挥要素禀赋优势、以对外投资服务实体经济的发展、以对外投资培育国内创新优势。中国的对外直接投资相对超前于经济发展水平，其先行者往往面临更大的外部风险，这就需要政府给予一定的激励补偿。国际市场的竞争是企业总成本之间的竞争，而总成本不仅包含企业效率决定的生产成本、受国内外制度环境等影响的投资成本，还涵盖了软硬基础设施条件决定的交易费用。伴随着"走出去"战略的实施，对外直接投资流量出现井喷式增长，从 2003 年的 28.5 亿美元上升到 2022 年的 1465 亿美元。中国企业对外直接投资行为受到本国经济发展状况、制度环境以及要素成本的影响，既是企业关注的重点问题之一，也是政府制定政策的依据。其中，产业政策对企业对外直接投资的影响机制正是本书关注的核心问题。

20 世纪 80 年代以来，在对外直接投资领域，中国实施了内容丰富的产业政策，不仅采取市场准入、项目审批和优惠的金融、财税等直接的行政干预手段选择性地扶持主导产业，而且辅以普惠的功能性产业政策，不只强调政府对资源配置的作用，也注重自由化、市场化的转型，强化市场机制配置资源的能力。产业政策所释放的制度激励，在经济发展、产业升级等方面扮演着重要角色。围绕产业政策的有效性问题，国内外始终存在着较大争论。2009 年，林毅夫和张夏准就"促进工业化和产业升级的政策是否应该与现有的比较优势保持一致"等问题展开辩论（Lin and Chang，2009）。2011 年，林毅夫和塞勒斯汀·孟加等学者对政府在结构转型中所起的作用进行研讨（Lin et al.，2011）。最近的"产业政策之争"发生在 2016 年，林毅夫和张维迎多个回合的辩论引起了更大范围的思考。产业政策支持者认为，从经济发展和多样化生产角度，政府干预是必要的，尤其对于发展中国家来说，有助于解决经济结构转型中的外部性和协调失灵等问题（Rodrik，2004；林毅夫，2012）。反对产业政策的观点则强调信息约束和激励障碍，认为在实施选择性产业政策的过程中，政府对企业的补贴会扭曲市场信号，滋生寻租和腐败，故产业政策的实施效果经常背离其制定的初衷（Chang，2006）。

党的十九届四中全会提出"建设更高水平开放型经济新体制""健全促进对外投资政策和服务体系"，推动经济高质量发展。对外直接投资作为开放型经济的重要组成部分，其起步和发展都被烙上了产业政策的印记。政府就对外直接投资制定政策规划，优化国内政策环境，引导对外直接投资领域的渐进性开放。通过不同时期、针对不同行业和地区的政策，对外投资政策体系逐步上升到制度性的安排。在对外投资政策的调节机制下，政府帮助企业承担对外直接投资过程中的不确定性风险，促进对外投资结构的整体化发展，使对外直接投资服务于国内经济结构的转型升级。同时，新一轮科技革命不断推进，全球制造业格局显著调整，发达国家实施制造业振兴计划的同时收紧外资的审查政策，比如英国以及法国、德国等欧盟国家对包括资源、基础设施建设、人工智能技术在内的敏感部门投资项目的审查更加谨慎，对国有企业的投资和政府主导的投资审查也更为严格，而这些都是中国对外直接投资的重点领域和重要载体，给对外直接投资政策制定带来了新挑战。

在不同的历史阶段，产业政策的实施目标和具体措施存在显著差异，其体系和内涵得以不断地调整和发展。对于产业政策的评价，不能离开政治经济环境变化和特定行业的特点，在此背景下，对外投资领域的产业政策究竟会对企业对外直接投资产生怎样的影响，值得深入地探讨和研究。大量研究从企业所有权（Cui and Jiang，2012；Hong et al.，2015）、政治关联（Boddewyn and Brewer，1994；Sun et al.，2010）、金融政策（王碧珺等，2015）、便利化政策（Buckley et al.，2007）的视角考察新兴经济体企业对外直接投资的决定因素，鲜有文献系统性地研究对外投资产业政策组合的作用机制，更缺乏对不同类型产业政策对企业对外直接投资影响的比较分析，较少涉及不同层级政府发布的政策之间互动机制和作用效果的探讨。

1.2　研　究　意　义

本书在上述问题的基础上，立足中国在对外直接投资领域的长期实践，系统总结与评估对外投资产业政策，从便利化政策、方向指导政策、金融财税政策三方面进行分类，通过构建以对外投资产业政策为核心的企业对外直接投资决策的理论分析框架，从不同角度深入剖析产业政策的影响机理，全面系统地研究了产业政策的作用机制及其优化路径。本书融合文本分析的方法科学评估产业政策的力度，以此为基础使用微观企业数据对中国企业的对外直接投资进行了实证研究，深入探讨了产业政策对企业对外直接投资的实际作用效果。本书的研究意义包括以下几点。

1.2.1　学术价值和理论意义

（1）有助于理解产业政策作用于企业对外直接投资的理论机制。关于企业对外直接投资的理论机制研究，以企业能力和优势作为其决策的核心，能够解释发达国家的行为，但随着市场准入、竞争中立、环境保护等国际经贸规则的变化，基于企业能力和优势的对外直接投资面临一定困难。不同于传统的国际投资理论，中国注重通过制度推动对外直接投资增长，其中，政府参与是关键的驱动因素之一。政府积极发挥职能，通过给予投资保障、提供廉价借贷资本、发布税收优惠等一系列政策措施影响企业对外直接投资的意愿和能力。本书立足于动态优化模型、制度理论，分别从企业意愿和能力、政策协同性的视角探讨对外投资产业政策的作用，深入考察企业的对外直接投资决策，分析产业政策和企业特征、地区特征之间互动关系的影响，具有重要的理论价值。

（2）有助于丰富异质性企业模型在新兴经济体中的内涵。产业政策是影响新兴经济体企业对外直接投资成本，进而影响到微观条件下企业是否具备对外直接投资能力的重要因素。当前，经济形势复杂、宏观调控难度提升，理顺产业政策影响对外直接投资的理论机制，并进行实证检验成为学术研究的重要领域。通过将对外投资产业政策组合纳入异质性企业模型（Melitz，2003；Helpman et al.，2004；Chor，2009），本书初步建立了产业政策影响企业对外直接投资及其福利效应的研究框架，系统探讨了政策支持力度变动对企业对外直接投资临界生产率、平均生产率的影响和对福利的作用，丰富了异质性企业模型在新兴经济体中的内涵，扩展了关于产业政策支持和企业对外直接投资的相关研究视角，为如何设计产业政策以促进对外直接投资的发展和福利增进提供了重要思考。

（3）有助于理解中国企业对外直接投资的内生决策。企业对外直接投资的关键在于其自主性的发挥，即企业依据利润最大化做出的内生决策。本书全面识别了产业政策作用于企业对外直接投资的机理，发现通过降低企业对外直接投资的成本，产业政策能够提升企业对外直接投资的意愿和能力，降低对外直接投资的临界生产率和平均生产率。为了推动中央政策的落地，地方政府可能采取相应的配合措施。从政策协同性角度，地方政府对中央政策的反应不同，不同地区的市场竞争环境也存在较大差异，从而影响产业政策对企业对外直接投资的作用效果。通过数理建模和逻辑推演，本书系统论述了外部产业政策如何影响企业对外直接投资的内生决策，弥补了现有理论研究的不足，为产业政策制定目标和企业内生决策动力的协调提供了一定启发。

1.2.2　实践价值和政策意义

（1）有助于正确评估中国对外投资产业政策体系。1999 年"走出去"战略提出以来，政府尝试性地制定对外投资产业政策，主要着力点在加工贸易等相关领域。在产业政策的推动下，中国对外直接投资相对超前于经济发展水平。2004 年开始，政府从放松外汇管制、简化审批手续、增加税收抵免等多角度鼓励中国企业"走出去"。随着企业的发展壮大，其能力和优势不断增强，对外直接投资由资源寻求型向战略资产寻求型转变，逐步形成发展中国家与发达国家并重的空间布局。2006 年，政府通过实施境外投资产业政策，鼓励能够获得国内急需的资源、带动比较优势产品出口、提高本国技术研发能力、引进先进管理经验和专业人才的对外直接投资项目。对外投资产业政策涉及部门较多，涵盖范围广泛，正确评估中国对外投资产业政策和企业对外直接投资的关系，对于优化对外投资产业政策体系的意义重大。对于产业政策的评价，不能离开政治经济环境变化和特定行业的特点。本书通过人工收集、整理、研读中国对外直接投资领域的产业政策，在系统分析的基础上，运用科学方法对产业政策进行合理评估，为政府优化对外投资产业政策体系提供现实依据，有助于及时、科学调整对外直接投资的政策思路，提高产业政策的精准性和有效性，以有效应对外部环境的变化与长期影响。

（2）有助于促进中国对外直接投资的高质量发展。在"走出去"相关政策的引导下，企业积极开拓海外市场，商务部数据显示，2021 年中国对外直接投资流量为 1788.2 亿美元，制造业对外直接投资流量为 268.7 亿美元，同比增长 4%。党的十九大报告指出，"创新对外投资方式，促进国际产能合作，形成面向全球的贸易、投融资、生产、服务网络，加快培育国际经济合作和竞争新优势"。党的二十大报告进一步提出"提升贸易投资合作质量和水平"，凸显了对外直接投资在经济发展和国际合作中的地位。在这一背景下，理顺产业政策对企业对外直接投资的作用和效果，对于优化"走出去"政策环境、引导企业对外直接投资健康发展具有重要的现实意义。目前，中国对外直接投资集中于租赁和商务服务业、批发和零售业等，规模以上工业企业的对外直接投资相对较少，如何优化对外直接投资结构以提升企业国际化经营水平、获取更大的收益和国际影响力、推动开放型经济高质量发展是中国目前面临的关键现实选择。本书在实证研究中寻找产业政策作用于企业对外直接投资的证据，为科学合理地制定产业政策以引导企业对外直接投资高质量发展提供现实依据。

（3）有助于提升企业在全球配置资源的能力。2019年11月5日，党的十九届四中全会通过了《中共中央关于坚持和完善中国特色社会主义制度、推进国家治理体系和治理能力现代化若干重大问题的决定》，提出"建设更高水平开放型经济新体制"，其中，完善对外直接投资政策体系是重要一环。该决定还提出"深入推进简政放权、放管结合、优化服务，深化行政审批制度改革，改善营商环境，激发各类市场主体活力"，中国对外直接投资产业政策要向"放管服"方向演变。党的二十大报告中强调"充分发挥市场在资源配置中的决定性作用，更好发挥政府作用"。对此，本书从产业政策文本的具体内容出发，分析不同类别的产业政策对企业对外直接投资的影响机制以及在不同所有制、不同地区、不同行业中存在的差异，为理顺中央政策和地方政策的作用渠道，提供了完善政府经济调节职能的现实依据，这对于利用好国内和国际两种资源、平衡提升企业在全球配置资源的能力、打造源于中国的跨国公司具有重要现实意义。

1.3　主要研究内容和研究框架

1.3.1　研究思路

本书以中国企业对外直接投资为研究对象，考察对外投资产业政策的作用，系统、科学评估产业政策支持力度，分析总结其演化规律。聚焦中国企业对外直接投资的决策问题，从企业意愿和能力的视角，通过动态优化模型建立企业对外直接投资决策模型，论证了产业政策支持会提高企业对外直接投资的概率并促进企业再次进行对外直接投资，且这一作用因企业生产率和所有权而异。中央政府发布的政策需要一定的空间载体，地方政府采取的政策执行策略会影响中央政策的效果，对此本书进一步从政策协同性视角，基于制度理论，解释了不同层级政策之间的互动关系等因素对企业对外直接投资的影响。在这一学术命题的基础上，通过梳理中央政府、省级政府发布的政策，试图回答不同层级对外投资政策协调优化的路径。

产业政策由比较优势出发，往往以提升产业竞争力为重要目标，为进一步揭示产业政策的作用，从企业能力提升的视角，基于对外直接投资的逆向溢出作用，本书阐述了产业政策对对外直接投资带来的生产率增长的影响。合理的产业政策应具有普惠性和竞争促进性，为回答产业政策的最优解问题，以福利为落脚点，通过构建异质性企业模型深入分析产业政策影响企业对外直接投资的机制及其福利效应。在此基础上，利用商务部境外投资企业名录和中国工业企业数据库，测算了中国对外直接投资的临界生产率，检验了产业政策通过降低对外直接投资临界生产率和平均生产率促进企业对外直接投资这一渠道，进一步基于数值模拟方法发现福利效应最大化对应的最优政策支持力度。最后根据理论推演和实证分析结果总结本书结论，阐释政策内涵，并展望未来的研究方向。

1.3.2　研究框架

根据研究思路，本书的研究框架如图 1-1 所示。

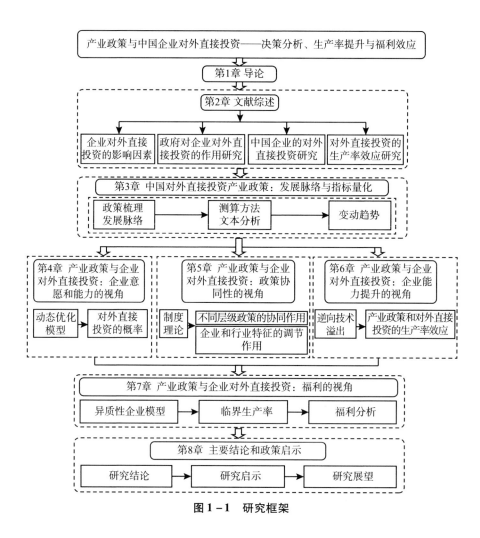

图 1 - 1　研究框架

1.3.3　研究内容

本书的主要章节安排如下。

第 1 章是导论。这部分简要介绍本书的研究背景、研究意义、主要研究内容和研究框架、研究方法、可能的创新与贡献。

第 2 章是文献综述。基于本书研究主题，从五个方面展开论述：一是整理回顾企业对外直接投资的影响因素研究；二是梳理归纳政府对企业对外直接投资的作用研究，包括政府补贴作用的理论机制，以及通过所有权考察政府的作用、通过政策考察政府的作用；三是介绍围绕中国企业对外直接投资问题的研究；四是阐述对外直接投资和企业生产率的相关研究；五是对现有文献的简要述评。

第 3 章是中国对外直接投资产业政策：发展脉络与指标量化。这部分重点阐述中国对外直接投资产业政策的动态变化，结合中国对外开放的阶段，全面梳理总结对外投资有关政策的发展脉络。首先，根据产业政策的发布部门以及作用领域将其分成便利化政策、方向指导政策、金融财税政策三类，阐述具体政策内容。其中，便利化政策主要规范对于投资项目的审批，企业对外直接投资资格的取得需要商务部、国家发展改革委和国家外汇局三个部门的批准，行政审批程序的简化和放松，有助于降低交易费用，促进市场化决策的投资行为；方向指导政策主要包括对外直接投资国别行业指导目录及境外投资产业政策；金融财税政策则涵盖信贷支持、税收抵免、资金补助等。其次，介绍衡量产业政策支持力度使用的文本分析方法，为下文展开产业政策对企业对外直接投资的影响研究打好基础。最后，比较产业政策发布和对外直接投资的变动趋势，总结中国对外直接投资特征事实，从宏观层面分析对外直接投资发展状况和制造业不同行业的政策支持力度。

第 4 章从企业意愿和能力的视角研究产业政策与中国企业对外直接投资。首先，基于动态优化模型，构建动态离散方程，提出产业政策会影响企业对外直接投资的决策，并分类阐述产业政策对企业对外直接投资意愿和能力的影响。其次，构建产业政策对企业对外直接投资决策影响的计量模型，使用 2004～2013 年数据进行了深入的实证研究，还构建了对外直接投资的区域多元化指标，并就政策类别进行了分组估计。[①] 最后，分析产业政策的作用机制，提出尽管产业政策能够促进企业国际化，但并不是

[①] 2004 年之后，中国对外直接投资规模开始显著增大，且代表性的产业政策文件集中在 2004～2013 年发布，该期间数据能够捕捉关键变化和影响，通过分析机制及规律，有助于理解长期趋势，因此本书采用 2004～2013 年的数据进行实证分析。

所有企业都有意愿和能力进行对外直接投资，产业政策的作用取决于企业的生产率和所有权特征。本章得到的主要结论有：（1）产业政策的支持显著提升了企业对外直接投资的概率；（2）产业政策的支持有助于促进企业继续进行对外直接投资；（3）产业政策的支持对对外直接投资的区域多元化程度存在显著的正向影响；（4）产业政策对生产率高的企业以及非国有企业对外直接投资的促进作用更强。

第 5 章从政策协同性的视角出发考察产业政策与中国企业对外直接投资的关系。首先，基于制度理论，充分论述了体现"放手放权"的中央和省级便利化政策对中国企业对外直接投资的影响机理，提出在经济竞争锦标赛与官员个人升迁的激励下，不同地区会依据地方经济发展情况和中央对外直接投资政策制定相应的地方政策，地方政策会对企业产生直接的影响。其次，比较阐述中央便利化政策和省级便利化政策，基于省级行政区域的划分，梳理各个地方政府是否发布了与中央便利化政策一致或相关的政策，以此来衡量地方政策和中央政策的协同性。最后，对变量和数据进行说明，实证研究中央、省级便利化政策之间的协同性如何影响当地企业对外直接投资。对此，进一步将企业隶属层级、地区市场化程度作为便利化政策的调节变量，探讨如何通过加强政策的协调性、找准各方利益均衡点来促进企业对外直接投资。本章得到的主要结论有：（1）省级政府颁布的便利化政策与中央便利化政策相互协同，加强中央便利化政策对企业对外直接投资的影响；（2）省级便利化政策给隶属层级较低的企业带来更大的影响，而对隶属于高层级政府的企业的影响相对有限；（3）地区市场化程度越高，便利化政策对企业对外直接投资的促进作用越强。

第 6 章是从企业能力提升的视角出发考察产业政策与中国企业对外直接投资。首先，基于对外直接投资的逆向溢出效应，将产业政策引入企业对外直接投资和生产率关系的研究框架，提出产业政策推动下对外直接投资生产率效应的提升存在制度优势。其次，将 2004～2013 年首次对外直接投资的企业作为处理组，其间从未进行过对外直接投资的企业为对照组，采用倾向得分匹配法和双重差分法考察企业对外直接投资的生产率效应，并探究产业政策在其中所起的作用。再次，根据对外直接投资的东道国、企业是否属于战略型行业进行分类研究。最后，考察了产业政策和对外直接投资的滞后生产率效应。本章得到的主要结论有：（1）对外直接投资显著促进了企业生产率的增长，更为重要的是产业政策支持力度的增大会加强对外直接投资的生产率效应；（2）无论企业对外直接投资目的地的研发资源密集程度、信贷约束程度如何，产业政策均有助于提升对外直接投资引致的生产率增长；（3）对于非战略型行业中企业的对外直接投资来说，产业政策对其生产率效应的正向调节作用显著；（4）企业对外直接投资对生产率的显著正向影响随时间推移出现先增加后减小的趋势，但产业政策支持并没有加强对外直接投资和生产率之间的长期因果关系。

第 7 章是从福利的视角出发考察产业政策和中国企业的对外直接投资。首先，基于赫尔普曼等（Helpman et al.，2004）扩展异质性企业模型，在企业利润函数中引入产业政策支持变量，依据企业自身利润最大化的最优目标，刻画政策支持如何影响企业的对外直接投资。推导出对外直接投资临界生产率、社会福利关于政策支持力度的表达式，从理论层面分析产业政策影响企业对外直接投资的微观机制和福利效应，并提出两条理论假说。其次，通过商务部境外投资企业名录、中国工业企业数据库和笔者整理的产业政策数据库的匹配数据，在行业层面实证研究产业政策对于对外直接投资的临界生产率和平均生产率的影响，并通过数值模拟的方法考察了政策支持力度和社会福利的关系，证实了理论假说的正确性，以此提出相关结论和政策含义。本章得到的主要结论有：（1）产业政策支持会降低对外直接投资的临界生产率和平均生产率；（2）产业政策支持会影响社会福利，政策支持力度只有保持适度才有利于福利的改善，过高的支持力度反而会削弱福利增进效应；（3）便利化政策对对外直接投资临界生产率有显著的负向影响，而方向指导政策和金融财税政策显著降低了对外直接投资平均生产率；（4）企业的对外直接投资倾向于选择政策支持力度大的目的地，且东道国的制度质量越好，产业政策的作用越强。

第 8 章是结论和政策启示。本章基于前面章节的分析和论证，总结本书的主要结论。结合国际经济形势和中国的比较优势，根据中国对外直接投资的发展阶段和发展态势，得到相应的政策启示，提出有关产业政策和企业对外直接投资的未来研究方向。

1.4 研究方法

1.4.1 数据抓取与文本分析的结合使用

以对外投资产业政策为研究切入点，采用文本提取和分析技术量化政策文本，构建中央政府政策数据库。为了更全面地考察产业政策对中国企业对外直接投资的作用，本书不仅使用了政策数量衡量产业政策支持力度，还基于文本分析技术，提取政策关键词，量化评估产业政策文本，综合判断每个政策文本传递出的对企业对外直接投资的态度。进一步使用同时期政策支持力度的加总，分析产业政策对企业对外直接投资的影响程度。从政策协同性的视角考察产业政策对企业对外直接投资的影响机制时，通过数据抓取方法，收集地方政府发布的对外投资产业政策，建立中央政府政策和地方政府政策的对接，科学衡量政策信号的影响。

1.4.2 数理建模与逻辑推演的结合使用

从企业意愿和能力视角，以产业政策为主要因子，构建企业对外直接投资期望回报的 Bellman 方程。从政策协同性视角，基于制度理论进行逻辑推演，综合考虑企业和地区特点，探讨不同层级政策的作用机制。从企业能力提升视角，拓展垄断优势理论，基于逆向溢出机制进行逻辑推演，探讨产业政策作用下对外直接投资对企业生产率的影响。从福利视角扩展异质性企业模型，异质性企业模型是基于动态产业组织理论，在垄断竞争和规模经济假设下，引入微观企业生产率异质性，通过一般均衡分析，求解企业国际化的决策。基于此，本书在福利视角的研究中将产业政策支持纳入分析框架，构建一般均衡模型，对产业政策影响对外直接投资的微观机制和福利效应进行了理论推演，通过阐述产业政策与对外直接投资临界生产率、平均生产率、社会福利的关系，提供了相应的理论命题，丰富了新新贸易理论的应用场景。

1.4.3　统计分析与实证研究的结合使用

为提高研究结论的准确性和可信度，使用相关性分析和因果性检验等方法刻画变量关系，描述特征事实；进一步根据研究问题的差异，综合使用了多种计量方法来应对不同的研究主题。其中，带有固定效应的普通最小二乘法使用最多；考虑到可能存在的反向因果关系，以及由此导致的计量模型的内生性问题，为了保证实证结果的可靠性，本书使用了系统广义矩估计法、工具变量的两阶段最小二乘法等。在以企业意愿和能力的视角研究产业政策对企业对外直接投资的影响时，从企业是否对外直接投资进行考虑，被解释变量为二值选择变量，采用多元概率比回归模型（Probit模型）和逻辑回归模型（Logit模型）研究产业政策对于对外直接投资的影响。在考察不同层级政策对企业对外直接投资的影响时，使用了中介效应模型进行检验，将规模偏离度作为政策的中介变量，利用中介效应检验法实证研究产业政策影响企业对外直接投资的中介机制。从企业能力提升的视角探究产业政策与对外直接投资之间的关系时，结合倾向得分匹配法和双重差分法进行分析。

1.4.4　定性分析和定量分析的结合使用

本书定性分析方法的使用主要体现在：系统梳理中国对外直接投资政策体系，并从便利化政策、方向指导政策、金融财税政策三方面进行阐述，利用框架图结合时间轴展示产业政策的发展历程和演化路径；作图展示产业政策支持力度和中国对外直接投资的变化趋势，并对比分析不同行业的政策支持力度。此外，从政策协同性视角分析不同层级的政策时，仍采用框架图的方法进行描绘，清晰地展示出地方政府在哪些方面响应了中央政策。通过定性分析和定量分析的结合使用，本书可以更为全面地考察产业政策与中国企业对外直接投资之间的关系。

1.4.5 对比分析法的综合运用

为了全面研究产业政策对中国企业对外直接投资的影响，本书充分运用了对比分析法，即不仅估计了产业政策总体对于对外直接投资的概率、临界生产率和平均生产率等的影响，而且进一步估计不同类别产业政策的影响，并根据对外直接投资的特征等进行分组估计，并在此基础上进行了对比分析。通过对比分析揭示了便利化政策、方向指导政策、金融财税政策影响对外直接投资的差异性，论述了产业政策对不同类型对外直接投资带来的生产率效应的不同作用，并对其背后的原因和机制进行了深入分析，从而极大丰富了本书的研究内涵。

1.5 可能的创新与贡献

本书在前人研究的基础上，对产业政策影响中国企业对外直接投资的机理进行理论推导和实证分析，可能的创新之处包括以下几点。

1.5.1 研究问题的创新性

对外直接投资和跨国公司理论是国际经济学的重要研究问题，根据中国"走出去"的过往实践和相关研究，对外直接投资对国内企业的技术溢出、产业结构等产生了重要影响。现有研究对政策影响中国企业对外直接投资的关注集中在企业的国家所有权、国别投资产业指引、金融政策等，并未对对外投资政策进行全面梳理和量化。本书根据政府在对外投资实践中广泛实施的产业政策，详细阐述中国的对外投资政策体系，总结其发展脉络，寻找产业政策变化的趋势和规律；结合理论和实证，深入探究产业政策对中国企业对外直接投资的影响机理，从而解释了中国相对较低的生产率企业参与对外直接投资等现象，评估了不同层级政策对企业对外直接投资的影响、产业政策对企业对外直接投资生产率效应的作用等，并从福利视角阐述产业政策的优化路径，为中国政府职能和经济运行提供了新的理解，填补了现有研究的空白。

1.5.2　理论层面的创新性

本书以对外投资产业政策为研究切入点，以中国企业为具体研究对象，通过理论模型和逻辑推演从宏观制度环境与微观企业决策两个层面系统考察企业对外直接投资背后的深层次原因，在此基础上扩展了赫尔普曼等（Helpman et al.，2004）以及楚（Chor，2009）的模型，深化了新新贸易理论在对外直接投资方面的研究范畴。相比于已有研究基于逻辑推演的形式考察政府政策和对外直接投资的关系，本书对中国对外投资产业政策和企业对外直接投资进行了更为深入的探讨。理论研究表明产业政策不只是简单地促进了企业的对外直接投资，而是通过降低对外直接投资临界生产率和平均生产率，提升了企业对外直接投资的概率，在这个过程中还会受到企业生产率、企业所有权和不同层级政策等的调节作用。本书构建了一般均衡模型，在该模型框架下，产业政策对社会福利的影响不是单调正向关系，而是存在最优的政策支持力度，对应福利的最大化。其内在逻辑是，适度的产业政策支持下，政策支持带来的消费者可消费产品种类以及企业利润总额的增加效应超过了收入减少效应，表现为福利增进。当政策支持力度超过合理范围，消费者可消费产品种类和企业利润总额的增加效应无法弥补收入减少效应，表现为福利损失。

1.5.3　研究方法的新颖性

本书合理选用前沿性的计算方法和分析方法，在中国对外投资产业政策梳理和评价部分，不仅关注有效政策的数量，同时引入文本分析方法，全面估计各个政策文件的支持力度。在生产率的计算部分，为更准确地考察产业政策对企业对外直接投资的影响机制，一方面基于中国工业企业数据库的合理匹配（Brandt et al.，2012），结合杨汝岱（2015）和余淼杰等（2018）的方法，估算并补充部分年份缺失的中间投入、固定资产原价等数据，另一方面采用了目前最前沿的生产率计算方法（Ackerberg et al.，2015；Gandhi et al.，2020；Levinsohn and Petrin，2003），科学估计2004 ~ 2013年中国工业企业的生产率。在此基础上，借鉴科斯塔等（Costa et al.，2019）的研究，采用受试者工作曲线（Receiver Operating Curve，ROC）估计行业对外直接投资临界生产率。

1.5.4　研究结论的现实性

"走出去"战略提出以来，中国政府在对外投资领域出台了一系列产业政策，在推动本国企业的对外直接投资中起到了重要作用。2005年中国对外直接投资发生大规模增长之后，经历了长时期的快速发展，随着中国进入开放型经济新阶段，对外直接投资也面临新的调整与挑战，如何制定产业政策以稳定对外直接投资，合理引导其高质量发展，成为重要问题。本书深入、系统地解析产业政策对中国企业对外直接投资的影响机制，完整评估了其影响效应。本书的研究发现，产业政策显著提升了企业进行对外直接投资的概率，也增大了企业继续进行对外直接投资的可能性，但并非所有企业都能同等受益；不同层级的产业政策存在协同作用；产业政策的支持增强了对外直接投资带来的生产率提升，有助于降低对外直接投资的临界生产率，提高社会福利。这些研究结论有助于我们深入理解中国对外直接投资政策促进体系这一重要制度背景，对优化对外直接投资产业政策，推动对外直接投资高质量发展，建立产业政策影响的长效机制具有较强的指导意义。

第 2 章　文 献 综 述

本章分析对外直接投资研究热点，结合本书的研究主题，重点从以下五个方面梳理现有文献：一是企业对外直接投资的影响因素相关研究；二是关于政府对企业对外直接投资的作用研究；三是中国企业的对外直接投资研究；四是对外直接投资的生产率效应研究；五是简要评述已有文献。

2.1　企业对外直接投资的影响因素

企业对外直接投资的研究最早可以追溯到海默（Hymer，1960）对传统的国际有价证券投资（international portfolio）和外商直接投资（foreign direct investment）的区分。巴尼（Barney，1991）指出行业内企业具有战略资产的异质性，这种资产因为很难在企业之间流动而长期存在，自此，资源基础论（resource-based view）成为国际商务领域研究企业对外直接投资的基础。克鲁格曼（Krugman，1980）拓展了规模报酬递增的一般均衡模型，使得国际贸易理论成为研究跨国公司行为的重要支撑。梅里兹（Melitz，2003）构建的异质性企业模型采用生产率代表企业的特征，为从生产率角度刻画企业优势以进行对外直接投资的理论研究拓展了渠道。然而，上述研究忽视了母国政府和东道国制度环境的重要性。母国政府会通过施加制度压力促进企业的对外直接投资（Wang et al.，2012b），东道国良好的制度环境会吸引企业的对外直接投资（杨宏恩等，2016）。因此，这一部分主要从企业自身优势和制度环境两重视角梳理企业对外直接投资的理论研究，并简要回顾相关实证文献。

2.1.1 企业自身优势的影响研究

邓宁（Dunning，1985）提出的国际生产折衷理论（eclectic paradigm）为分析对外直接投资的决定因素奠定了基础。国际生产折衷理论基于企业的比较优势，将企业在有形资产和无形资产方面的优势以及跨国界调控资产的能力视作企业开展对外直接投资的必要条件（Dunning，2001）。其中，所有权优势（ownership advantage）强调企业可以利用其技术获得市场势力，而技术的跨国转移需要一定的成本，内部化优势（internalization advantage）则为企业对外直接投资能够克服市场失灵从而实现技术转移提供了理论依据。但是其问题在于涵盖的范围过于广泛，没有回答企业的对外直接投资所必需的资源水平，因而对单一企业国际化行为的解释力度有限（Dunning，1988）。

现有跨国公司理论强调包括生产率、产品质量、所有权优势在内的企业特有资源是其国际化行为的核心动力，利润最大化作为企业决策的出发点，生产率足够高、有独特优势的企业会进行对外直接投资。在垄断竞争假设下，克鲁格曼（Krugman，1980）使用 CES 效用函数构建企业生产差异化产品的贸易模型。在此基础上，梅里兹（Melitz，2003）将生产率作为企业的异质性特征，引入生产率的分布，通过构建一般均衡模型进行贸易后的福利效应分析。赫尔普曼等（Helpman et al.，2004）基于异质性企业设定对企业国际化的行为进行了研究，结果显示生产率更高的企业会进行对外直接投资，这一结论也被大量经验研究所证实（Girma et al.，2005；Head and Ries，2003；Tomiura，2007）。例如，木村和木田（Kimura and Kiyota，2006）使用日本企业的数据，发现生产率最高的企业会同时进行对外直接投资和出口，生产率处于中等水平的企业会从事一种国际化行为，而生产率较低企业只在本国市场中生存。耶普尔（Yeaple，2009）进一步拓展异质性企业模型，考察东道国特征对于企业国际化行为的影响，并使用1994年美国跨国公司数据进行验证，发现东道国的特征会影响企业投资的范围和投资规模，生产率最高的企业会向多个国家进行投资。梅耶尔等（Mayer et al.，2010）通过对法国跨国公司投资活动的研究，也得出类似结论。

上述文献基于垄断竞争的视角，考察生产率核心特征和企业对外直接投资的关系，其基本假设是对称国家，然而现实中对外直接投资可能发生在市场规模差别较大的国家之间。在使用技术水平来定义企业特征的研究中，马库森和维纳布尔斯（Markusen and Venables，1998）构建了东道国市场竞争的寡头模型，将国家不同质纳入考虑，假定企业数量内生，企业可自由进入退出市场，发现国家规模、禀赋、收入增长越接近，跨国公司的重要性越强于国内企业。马库森和维纳布尔斯（2000）将劳动力和资本同时纳入模型，推断出国内企业和跨国企业的分布取决于国家的技术水平和资源禀赋，且在一定的条件下，差异化产品部门中只存在跨国企业。在不完美竞争的情况下，企业投资策略的选择还会受到企业之间博弈的影响，霍斯特曼和马库森（Horstmann and Markusen，1992）构建了双寡头垄断的局部均衡模型，假设有两个国家，每个国家有一家企业，企业第一阶段决定市场进入策略，第二阶段决定生产数量，通过数值模拟得出企业利润最大化的策略，并分析整个社会的福利变化。霍斯特曼和马库森（1987）以同样的思路分析高收入国家之间的投资，假设某国市场中已存在一个跨国公司，且该公司有先发优势，进而推断企业的对外直接投资策略。

资源基础论将企业视作拥有一系列异质性资源的集合体，企业可以利用自身的能力和所有权优势，通过对外直接投资成功实现国际化（Hymer，1976；Caves，1971）。这一视角假定企业的能力和所有权优势会直接影响其对外直接投资，其中，研发产生的创新性技术等无形资产（Kafouros and Buckley，2008）、市场资源带来的差异化产品（Kotabe et al.，2002）均有助于企业进入东道国市场。大量文献基于资源基础论对企业的对外直接投资行为进行了研究，例如，奈特和卡佛斯格尔（Knight and Cavusgil，2004）基于问卷调查数据进行案例研究，验证了企业能够复制生产任务的组织优势对国际化扩张的促进作用。邓子梁等（Deng et al.，

2018）利用 2003 ~ 2014 年中国上市公司数据进行研究，发现企业在技术和品牌方面的优势有助于其通过对外直接投资的方式进入国外市场。企业的优势还可以补偿在东道国设立子公司、构建分销渠道的成本，从而促进其对外直接投资（Stoian and Filippaios，2008）。

异质性企业理论模型和资源基础论均将企业自身优势作为研究企业对外直接投资的核心因素，基于二者的文献充分探究了企业能力或生产率的作用机理，但也相对忽视了企业产生对外直接投资行为的外部环境因素。

2.1.2 制度环境的影响研究

新兴经济体企业的自身优势可能不足以成功实现国际化经营，但同时，这些企业也需要通过对外直接投资获取战略资源、吸收先进技术、积累竞争优势，进一步扩大对外直接投资规模（Makino et al.，2004），国家所有权、政府政策支持等制度优势能够有效帮助新兴经济体企业实现这一目标（Wang et al.，2012b）。制度基础论（institution-based view）是认识跨国企业行为的重要基础，尤其是理解新兴经济体企业的对外直接投资（Meyer and Peng，2016；Cui and Jiang，2012），具体包括母国制度、东道国制度以及二者的制度距离三个维度。

一是从母国制度的角度出发对企业对外直接投资行为进行研究的相关文献。新兴经济体超过其经济发展水平的对外直接投资表现说明了在国际生产折衷理论的框架下加入母国制度的重要性（Kalotay，2008）。制度基础论强调制度环境和企业决策之间的互动机制，企业做出的战略决策不仅受到市场条件、企业异质性特征的影响，还受到特殊制度框架下正式和非正式限制的影响（Peng，2002；Peng et al.，2009）。母国的规范性政策体系很大程度上促进了新兴经济体的对外直接投资（Luo et al.，2010；Morck et al.，2008）。由于不同跨国公司在所有权和母国环境方面差异较大，为了整合制度优势，"所有权优势"被重新定义（Buckley et al.，2007；Deeds et al.，2008；Dunning and Lundan，2008）。邓宁和伦达（Dunning and Lundan，2008）拓展所有权优势理论，强调除企业自身资产优势之外，制度优势为理解企业国际化提供了一个更好的途径，而后大量的研究开始关注制度优势和资产优势之间的互动关系（Lu et al.，2011；Luo and Tung，2007）。不同于发达国家发育良好的"游戏规则"（rule of game），新兴经济体的制度特点具有明显的国家差异。例如，1999 年之后俄罗斯对大型跨国企业控制和参与程度的提高显著促进了俄罗斯的对外直接投资（Kalotay and Sulstarova，2010）。斯托伊安（Stoian，2013）发现制度和竞争领域的改革提高了中东欧国家的竞争力因而推动了对外直接投资。罗和邓（Luo and Tung，2007）的研究证明印度政府采取的取消外汇使用限制的措施对本国企业对外直接投资的增长具有重要作用。现有文献在衡量母国制度的作用时，多采用单一的外生冲击（Buckley et al.，2007；Kalotay and Sulstarova，2010），这样"一刀切"的方法忽略了企业异质性对政策作用效果的可能影响。

二是研究东道国的制度环境影响企业对外直接投资行为的相关文献。企业在东道国开展的对外直接投资活动具有高投入和高风险的特征，东道国的环境直接影响企业的经营和投资成败，因而具有重要作用。传统的国际直接投资理论认为，跨国公司在进行对外直接投资时所选择的东道国应具备稳定的政治环境、良好的营商环境等区位优势。良好的制度环境有助于降低企业进入市场的固定成本和当地经营的成本，寻租、腐败、政府效率低下等制度缺陷则增加了企业的投资成本，影响对外直接投资的预期收益（Blonigen，2005）。大量的经验研究也证实了东道国制度环境对企业对外直接投资的显著积极影响（黄胜等，2015；Asiedu，2006；Globerman and Shapiro，2002；Zhang et al.，2011）。例如，转型过程中的中东欧国家的特殊制度环境显著影响外国企业的进入策略，对于制度环境发展更好的中东欧国家，外国企业倾向于设立自己的全资子公司（Meyer and Peng，2005）。然而，巴克利等（Buckley et al.，2007）的研究发现，中国企业从资源寻求型动机出发进行的对外直接投资，没有刻意规避具有较高政治风险的东道国，反而更倾向于投资政治风险高、制度质量差的国家。蒋冠宏和蒋殿春（2012）考察制度环境的五个维度，即政权稳定性、政府效率、监管质量、法制规则和腐败控制如何影响中国对发展中国家的对外直接投资，发现制度质量负向影响资源寻求型的对外直接投资，而优于母国的法制规则和腐败控制正向影响对外直接投资，政府效率无论高低都会显著促进对外直接投资。陈和摩尔（Chen and Moore，2010）将东道国异质性纳入异质性企业模型，并使用法国数据进行实证研究，发现在制度环境较差的东道国进行对外直接投资对企业生产率的要求更高。宗芳宇等（2012）利用2003~2009年中国上市公司的数据，发现双边投资协定不仅能够弥补东道国制度的缺位，还可以弱化母国制度支持的不均衡性，来促进企业对外直接投资。此外，在制度经济学的研究领域，不完全契约（incomplete contract）的理论框架也体现了东道国的制度质量对企业对外直接投资决策的影响（刘文革等，2016；Antràs，2003；Antràs and Help-man，2004）。

三是关注母国和东道国的制度距离对企业对外直接投资影响的相关文献。国家之间制度质量的差异决定了不同的经济发展水平（Acemoglu and Robinson，2010）。母国和东道国的腐败（Habib and Zurawicki，2002）、法制规制（Guiso et al.，2009）、信贷市场管制等制度距离抑制了对外直接投资的双边流量。威特和卢因（Witt and Lewin，2007）将制度距离引入企业对外直接投资动因的研究中。制度距离对企业对外直接投资的影响可能取决于企业的异质性，塞萨尔和埃斯科巴（Cezar and Escobar，2015）将企业适应东道国制度环境所需的调整成本纳入异质性企业模型，推断出企业对外直接投资临界生产率受制度距离的影响，实证检验进一步发现企业向发展中国家的投资受到制度距离的影响更大。经济自由度、政治影响力、外商直接投资准入限制等制度的距离还会影响企业对外直接投资的区位选择（Kang and Jiang，2012）。一方面，如果母国的制度环境较差，企业在进行对外直接投资时就会寻找那些有着更利于生存的制度环境的东道国（Luo et al.，2010；Yamakawa et al.，2008）。另一方面，中国国有企业在进入和母国制度环境相似的国家时更容易（Buckley et al.，2007；Kolstad and Wiig，2012）。现实中，母国和东道国的政治关系也会影响企业的对外直接投资。其中，外交关系作为一种实质性的制度安排有利于具体规则的完善，因此能够促进企业对外直接投资（张建红和姜建刚，

2012）。良好的政治互信是减少制度障碍、促进双边经贸合作的有效制度工具（闫雪凌和林建浩，2019）。杨连星等（2016）利用2005～2014 年中国企业对外直接投资数据，发现相比于长期性的双边政治关系，非正式的友好城市关系和短期性的高层互访对企业对外投资的规模和成功率的正向影响更强。此外，双边政治关系能够减少母国和东道国之间过高的正式制度距离和非正式制度距离的阻碍，因而促进企业对外直接投资（刘晓光和杨连星，2016）。随着中央政府的简政放权，地方政府在对外直接投资中的作用逐渐增强（曾守桢和余官胜，2020）。就国家内部区域的差异来说，省级政府和东道国之间建立的友好城市关系有助于降低投资的不确定性和风险，从而引导当地的对外直接投资发展（Zhang et al.，2020）。

2.2　政府对企业对外直接投资的作用研究

有关政府对企业对外直接投资的作用引起了学界的关注，研究结果基本肯定了政府支持能够促进对外直接投资。在理论机制的探讨方面，已有文献或通过补贴构建理论模型，或立足于制度基础论考察政府对企业对外直接投资的作用。在实证检验中，现有研究多根据企业所有权特征从政治关联、隶属层级的视角探讨政府如何影响企业的对外直接投资，关于政策作用的考察往往在宏观维度进行逻辑演绎。

2.2.1　政府补贴作用的理论机制

由于企业的对外直接投资和出口同为企业国际化战略的一部分，在理论模型的构建方面具有相通之处，贸易政策领域关于补贴的模型构建相对丰富，且与对外投资产业政策等政府的支持行为具有相同点，在此首先回顾就贸易政策中的补贴问题构建理论模型的文献。

考虑政府对出口企业投资策略选择的影响，斯宾塞和布兰德（Spencer and Brander，1983）针对研发政策，比较有政府补贴和没有政府补贴的情形下，出口企业的研发投入决策，以及企业在出口市场和当地企业的产量博弈，在有政府补贴的情形下，构建三阶段的完美纳什均衡，政府在第一阶段采取行动确定补贴数量，发现最优的出口补贴应该为正。布兰德和斯宾塞（Brander and Spencer，1985）从战略贸易政策角度分析出口补贴的影响，发现出口补贴能够提高本国企业在与国外企业的非合作竞争关系中的地位。就政策的制定而言，针对发达国家的文献较多地关注企业团体的游说，鲍德温（Baldwin，1989）认为企业可通过与政府的谈判行使投票权来影响政府决策，从而促使政府制定有利于投资的政策。格罗斯曼和赫尔普曼（Grossman and Helpman，1994）构建共同代理模型说明政治家组成的特殊利益团体通过选举这一政治贡献，影响政府的决策，从而最大化自身收益。鲍德韦因（Boddewyn，1988）则指出企业在已有政策的限制条件下依据成本最小化进行选择时，企业行为和政府政策之间不存在互动。古德伯格和玛吉（Goldberg and Maggi，1999）放松格罗斯曼和赫尔普曼（1994）的模型假设，使用非关税壁垒来衡量贸易保护程度，并使用行业层面的需求弹性对模型进行估计，发现政治因素不是政府目标的主要出发点。加万德等（Gawande et al.，2009）进一步检验得出贸易政策制定者的行为是以社会福利最大化为目标，内生决定于经济因素和制度因素。

随着贸易自由化的演进，在 WTO 的仔细审查下，各国的战略贸易政策式微，研究的重点也转移到异质性企业框架下政府对于企业进入的补贴。楚（Chor，2009）在异质性企业框架下分析东道国通过补贴固定成本和可变成本吸引跨国公司进入市场，发现对固定成本的补贴更有利于提高社会福利，但是同时提高了企业对外直接投资的生产率门槛。杰米多瓦和罗德里格兹－克拉里（Demidova and Rodríguez-Clare，2013）将最优政策选择引入异质性企业模型，证明在开放型经济下，对本国产品的消费补贴能够提高社会福利。普鲁格和苏德库姆（Pflüger and Südekum，2013）使用拟线性效用函数，发现对企业进入成本进行补贴能够提高社会福利并推断出最优补贴率的存在。荣格（Jung，2012）考虑政府对企业运营成本进行补贴，当补贴较小时，社会福利能够得到提高，且更低生产率的企业能够进入市场。刘志强（2014）从企业与政府关系的角度，将企业的制度异质性引入异质性企业模型，发现与政府联系密切能够降低企业对外直接投资的生产率门槛值。

已有文献从补贴的角度证实了政府的政策会影响企业的投资收益、竞争地位从而作用于其对外直接投资行为。在封闭经济情况下，政府的政策均能使社会福利提高；开放型经济下，当补贴力度不大时，社会福利也能得到提高。而从母国视角，评估母国政府实施的直接作用于对外直接投资企业的补贴等政策如何影响企业对外直接投资及社会福利的理论模型有待进一步研究。

2.2.2 通过所有权考察政府的作用

国家所有权有助于企业获取进行对外直接投资的重要优势，因此实证中多采用国家所有权衡量企业和政府的关系，推断出政府能够显著影响企业对外直接投资选择（Cui and Jiang，2009；Zhang et al.，2011；Wang et al.，2012b；Pan et al.，2014）。新兴经济体的政府控制了大多数资源，国有企业能够享受到政府支持带来的资源优势（Ramasamy et al.，2012），同时企业内部治理机制的缺乏为政府发挥作用提供了空间（Kuijs，2006）。从政府的角度看，通过控制企业决策层影响对外直接投资，政府可以引导企业做出有助于实现国家层面政治经济目标的选择。对于企业，政府的支持能够帮助其克服制度限制，获取金融支持、特殊优惠等稀缺资源（Luo et al.，2010），自身优势不够强的企业借助母国竞争优势，仍然有机会进行国际化扩张（Hong et al.，2015；Peng and Luo，2000）。然而，企业通过所有权建立的与政府的联系也并不总是有益的（Lu et al.，2014；Xia et al.，2014）。比如，国有股份占比越高，企业对政府的依赖性越强，这种依赖性会削弱企业参与对外直接投资的国际竞争力。黄等（Huang et al.，2017）基于 2007 ~ 2013 年中国 507 家制造业国有上市公司的数据，实证研究发现企业对外直接投资的概率随国有股份占比的提高而降低，和地方国有企业相比，中央企业对外直接投资的意愿更低。从政治关联的视角看，部分研究发现所有权优势能够帮助企业获得资源、降低竞争压力，同时也会削弱企业提高自身能力、寻求海外资源的意愿（Sun et al.，2012；Du and Luo，2016）的研究。就新兴经济体来说，国有企业应平衡好制度压力和寻求外部市场的机会（Cui and Jiang，2012）。

上述研究强调政府通过所有权属性对企业的对外直接投资施加影响，在现实中，非国有企业也会得到优惠，国有企业有时还会受到限制。例如，拉马萨米等（Ramasamy et al.，2012）利用 2006～2008 年中国上市公司数据进行实证研究，发现国有企业的对外直接投资倾向于风险高但自然资源充裕的东道国，而民营企业倾向于进行市场寻求型的对外直接投资。因此，从所有权角度考察政府的作用具有一定的局限性。

2.2.3 通过政策考察政府的作用

与本书的研究直接相关的文献是政策对企业对外直接投资的作用研究。索旺等（Sauvant et al.，2014）对对外投资政策（home-country measures）做出明确定义，即对外投资政策指的是政府采取的能够明确便利、支持、促进企业对外直接投资的一系列措施，比如提供投资保险、信息支持、财政金融优待等。1950～1960 年，美国政府发布了一系列投资促进措施，意在推动私有企业向发展中国家的投资，具体包括：提供东道国投资环境信息、投资数据、教育服务等信息支持，提供财政拨款以帮助企业建立海外子公司、进行人力资源培训，提供多项贷款和金融保障措施，减免税收，缓解不确定性风险的可能冲击等。1990～2000 年，OECD 国家、新兴经济体分别实施了多项对外投资政策，其中，OECD 国家的对外投资政策重在推动对外直接投资，而新兴经济体的对外投资政策仍以减少限制、取消管制为主并辅以一定的支持措施，并重点发展龙头企业（Economou and Sauvant，2013）。对外投资政策的范围和内涵取决于政府在一国经济活动中的角色，部分政策的落脚点往往是当时重点发展的部门（Becker-Ritterspach et al.，2019）。

政府制定的政策是制度的重要一环，政府通过有关政策规范经济活动，进而形成竞争性环境和资源禀赋（Henisz，2000）。宏观调控措施和投资促进政策形成国家特定优势，连同区位优势等显著扩大了对外直接投资的综合竞争优势（裴长洪和郑文，2011）。作为简化行政审批手续、放松资本管制、提供金融支持、降低税收成本等政府目标的载体，鼓励性政策推动了对外直接投资的发展（Lu et al.，2011；Lu et al.，2014）。在政策的作用下，企业做出和国家利益、社会目标一致的对外直接投资决策（Rasiah et al.，2010）。

目前的大量文献从宏观视角考察政策和企业对外直接投资之间的关系。便利化和金融政策（Buckley et al.，2007；宗芳宇等，2012），依据产业指引提供的资本、税收等方面的支持（Lu et al.，2014）均有力地促进了企业的国际化。贷款担保、利息补贴有助于降低企业融资的清偿成本，使得融资约束降低，以此促进民营企业对外直接投资（王碧珺等，2015）。部分政策只为前往特定东道国的对外直接投资企业提供财政、保险等支持（Sauvant and Mallampally，2015）。现有研究普遍认为选择性产业政策的影响力最大，它们有力地推动着跨国公司寻找国际投资机会（Hoskisson et al.，2013）。一方面，政府会策略性地作用于企业的竞争力培养和市场份额争夺（马亚明和张岩贵，2000），通过规划、引导、扶持国内重点产业，提升产业内企业的竞争力，助力本国企业形成对外投资的独特优势。另一方面，政府针对对外直接投资，构建政策服务促进体系，政府的支持能够直接影响中国企业对外直接投资的动机，并作用于技术进步、出口经验等企业自身优势，促进本国企业对外投资实力的提升，从而间接影响对外直接投资行为（姜广省和李维安，2016）。最近的研究同时考虑了多个维度的对外投资政策，巴克利（Buckley，2018）通过案例分析发现，企业利用产业指引、对外投资便利化措施造成的市场不完全性，有助于其国际竞争力的提高，此类政策环境因素会影响关键资源的可获得性和质量，以及国内市场的竞争格局，从而促进企业的对外直接投资。高尔等（Gaur et al.，2018）采用问卷调查，考察企业管理者对税收支持、外汇管理、信息服务等多维度对外投资政策的理解，发现管理层对于政策支持的主观认同有助于促进企业对外直接投资。

已有文献强调了母国政府对企业国际化的重要影响，多采用国家所有权和单一政策进行实证检验，鲜有研究同时考察全部对外投资政策影响企业对外直接投资的理论机制和实证结果，且缺乏对不同类别政策效果的研究。

2.3 中国企业的对外直接投资研究

就该领域研究而言，中国在新兴经济体中具有很强的代表性，有关中国企业对外直接投资的研究也得到了广泛关注。

企业特征在推动中国企业对外直接投资中有着重要作用。规模较大企业的融资能力更强，因此在对外直接投资的选择上比规模较小企业具有更强的优势（Alon et al.，2018）。立足于企业自身优势，路江涌等（Lu et al.，2011）关注中国企业的对外直接投资动机，选取 2008 年中国社会科学院对 868 家随机抽取的私有企业的问卷调查数据，发现企业自身能力是中国小规模企业进行国际化扩张的重要影响因素，传统的跨国公司理论仍然能够解释中国后起跨国公司的国际化行为。员工的职业技能、管理经验等企业能力能够促进新知识的吸收和转化，从而增强企业参与对外直接投资的国际竞争力（Yiu et al.，2007）。葛顺奇和罗伟（2013）利用 2009 年的中国工业企业数据库和对外投资企业名录，发现新产品占比、利润率、资本密集度、人均产出、人均管理成本和出口强度等能够体现母公司竞争优势的因素显著促进了企业对外直接投资，体现竞争劣势的债务利息率则阻碍了企业的对外直接投资。服务业企业的生产率、资本密集度、人力资本等特征代表了企业的竞争优势，同样显著正向影响企业的对外直接投资（李磊等，2017）。王方方和赵永亮（2012）基于企业异质性理论，构建中国企业投资区位选择的动力机制框架，表明企业异质性所产生的投资数量、模式扩展及空间效应对投资区位选择有重要影响。制度环境、产业动态变化还会和企业能力因素产生交互作用，进一步间接作用于企业对外直接投资，而能获得更高层级政府支持的企业更有可能进行战略资产寻求型的对外直接投资（Liu et al.，2005；Wang et al.，2012b）。

从制度的视角，崔和江（Cui and Jiang，2012）指出尽管经济的主体不断多元化，但中国政府对对外直接投资的方向和数量的影响显著且深远。由于中国企业自身能力有一定局限性，在企业缺乏竞争性禀赋的情况下，对外直接投资中政府的角色不可或缺（Luo et al.，2010；Wang et al.，2012a）。裴长洪和樊瑛（2010）提出中国政府作为政策制定者，连同其发布的一系列政策促进措施会形成国家特定优势，与企业所有权优势、内部化优势、区位优势等构成企业对外直接投资综合优势，因此对宏观经济利益的追求往往直接体现在中国企业对外直接投资的目标中，而企业的微观利益是被兼顾的。王永钦等（2014）使用 2002～2011 年中国企业在全球范围内的 842 笔交易数据，发现中国企业的对外直接投资更关注东道国的腐败控制、监管质量和政府效率。巴克利等（Buckley et al.，2016）根据 1985～2011 年中国对 150 个经济体的并购数据，结合中国和投资东道国的制度特点，发现政府实行"走出去"政策前后，中国企业对外直接投资会转向偏好高风险的东道国，这不利于企业长期绩效表现。刘青等（2017）使用引力模型研究中国企业跨国并购问题，系统考察东道国的市场、自然资源、战略资产和制度环境对企业跨国并购的区位选择和投资规模的影响，发现中国企业并非简单地偏好到政治风险较高的国家投资，而是对于不同维度的制度有着不同考虑。因此，中国企业对外直接投资的"制度风险偏好"并不绝对（杨娇辉等，2016），投资规模、投资动机不同，其制度风险偏好也存在差异（王恕立和向姣姣，2015）。当对外直接投资的东道国和本国的关系较为友好时，企业对东道国政治风险的关注程度就会弱化；向双边关系友好程度不高的国家投资时，企业才会表现出避险的倾向（孟醒和董有德，2015）。就企业所有权而言，国有企业的对外直接投资行为明显不同于非国有企业的对外直接投资行为，具体表现为更多趋向政府干预程度高且自然资源丰裕但同时风险也高的国家（Duanmu，2012；Wang，2002）。

中国企业的对外直接投资需通过有关机构审批，只有那些与政策一致，符合外经贸政策和国别产业导向政策的投资项目才会被通过。通过实施产业政策，中国初步实现了推动企业"走出去"的发展目标（Hong and Sun，2006）。聚焦于政策的研究中，罗亚东等（Luo et al.，2010）总结了制定对外直接投资政策的中国政府部门并梳理了其变化情况，阐述不同部门关于企业对外直接投资的管理程序，根据政策的特点将其演进分成1984～1990 年、1991～2000 年、2001 年之后三个阶段，并从监管政策和支持政策两方面系统总结了政府在税收、风险保护、信息支持、方向引导、审批程序、后期审查方面的政策。洪俊杰等（Hong et al.，2015）匹配了 2006～2007 年中国商务部对外直接投资名录和滞后一期的中国工业企业数据库，从政府审批视角发现政府的产业政策支持和企业的国有属性能够显著促进新兴经济体的国际化扩张。王成歧等（Wang et al.，2012b）使用同样的数据，根据企业是否属于政府政策支持范围，发现政策显著促进了企业的对外直接投资。此外，企业的对外直接投资还会受到金融支持、税收优惠和外汇支持等政策的影响（Lu et al.，2011）。企业的对外直接投资需要较多的固定成本投入，经营过程面临的风险较高，企业本身的融资约束和所有制性质的外部融资歧视均会给企业的对外直接投资带来负向影响（刘莉亚等，2015）。从融资的角度，民营企业的对外直接投资从信贷融资支持中获益的可能性大于国有企业，因此政府的信贷融资措施能够促进民营企业的对外直接投资（李磊和包群，2015）。为获得对外直接投资政策的福利，矿产资源行业的国有企业会加速对外直接投资以享受补贴优惠政策（张海亮等，2015）。

毫无疑问，企业的一系列行为受母国政府的影响，而有关政策随着对外开放的环境变化而不断做出调整。政策对企业的影响路径可能不是单一的，可能取决于企业本身的特征、政策实施过程中的效率等多方面因素。政策制定的出发点与企业自身需求的相似度是政府目标和企业利益能否耦合的关键，那么，政府会采取怎样的政策，对中国企业对外直接投资的支持力度如何，企业如何以平衡国家利益和企业利益为前提实现投资利润最大化的目标；政策所体现的国家利益如何作用于社会福利，实现社会福利的最大化；政策又应如何优化以提升作用效果，引导企业在实现利润最大化的基础上顺应国家发展战略和经济发展目标，这些问题亟待解决。

2.4 对外直接投资的生产率效应研究

影响政府制定产业政策的因素很多,但提升效率是更重要的出发点和落脚点。新兴经济体企业通过对外直接投资获得先进技术和必需资源,并利用这些战略资产提高母公司的能力 (Chen et al.,2012;Kong et al.,2019)。对外直接投资对国内企业生产率的影响机制问题侧重于逆向溢出机制的研究,主要集中在东道国对母国的逆向溢出以及母国对技术溢出的吸收能力两方面。

企业借助对外直接投资获取东道国的先进技术,并通过内部组织结构将其逆向转移至母国企业,从而促进技术进步 (Driffield and Love,2003;Vahter and Masso,2006)。波特和利希滕贝格 (Potterie and Lichtenberg,2001) 聚焦 1971~1990 年美国、日本和欧盟等 13 个国家,发现对外直接投资的逆向溢出效应可以通过获取东道国的研发资本来实现,向研发密集型国家的对外直接投资对母国生产率的提升作用尤其明显。赵伟等 (2006) 修正了波特和利希滕贝格模型,研究了 1985~2004 年中国的对外直接投资存量在十大投资目的地的分布及其影响,发现通过对外直接投资溢出的东道国的研发活动促进了国内全要素生产率的增长。普拉丹和辛格 (Pradhan and Singh,2008) 用研发支出占销售收入的比例度量 1988~2008 年印度汽车行业对外直接投资的技术扩散作用,实证研究发现对外直接投资给印度的企业带来了接触国外先进技术和市场信息的机会,从而促进了印度企业加大研发投入的力度。布兰斯泰特 (Branstetter,2006) 研究日本企业对美国进行的对外直接投资,发现企业投资之后,专利申请数量显著增加,由此推断出对外直接投资引致的逆向知识溢出效应有助于促进日本企业的技术进步。瓦赫特和马索 (Vahter and Masso,2006) 首次将对外直接投资的溢出效应纳入生产率估计框架,发现向技术领先国的对外直接投资使得子公司获取的重要知识资源,会产生直接的技术转移效应,知识资源返流至母国不仅给母公司带来先进技术,还会对母公司之外的企业产生影响。蒋冠宏和蒋殿春（2013）基于倍差法思想探究企业对外直接投资后的生产率表现，发现受对外直接投资的影响，企业生产率得以显著提升，但生产率的提升程度随时间推移逐渐降低。科扎等（Cozza et al.，2015）使用同样的方法，基于中国企业2003~2011年在欧洲的并购数据，肯定了知识、技术、管理经验在企业内部的逆向溢出为母公司提供了重要的学习机会，但是母国和东道国的技术差距使得生产效率的提升在并购之后的第四年才得以显现。

对外直接投资逆向溢出效应的大小，不仅受到东道国技术水平的影响，还会受企业吸收能力等微观特征的影响。其中，研发投入和人力资本水平决定着吸收能力的高低（Cohen and Levinthal，1989）。母国企业的研发能力越强、人力资本水平越高，吸收对外直接投资技术溢出的能力越强（Branstetter，2006）。创新能力也是企业吸收能力的重要表现，采用新产品开发和技术创新效率衡量的创新能力同样显著正向影响对外直接投资对生产率的逆向溢出（严兵等，2016；Huang and Zhang，2017）。袁东等（2015）使用倾向得分匹配方法，分析2002~2008年中国工业企业对外直接投资对母公司生产率的影响，用研发衡量的吸收能力验证了有研发的企业在对外直接投资后获得了更高的生产率提升。此外，中国企业吸收对外直接投资引致的逆向技术溢出的能力存在明显的地区差异（李梅和柳士昌，2012；叶建平等，2014；尹东东和张建清，2016）。然而，就母国宏观层面的吸收能力而言，赫泽（Herzer，2011）通过检验发展中国家逆向技术溢出效果发现，从贸易开放度、人力资本、金融发展水平等角度衡量的吸收能力并没有明显影响对外直接投资的逆向技术溢出。

上述文献关注对外直接投资对企业生产率的直接影响，而企业真正吸收了多大比例对外直接投资获得的战略资产，产业政策在其中起到了怎样的作用，是否所有企业都具有将这部分优势转化为促进持续性技术升级的能力，产业政策在对外直接投资对企业生产率的短期、中期、长期影响中的作用有何差异，这些问题尚未得到明确的回答。

2.5　文 献 述 评

企业对外直接投资目前仍是国际贸易和国际商务领域研究的前沿，围绕中国等新兴经济体企业对外直接投资的影响因素、投资动机、区位选择及其后期表现的理论推演和实证检验，一方面有助于探究现有国际投资理论的适用性，不断完善对新兴经济体企业对外直接投资现象的认识；另一方面，中国对外直接投资的研究过程进一步打开了政府作用的"黑匣子"，增加了从非正式制度层面分析对外直接投资驱动因素的维度。截至目前，学界已经对企业对外直接投资的影响因素进行了深入研究，在此基础上对政府和企业对外直接投资的关系进行了探讨。理论研究关注政府的补贴政策等制度环境，企业异质性模型为这一问题的研究提供了新的角度和方法；实证研究更多聚焦于母国、东道国各自的制度环境以及二者之间的制度距离。从不同的研究维度出发，现有文献已经对政府补贴的理论机制、所有权衡量的企业和政府关系、政策衡量的政府支持进行了研究。以中国为对象和主体，研究相关问题的文献也在不断地丰富和拓展。随着新兴经济体和发展中国家的对外直接投资在全球占比的不断升高，国际贸易和国际商务领域的有关文献为我们理解产业政策和中国企业的对外直接投资提供了丰富的视角和深刻的洞见。

已有文献均表明政府参与能够帮助企业实现国际化扩张，但是就中国企业的对外直接投资问题，上述理论研究和实证分析有一定的局限性，还存在以下不足以及可以拓展的方向。

第一，现有研究对政府影响企业对外直接投资重要性的界定仍然不够清晰且没有统一的结论。通过企业的所有权性质考察政府如何影响对外直接投资的研究发现，企业对政府较强的依赖性会削弱其参与对外直接投资的意愿和国际竞争力，国有企业因此受到限制，而非国有企业可能会得到优惠。通过政策考察政府如何影响对外直接投资的研究则发现，简化行政审批手续、放松资本管制、提供金融支持、降低税收成本等鼓励性政策，有助于增强企业优势，推动其参与对外直接投资。具体到中国，制度的作用自上而下地影响企业投资决策，通过颁布新的政策、修正已有政策、废止无效政策等方式，政府推动、规范、监管企业对外直接投资，并不断从对外直接投资的具体实践中学习经验，制定出和当前经济形势保持同步发展的政策，已有研究缺乏对该机制的深入探讨。

第二，现有理论模型仍无法充分解释中国企业的对外直接投资，缺乏对福利效应的探讨。以往国际贸易领域的文献主要分析企业生产率、固定成本、可变成本等因素对企业国际化选择的影响，其理论基础是异质性企业模型，国际商务领域的文献则从资源基础论和制度基础论两方面阐述理论机制。以中国为代表的新兴经济体企业的对外直接投资，政策是一大驱动因素。那么，政策影响对外直接投资的微观机制如何，对社会福利有怎样的作用，现有理论未能充分回答这一问题。

中国的制度和政策环境以及不断推进的改革和开放进程，都将为研究政策和企业对外直接投资提供很好的依据，而这一研究能够进一步从新兴经济体的角度对现有跨国公司对外直接投资理论进行补充。但其中的困难也是显而易见的，比如，如何将政策支持的作用引入异质性企业模型框架，以刻画其对微观个体对外直接投资的影响；如何从实证角度对政策进行科学有效的评估，这些都有待继续深入研究。

第三，国内外学者大多从宏观视角切入研究政策和企业对外直接投资的问题，或从企业能力、融资约束等视角考察单一政策的作用，缺乏对政策的多维度研究，特别是较少涉及政策组合的量化。虽然巴克利等（Buckley et al.，2007）、王成歧等（Wang et al.，2012b）和高尔等（Gaur et al.，2018）已经初步刻画了中国加入 WTO、单一产业政策、企业对整体政策的评价等影响，但考虑到中国对外投资政策集合的直接作用是否会有相似的结果，需要经验数据的检验。

第四，现有文献关注母国制度对企业国际化的影响，强调通过政策支持作用于对外直接投资，但是很少有文献区分不同政策类别对于对外直接投资的影响。审批核准规范等便利化政策、方向指导政策、金融财税政策的侧重点存在差异，对企业对外直接投资的具体影响有待进一步研究。

第五，地方政策和中央政策的协同性是否会影响企业的对外直接投资，以往文献忽视了地方政策对企业对外直接投资的影响，特别是缺少同时考察中央政策和地方政策作用的研究。在中国转变政府职能、深化简政放权的背景下，地方政府被赋予了决定企业对外直接投资的自主权，政府间关系也产生了一定变化。在不同的政府关系特性下，对于中央政策，地方政府会采取不同执行策略。地方政府的跟进政策关乎中国地方公共服务的质量和效率，而这一举措在地区之间存在较大差异，且作用的效果受到企业特征、市场环境等的影响。不同层级政府发布的政策作用效果如何？中央政策和地方政策之间有何种关联？地方政府在政策执行的过程中是否存在着偏差？这些问题并未引起足够的关注，有必要对其进行深入研究。

第六，关于企业对外直接投资的逆向技术溢出，一定程度上解释了不具备竞争优势的企业进行对外直接投资的动因，有关母国对逆向技术溢出吸收能力的研究则进一步探讨了对外直接投资逆向溢出效应的影响因素，但是没有进一步解释不具备优势的企业如何克服成本的约束进行对外直接投资，以及政策如何作用于企业对外直接投资的生产率效应。

第3章 中国对外直接投资产业政策：发展脉络与指标量化

3.1 对外直接投资产业政策的发展脉络分析

20 世纪 90 年代以来，中国政府尝试性地制定外汇管理、国别产业指引、信贷支持等对外投资产业政策，规范、引导、推动微观企业的对外直接投资。随着对外直接投资实践的发展，各类政策不断细化，逐步形成一套中国特有的对外直接投资审批、管理和促进体系，有效政策的数量呈现上升趋势（Luo et al.，2010）。在对外投资产业政策的促进和引导下，对外直接投资流量迅速增长，从 2003 年的 28.5 亿美元增加到 2004 年的 54.98 亿美元，实现翻倍，2021 年达到 1788.2 亿美元，对外直接投资在中国经济中的地位越来越突出，在国家战略中也多有体现。在中国对外直接投资取得巨大成就的背后，是不相匹配的经济发展阶段，世界银行统计数据显示，中国 2021 年人均国民收入为 11087.4 美元，在全球的位次是第 53 位，仍处于中等收入水平。中国的经济发展阶段和对外直接投资地位形成巨大反差，中央政府和地方政府发布的对外投资产业政策在促进企业"走出去"过程中起到了重要作用（张为付，2008；Luo et al.，2010；裴长洪和樊瑛，2010）。

1991～2000 年是对外直接投资的起步阶段，中国政府探索性地颁布了《关于编制、审批境外投资项目的项目建议书和可行性研究报告的规定》《境外投资财务管理暂行办法》《境外投资外汇管理办法》

等。在这一时期，中国经济发展速度尚待提高，资金的跨境流动仍然受限，政策要求拟进行对外直接投资的公司在办理境外投资审批事项前，接受境外投资外汇风险及外汇资金来源审查，项目审批通过后设立境外投资汇回利润保证金专用账户。同时，得益于第二次国际产业转移，以及前期出口导向型加工贸易模式的快速积累，劳动密集型加工贸易企业不断发展，资本密集型加工贸易企业逐步壮大。结合加工贸易的优势，政府发布了《关于鼓励企业开展境外带料加工装配业务意见的通知》《国家鼓励开展境外带料加工装配产品目录（第一批）》等政策，鼓励企业对机械类、电子类、轻工类、纺织类、烟草类的目录产品开展境外带料加工装配业务，对于不涉及购汇及汇出外汇的境外带料加工装配项目规定可以免缴境外投资汇回利润保证金，并配套以资金支持。

2000 年"走出去"战略的提出是对外投资产业政策从探索期向确定期发展的重要节点，各政府部门相继发布政策鼓励企业对外直接投资。商务部出台《关于境外直接投资开办企业核准事项的规定》《境外投资管理办法》及相关政策，国家发展改革委发布《境外投资项目核准暂行管理办法》等文件，不断简化对外投资项目的审批核准程序，下放审批核准权限，逐步提高省级主管部门可以核准的项目投资额度上限，并明确核准的具体程序和时间要求，推动对外直接投资自由化。国家外汇管理局发布政策，取消境外投资汇回利润保证金，简化境外投资外汇资金来源审查，不断放松外汇管制程度。期间，《对外投资国别产业导向目录（一）》《对外投资国别产业导向目录（二）》《境外投资产业指导政策》《对外投资国别产业导向目录（三）》按序发布，明确资源和原材料领域、能够带动出口和劳务输出、提高技术研究开发能力、吸收国际先进管理经验和专业人才的投资属于鼓励类境外投资项目，对符合导向的对外投资项目应优先提供资金、外汇、税收、海关、保险等支持和服务。在此之后发布的审批核准、信贷支持、专项资金等政策，大多以此为参照。随着一系列对外投资促进政策的发布，中国对外直接投资的规模不断提升，2005 年突破百亿美元（122.6 亿美元），2008 年达到

559.1 亿美元。

2008 年金融危机给中国对外直接投资带来明显冲击，对此，政府部门发布政策促进对外直接投资的同时防范风险、明确边界、强化管理，对外投资产业政策由此进入深化期。在此期间，《中华人民共和国企业所得税法》实施，居民企业来源于中国境外的应税所得可从当期应纳税额中抵免；国务院国有资产监督管理委员会颁布《关于加强中央企业境外投资管理有关事项的通知》，提出企业应将境外投资项目列入三年滚动发展战略和规划，鼓励企业在自身主业领域抱团"走出去"；商务部强调"省级商务部门不得向下级商务主管部门下放核准权限"；国家发展改革委在《关于完善境外投资项目管理有关问题的通知》中提出，大额境外投资项目需要提前进行项目信息报告；国家外汇管理局在对外担保管理问题上控制融资，要求企业在办理境外投资外汇登记手续时，应提交发展改革部门核准、登记或备案文件。

2013 年开始，中国对外直接投资逐渐形成规模效应，多数企业已经具备了国际化的经验，对外投资政策走向成熟。《境外投资项目核准和备案管理办法》《境外投资管理办法》得到更新和细化，境外投资项目备案管理网络系统启用，《对外投资合作专项资金管理办法》出台。为促进对外直接投资的理性健康发展，《规范对外投资合作领域竞争行为的规定》《中央企业境外投资监督管理办法》《民营企业境外投资经营行为规范》相继发布，鼓励和保护公平竞争的对外直接投资，提升对外投资企业的管理水平和竞争能力，政府的服务功能得到不断强化。在对外直接投资领域，产业政策被赋予了广泛含义，几乎涵盖了对外直接投资的各方面内容，各类政策相互配套，协同作用，形成了中国企业对外直接投资的特定优势。

3.1.1 中国对外直接投资便利化政策

中国对外直接投资便利化政策经历了从限制到支持、鼓励的转变过程（Sauvant and Chen，2014）。商务部和国家发展改革委主要负责对外直接投资项目的审批、核准，由此产生审批、核准规范的两条主线。[①]2003 年 4 月，商务部发布《关于做好境外投资审批试点工作有关问题的通知》，文件指出在北京、天津、上海、江苏、山东等省市试点，下放审批权限、简化审批程序。2004 年 11 月发布的《关于境外投资开办企业核准事项的规定》中，用"核准"取代"审批"。2009 年 3 月，发布《境外投资管理办法》，其中规定将额度在 1 亿美元以下的境外投资项目的核准权限下放至省级商务主管部门，并列出核准的具体程序和时间要求。该办法进一步简化了项目核准程序，提升了对外直接投资的便利化。2014 年 10 月，《境外投资管理办法》发布，文件指出商务部对对外投资的管理以"备案为主、核准为辅"。为进一步便利企业，提高效率，2015 年 8 月，实行境外投资备案的无纸化管理。2017 年 10 月，为深化对外投资合作管理体制改革，规范对外投资的事中事后监管行为，《对外投资合作"双随机一公开"监管工作细则（试行）》印发。同年，《关于进一步引导和规范境外投资方向的指导意见》发布，强调继续加强对境外投资的宏观指导，推动境外投资持续合理有序健康发展，并防范各类风险。就企业境外投资项目核准的问题，国家发展改革委发布的文件主要有《境外投资项目核准暂行管理办法》和《关于做好境外投资项目下放核准权限工作的通知》，分别于 2004 年 10 月和 2011 年 2 月实施，两个文件对省级发展改革部门能够核准的境外投资项目的投资额上限做出规定，并对中央企业和非中央企业、资源开发类项目和其他项目加以区分。相比 2004 年，2011 年省级发展改革部门可以核准的项目投资额上限得到明显提高。2014 年，《境外投资项目核准和备案管理办法》取代《境外投资项目核准暂行管理办法》，进一步明确各级政府能够核准和备案的对外投资项目额度。此外，"境外投资项目核准文件格

---

① 在 2003 年 3 月之前，相关政策有：1991 年国家计委发布的关于印发《关于编制、审批境外投资项目的项目建议书和可行性研究报告的规定》的通知；财政部于 1996 年发布的《境外投资财务管理暂行办法》；对外贸易经济合作部于 2003 年 2 月发布的《关于同意下放非贸易性境外投资审批权限改革试点的批复》等。本章为突出主线，未作详细列示。

式文本""全国境外投资项目备案管理网络系统"相继被印发或启用。2018 年 3 月,《企业境外投资管理办法》正式实施,仅保留对敏感类项目的核准权限,自此,备案制成为主导。该类政策为企业对外直接投资提供了重要指导。

外汇管理政策主要包括境外投资汇回利润保证金和外汇资金来源审查两部分,由国家外汇管理局负责制定。1989 年 3 月,设立境外投资汇回利润保证金专用账户,建立汇回利润保证金制度,用于管控境外投资项目。1999 年 9 月,发布《关于部分项目免缴境外投资汇回利润保证金的通知》,文件指出,为鼓励境外加工贸易和实物境外投资,部分境外投资项目①免缴汇回利润保证金。2002 年 11 月,取消汇回利润保证金制度;2003 年 7 月,提出退还汇回利润保证金。关于境外投资外汇资金来源审查的政策,1993 年 9 月,《境外投资外汇风险及外汇资金来源审查的审批规范》发布,文件强调各部门对境外投资项目的审查要严格遵守规范。2002 年,境外投资外汇管理改革试点政策实施,外汇审查权限交至部分地区的地方政府;2003 年,试点地区的审查权限进一步扩大;2007 年,审查权限的下放由试点地区扩展至全国;2009 年 8 月,该审查制度被正式取消;2011 年,只强调做好境外投资项目的外汇登记工作。关于对外直接投资的外汇管制程度被不断降低。此外,2012 年 12 月,境内机构向境外汇出境外投资前期费用的核准被取消。2015 年 2 月,《关于进一步简化和改进直接投资外汇管理政策的通知》发布,规定银行可以直接审核办理境外直接投资项目的外汇登记,国家外汇管理局及其分支机构对其实施间接监管。2016 年 4 月,《关于进一步促进贸易投资便利化完善真实性审核的通知》发布,强调推进外汇管理改革,规范对汇出对外直接投资外汇利润的管理。

东道国的经济环境、制度质量和社会稳定性对企业对外直接投资活

---

① 包括援外项目、不涉及购汇及汇出外汇的境外带料加工装配项目、中方全部以实物出资的境外投资项目。

动具有重要影响，但企业收集东道国投资环境信息的能力有限。对此，2003 年 11 月，为加强中外企业间投资信息交流，商务部决定搭建企业境外投资意向信息库。2004 年 11 月，《国别投资经营障碍报告制度》印发，文件中鼓励企业报告海外投资经营总体情况、投资环境障碍和风险、投资壁垒和服务贸易壁垒，并计划针对相关问题通过高层互访等途径进行磋商，帮助企业尽快解决问题。2010 年 8 月，商务部制定《对外投资合作境外安全风险预警和信息通报制度》，敦促各部门收集境外安全风险信息，具体包括政治风险、经济风险、政策风险、自然风险四个方面的内容，并整理、分析和评估境外安全风险对企业对外投资合作的影响，及时向境外投资企业发布预警。该类政策有助于国内主管部门了解企业境外投资遇到的问题，降低企业对外直接投资的信息成本，帮助企业有效规避潜在风险。

3.1.2　中国对外直接投资方向指导政策

对外直接投资方向指导政策是政府调控经济的重要依托，根据中国要素禀赋、比较优势的动态变化，核心目标是对产业进行调整与引导。与 20 世纪 80 年代就开始实施的便利化政策相比，方向指导政策的实施时间较晚，能够获取的最早政策是 1993 年国有资产管理局发布的《关于授权北京市国有资产管理局等 44 个单位办理国有资产实物境外投资出口核验手续的通知》，文件关注国有资产的实物境外投资，将其相关的出口核验手续交由地方主管部门。

1990 年以来，立足于要素禀赋特点和比较优势，政府鼓励劳动密集型行业加工贸易发展的同时也开始加大监管力度。1999 年 2 月，为促进国内产业结构调整，应对亚洲金融危机，对外贸易经济合作部、国家经济贸易委员会、财政部联合发布《关于鼓励企业开展境外带料加工装配业务意见的通知》，重点支持轻工、纺织、家用电器等机械电子以及服装加工等行业中具有比较优势的企业到境外开展带料加工装配业务。1999 年 5 月，

《国家鼓励开展境外带料加工装配（第一批）》发布，鼓励企业对机械类、纺织类、轻工类、电子类、烟草类的目录产品开展境外带料加工装配。加入 WTO 后，围绕"走出去"战略，政府出台一系列政策引导和推动国内加工贸易的转型升级，2002 年 12 月，国家经济贸易委员会、对外贸易经济合作部发布新版的《国家鼓励开展境外加工贸易产品目录》，引导和推动生产轻工类、纺织类、机械类、电力电器类、电子类等产品的企业开展境外加工贸易。

借助加工贸易，企业初步获得先进技术和国际竞争力，积累了一定的产业优势，结合东道国的产业结构和中国的发展阶段，政府发布新的产业政策以强化企业对外直接投资的产业引导。2003 年 10 月和 12 月，商务部发布《在东南非洲地区开展纺织服装加工贸易类投资国别指导目录》《在中东欧地区开展家用电器加工贸易类投资国别指导目录》，分别列出了东南非洲地区、中东欧地区东道国的吸引外资政策的主要内容，有针对性地鼓励企业前往开展纺织服装加工贸易、家用电器加工贸易，引导企业在投资前期科学合理地选择投资国别和行业。2004 年、2005 年、2007 年，根据中国产业结构和产业优势、东道国吸引外资的重点领域和市场特点，《对外投资国别产业导向目录（一）》《对外投资国别产业导向目录（二）》《对外投资国别产业导向目录（三）》依次发布，国家对符合导向的对外直接投资项目优先提供资金、外汇、税收、海关、出入境等方面的支持。在此基础上，2011 年 8 月，商务部、国家发展改革委、外交部发布《对外投资国别产业指引（2011 版）》，文件全面详细地介绍了东道国的主要产业发展目标、重点发展区域及相关产业、优先引资领域等。相比 2004 年、2005 年、2007 年版本的《对外投资国别产业导向目录》《对外投资国别产业指引（2011 版）》更加宽泛，企业可以此为参照，结合自身的投资比较优势与东道国发展需要开展对外投资，并根据实际情况及时进行调整。

2006 年 7 月，为与国内产业政策相协调，配合国内产业的发展，国家发展改革委、商务部、外交部等部门联合印发首份《境外投资产业指导政策》，列出国家鼓励、禁止对外直接投资的细分产业，明确鼓励类的对外直接投资包括四类，分别是能够获得国内短缺以及国民经济发展所急需的资源或原材料，带动国内具有比较优势的产品、设备和技术等出口和劳务输出，明显提高国内技术研究开发能力，能够利用国际领先技术、先进管理经验和专业人才。在此之后发布的放松对外直接投资项目审批核准、资金支持等政策，大多以此为参照，满足以上标准的项目可以获得相关政策的支持和境外融资、投资咨询、风险评估、风险控制和投资保险等方面的优先服务。

2012 年，《关于鼓励和引导民营企业积极开展境外投资的实施意见》发布，其中，民营企业开展能源资源开发、高新技术和先进制造业的对外直接投资受到重点支持，并且受到支持的力度将从财税政策、金融保险等方面加大。同时，深化海关通关制度改革，取消境外放款购付汇核准。同年，为鼓励和引导水运建设、航运、港口等水运行业的民营企业加快发展，奠定对外直接投资和跨国经营的基础，《关于鼓励和引导水运行业民营企业境外投资和跨国经营的若干意见》发布。2017 年，《中央企业境外投资监督管理办法》实施，文件中包含了中央企业境外投资项目的负面清单。同年，《关于进一步引导和规范境外投资方向指导意见的通知》发布，规定在税收、外汇、保险、海关、信息等方面进一步提高服务水平，不仅鼓励企业开展有利于"一带一路"建设和周边基础设施互联互通的基础设施境外投资，以及能够带动优势产能、优质装备和技术标准输出的境外投资，还鼓励企业加强与境外高新技术和先进制造业企业的投资合作、境外研发中心的设立等。2018 年，《境外投资敏感行业目录》发布，指导政策向负面清单的方向继续迈进。

通过有针对性的方向指导政策，政府在产业投向方面的规划逐渐科学，企业对外直接投资的出发点和目标也越来越明确，即不仅要遵循双方比较优势，还要依托劳动力、资本等相对优势争取技术、先进管理经验的潜在优势。

3.1.3 中国对外直接投资金融财税政策

在三类产业政策中，对外直接投资金融财税政策是实施时间最晚的。作为降低对外直接投资成本的重要手段，金融财税政策直接给企业的对外直接投资提供资金支持，缓解企业融资约束，加深行业间劳动分工，推动中国的对外投资进程。根据提供支持的途径不同，金融财税政策可以进一步区分为信贷支持、专项资金、税收优惠、风险保障、融资担保五个方面。

在信贷支持方面，1999 年 6 月，中国人民银行、对外贸易经济合作部联合发布《关于支持境外加工贸易的信贷指导意见》，鼓励轻工、纺织、家用电器等领域中具有比较优势的企业开展境外加工贸易，为此发放短期和中长期贷款。2003 年 5 月，国家发展改革委、中国进出口银行设立境外投资专项贷款，用于支持境外资源开发类项目，以及能够带动出口、引进先进技术、提高企业国际竞争力的对外投资项目。2005 年 9 月，国家发展改革委、国家开发银行安排境外投资股本贷款，支持向重点领域的对外投资。

在专项资金方面，2000 年 10 月，《中小企业国际市场开拓资金管理（试行）办法》实施，用以支持中小企业国际化。2004 年 9 月，财政部、商务部发布通知，扶持资源类境外投资项目前期费用，重点支持在发展中国家实施的油气资源、金属和非金属矿藏开发项目。2005 年 12 月，财政部、商务部出台《对外经济技术合作专项资金管理办法》，明确对于符合国家产业政策、外经贸政策的对外直接投资项目，以补助和贴息的方式支持。2006 年、2007 年、2009 年、2010 年、2011 年、2012 年等年份，两部门进一步推出多项政策文件，列出年度重点支持领域[1]、明确专项资金支持的费用范围和标准。为加强和规范对外经济技术合作专项资金的管

---

① 支持重点逐渐从资源、能源向研发、设备制造方向转变。

理，2013 年，《对外投资合作专项资金管理办法》发布；2014 年，该办法并入《外经贸发展专项资金管理办法》。

在税收优惠方面，2008 年 1 月，《中华人民共和国企业所得税法》实施，文件规定居民企业来源于中国境外的应税所得可从当期应纳税额中抵免，一定程度上缓解了企业的融资约束问题。同时期实施的《中华人民共和国企业所得税法实施条例》进一步明确抵免限额按照分国不分项的方式计算。2010 年 1 月，财政部、国家税务总局联合发布《关于我国石油企业在境外从事油（气）资源开采所得税收抵免有关问题的通知》，规定石油企业可自主选择税率更优惠的综合限额抵免法。同一时间实施的还有适用于高新技术企业的境外所得适用税率及税收抵免优惠税率，高新技术企业对其来源于境外所得可以按照 15% 的优惠税率缴纳企业所得税，在计算境外抵免限额时，可按照 15% 的优惠税率计算境内外应纳税总额。

在风险保障和融资担保方面，2005 年 1 月，国家发展改革委、中国出口信用保险公司联合发布政策，建立境外投资重点项目风险保障机制，为境外投资项目提供风险保障，重点支持《境外投资产业指导政策》的鼓励类境外投资项目，简化承保手续，加快承保速度。同年 9 月，国家外汇管理局发布《关于调整境内银行为境外投资企业提供融资性对外担保管理方式的通知》，对银行提供给境外投资企业的融资性对外担保提供余额管理，缓解企业对外直接投资融资难的问题。2010 年 7 月开始，国家外汇管理局对境内银行提供融资性对外担保实行余额管理，对非银行金融机构和企业的担保以逐笔核准为主。

伴随对外直接投资实践的快速发展变化，政府相关部门不断出台、更新金融财税政策，从多角度加强对企业对外直接投资的金融支持，为企业对外直接投资活动创造良好的政策环境。对外直接投资产业政策框架如图 3-1 所示。

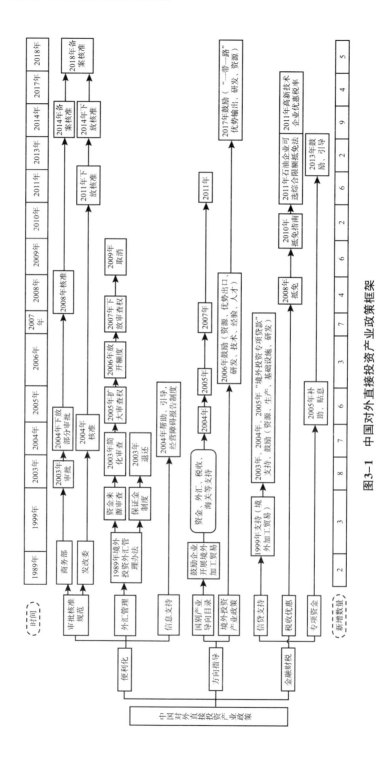

图3-1 中国对外直接投资产业政策框架

3.2　对外直接投资产业政策的测算

3.2.1　测算方法概述

政策文本的量化可以通过某一领域政府出台的政策个数来衡量[①]，也可以将政策作为基本语料，定量分析文本中关键词的词性及其变化，运用文本分析技术综合判断政策文本传递出的对对外直接投资的态度（黄萃等，2015）。根据政策的关键词，可采用频次分析、聚类分析等方法统计词频，总结能够反映一类政策文本的内在态度的词汇，并规范测量这些重要词汇，发现政策变化过程与规律，推断政策实施效果。

3.2.2　选取文本分析方法的测算

贝克等（Baker et al.，2016）、拉沃尔和加里（Laver and Garry，2000）、罗兰和麦克唐纳（Loughran and McDonald，2016）使用文本分析来研究政府政策、报纸报道和公众对企业信息的情绪。用这个方法来评估政策的力度和企业能得到的支持程度，关键是找到能够表达政策语调和态度的政策文本中的关键词，然而在汉语语境中，词源分类尚不完善，缺乏一个统一的词典用于研究。对此，首先构建一个包含 50 个积极词和 35 个消极词的词典[②]（见表 3 - 1），积极词反映了政策鼓励对外直接投资的倾向，消极词则传递出政府仍在掌控企业活动的信号。

[①]　彭纪生等（2008）使用政策数量对政策进行测量。

[②]　在阅读理解政策文本的基础上，邀请对外直接投资方面的专家背对背分类关键词语，确保词表的合理性。

表 3 – 1   文本分析词

积极词				消极词		
支持	鼓励	简化	优化	不得	禁止	限于
下放	放宽	便利	改进	严格	制止	抄送
授权	委托	推进	方便	责令	处罚	不超过
促进	扩大	提高	快捷	慎重	追究	只能
健全	强化	协调	取消	审批	危害	不予
完善	协同	清理	提醒	违反	审查	控制
退还	做好	透明	备案	必须	敏感	撤销
优惠	抵免	贴息	核准	上报	限额	监督
补助	推动	增加	落实	相悖	抄报	具备
保护	维护	帮助	协助	大额	动荡	不应
解决	保障	听取	服务	征求	特殊	不能
贯彻	规范	改革	引导	审核	不包括	
实施	个工作日内	重视	权利			

由于公众是根据政策来判断政府的态度，积极词和消极词对于反映国家支持对外直接投资的力度很重要。总体上看，政策实施的时间距今越近，积极词的使用频率越高。例如，"支持""协调"等词强调政府相关部门之间要更好地协调职能，为企业申请对外直接投资项目提供便利，反映了政府鼓励对外直接投资的倾向；"服务""做得好"则传递出政府希望为企业对外直接投资提供信息和指导的意愿；"补贴""优惠"等表达了政府提供有针对性的金融财税支持以减轻企业对外直接投资的融资压力。与之相反，消极词的被动语调传递出政府限制企业对外直接投资的信号。具体来说，"控制""禁止""制止"等绝对负面信号的表达会降低企业对外直接投资的意愿；"限额"意为政府允许不超过上限的对外直接投资金额；"严格""审批"等传递出对外直接投资将受到更多约束、经历更复杂的审批程序。

除了词表外，术语权重方案对于将文本信息转换成数据也很重要。本书使用罗兰和麦克唐纳（Loughran and McDonald，2011）词频—逆文本频率指数（Term Frequency – Inverse Document Frequency，TF – IDF），该指数基于文档长度进行修正，根据下式依次计算所有政策文本中每个词语的权重：

$$\omega_{ij} = \frac{1 + \log tf_{ij}}{1 + \log a} \log\left(\frac{N}{df_i}\right) \qquad (3-1)$$

其中，N 是政策文本的总数，df_i 是单词 i 至少在其中出现一次的政策文本数量，tf_{ij} 是单词 i 出现在文本 j 中的次数，a 是文本的平均单词数。该方法包括两个主要部分，即通过对数变换来减少词频之间的差异作用，并根据文档中的共性来修正单词的影响。通过降低高频词语的权重、增大相对低频词的影响，降低了词语错误分类的噪音，减轻了主观偏见。

对于每个政策文本，分别加总积极词的权重和消极词的权重，从积极词总权重中减去消极词总权重，得到政策文本的"净积极权重"作为政策支持力度。将该权重压缩至 [0，5] 的区间，最终得到每个政策的支持力度。在行业层面的研究，根据每个政策的实施时间和失效时间，使用行业每年所有有效政策的数量或平均支持力度表示对外投资产业政策支持力度。在企业层面的研究，则使用企业每年所有有效政策的数量或平均支持力度表示对外投资产业政策支持力度。

3.3　产业政策与中国企业对外直接投资的特征事实

1979 年，国务院颁布《关于经济改革的十五项措施》，明确提出允许"出国开办企业"，自此拉开了中国企业对外直接投资的序幕。1992 年伴随深化改革和扩大开放，对外直接投资出现井喷式增长，流量的增长率达到 338.12%。然而，当时人均总收入仅为 425.69 美元，还没有达到中等收入国家 484.64 美元的最低水平。"走出去"战略实施以来，对外直接投资保持快速增长的势头，2009 年后，政府出台一系列产业政策鼓励和促进重要领域的对外直接投资，对外直接投资的增长率基本维持在两位数。
2016 年后，对外直接投资净额增至 1961.49 亿美元，中国成为全球第二大
投资国。[①] 2020 年，就对外直接投资流量来看，中国首次成为全球第一大
投资国。与此同时，中国人均国民总收入虽然保持两位数的增长，但仍处
于中等收入水平，中国的对外直接投资发展速度和经济发展阶段形成巨大
反差。而发达国家的企业在对外直接投资伊始，经济发展已经达到一定水
平，例如，1970 年美国的对外直接投资流量在世界上的占比为 53.67%，
同年人均国民总收入 5084.41 美元，几乎是高收入国家人均国民总收入的
两倍。类似的，日本的对外直接投资始于 20 世纪 60 年代后期，也是日本
经济高速发展的时期。结合不同国家的发展起点以及数据可得性，美国和
日本以 1970 年为起点，中国以 1982 年为起点，得到图 3 - 2，可以发现，
从对外直接投资流量与人均国民总收入比值来看，中国明显高于美国和
日本。

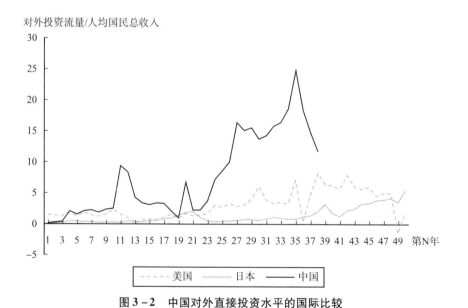

图 3 - 2 中国对外直接投资水平的国际比较

---

① 数据来源：根据联合国贸易和发展会议（UNCTAD）公布的资料整理。

中国的对外直接投资相对超前于经济发展水平，一个重要的原因是政府通过发布对外投资政策明显促进了企业"走出去"（张为付，2008；Luo et al.，2010；裴长洪和樊瑛，2010）。根据产业政策的实施时间和失效时间，在年度层面加总有效政策的支持力度，得到 1991～2018 年中国对外直接投资流量和对外直接投资产业政策支持力度趋势图（见图 3-3）。可以看出，中国对外直接投资流量和对外直接投资产业政策支持力度呈同步上升趋势。

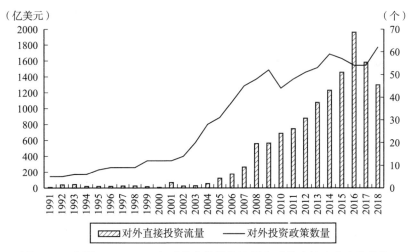

图 3-3　中国 1991～2018 年对外直接投资流量和政策支持力度变化趋势

根据国民经济行业分类，在二位数行业层面加总 2004～2013 年企业对外直接投资次数，以此作为被解释变量，以行业的平均政策支持力度作为解释变量，图 3-4 描绘了产业政策支持力度与企业对外直接投资的散点关系，可以发现，二者拟合线的斜率显著为正。这在一定程度上说明产业政策支持力度越大，企业越倾向于进行对外直接投资。在此期间，中国逐步积累了一定规模的资本、技术和管理经验，对外直接投资在国际上的比较优势随之发生动态变化。

根据行业的平均对外直接投资政策支持力度进行排序，结果如表 3-2 所示。其中，制造业整体的平均政策支持力度为 8.049，高于这一平均值的有专用设备制造业、家具制造业和纺织、服装、鞋、帽制造业等。可以看出，以纺织、服装、鞋、帽制造业和皮革、毛皮、羽毛（绒）及其制品业等为代表的传统比较优势产业受到的政策支持力度较高。但产业的优势地位并非一成不变，优势产业发展到峰值就存在着退化为相对劣势产业的规律，延长静态优势产业的生命周期，充分利用前期技术知识等资源的积累，需要以对外投资的方式加速资源转移、促进产业结构调整。交通运输设备制造业、食品制造业、农副食品加工业等由于起步较早、成本较低，具备加工贸易、制造装配的优势，对于产业结构的调整升级具有重要意义，受到了较强的对外投资产业政策支持；专用设备制造业、电气机械及器材制造业等具有小规模比较优势的先进制造业，其对外直接投资以汲取国外先进技术和管理经验为目的，因而受到对外投资产业政策支持的力度也较高。

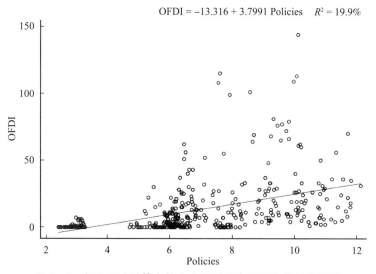

图 3-4 行业平均政策支持力度和对外直接投资数量的关系

与中国企业对外直接投资的资源寻求型特征不同的是，有色金属矿采选业，煤炭开采和洗选业，黑色金属矿采选业，石油加工、炼焦及核燃料加工业，烟草制品业，有色金属冶炼及压延加工业，石油和天然气开采业等，受到对外投资产业政策支持的力度较低。为弥补国内石油、天然气、矿产等自然资源的短缺，部分企业在中国"入世"之后即进行了大量的资源寻求型对外直接投资（高鹏飞等，2019），随着行业比较优势和国内产业发展状况的变化，战略资产寻求型的对外直接投资逐渐受到更多的支持和关注。

表 3 - 2　　　　　制造业分行业政策支持力度的描述性统计

行业分类	观测值	平均值	标准差	最小值	最大值
制造业	2968990	8.049	2.620	2.320	12.345
专用设备制造业	166442	9.883	2.610	2.472	12.331
家具制造业	35108	9.131	2.517	3.076	11.759
纺织服装、鞋、帽制造业	117832	9.044	2.675	3.226	11.960
非金属矿物制品业	349804	9.027	3.037	2.643	12.221
电气机械及器材制造业	171177	8.997	2.498	3.031	11.869
纺织业	229092	8.972	2.664	2.736	12.006
皮革、毛皮、羽毛（绒）及其制品业	61221	8.971	2.683	2.685	12.038
造纸及纸制品业	67890	8.654	2.647	2.866	11.494
交通运输设备制造业	126795	8.625	2.451	2.601	12.345
塑料制品业	125149	8.605	2.655	2.916	11.954
食品制造业	56836	8.569	2.420	2.632	11.694
农副食品加工业	150372	8.529	2.391	2.543	11.554
印刷业和记录媒介的复制	43168	8.506	2.586	2.932	11.289
饮料制造业	38696	8.403	2.283	2.625	11.364
医药制造业	50077	8.283	2.275	2.617	11.341
通用设备制造业	229721	7.965	2.418	2.864	12.061
通信设备、计算机及其他电子设备制造业	95743	7.225	1.998	2.767	11.922
文教体育用品制造业	32747	7.187	2.061	2.851	11.921
仪器仪表及文化、办公用机械制造业	37765	6.838	1.823	2.833	11.912
木材加工及木、竹、藤、棕、草制品业	63740	6.611	1.570	2.740	11.378
化学纤维制造业	15012	6.589	1.350	2.833	8.475

续表

行业分类	观测值	平均值	标准差	最小值	最大值
工艺品及其他制造业	51095	6.545	1.347	2.740	10.552
废弃资源和废旧材料回收加工业	6755	6.544	1.107	3.105	8.249
金属制品业	148698	6.524	1.366	2.944	11.438
橡胶制品业	31410	6.457	1.428	2.882	10.050
化学原料及化学制品制造业	193177	6.328	1.321	2.446	8.499
燃气生产和供应业	6082	6.215	1.209	2.725	7.957
非金属矿采选业	24676	6.133	1.237	2.406	8.145
黑色金属冶炼及压延加工业	60055	6.081	1.397	2.423	8.175
其他采矿业	153	6.018	1.186	2.599	7.766
电力、热力的生产和供应业	40892	5.984	1.339	2.465	8.512
水的生产和供应业	11395	5.958	1.571	2.635	8.191
石油和天然气开采业	1439	5.904	1.489	2.441	7.703
有色金属冶炼及压延加工业	40780	5.864	1.211	2.354	8.271
烟草制品业	1291	5.854	1.606	2.497	8.330
石油加工、炼焦及核燃料加工业	12452	5.834	1.443	2.399	7.999
黑色金属矿采选业	17343	5.804	1.275	2.354	7.619
煤炭开采和洗选业	47517	5.726	1.375	2.356	7.614
有色金属矿采选业	9393	5.413	1.348	2.320	8.170

第4章 产业政策与企业对外直接投资：企业意愿和能力的视角

4.1 引　言

对外直接投资是我国"走出去"战略的重要内容，是打造"以我为主"全球价值链的重要方式。2001~2020年，我国对外直接投资流量从68.9亿美元上升至1329.4亿美元，为我国企业利用国内国际两个市场、两种资源发挥了重要作用。[①] 从"入世"之初的发展现实看，我国的跨国公司作为后发企业，国际化经验有限，在国际市场中缺乏显著的竞争优势。为此，政府制定了一系列产业政策来抵消竞争劣势，通过简化行政程序，放松资本管制，提供财政和税收支持，给予投资指导等，促进本国的对外直接投资（裴长洪和樊瑛，2010；Lu et al.，2011；Luo et al.，2010；Meyer and Peng，2016；Rui and Yip，2008；Wang et al.，2012b）。尽管对外投资产业政策在新兴市场中得到了广泛的发展，但以往研究主要集中于考察企业因素对对外直接投资的作用（李磊等，2017；王碧珺等，2015；Song，2002；Tseng et al.，2007；Yaprak et al.，2018），以及企业和政府关系如何决定对外直接投资（Wang et al.，2012b）。

聚焦产业政策和企业对外直接投资的决策问题，理论研究多基于制度

---

① 数据来源：根据联合国贸易与发展会议（UNCTAD）公布的资料整理。

理论，突出了宏观政策对于企业对外直接投资的影响。裴长洪和樊瑛（2010）指出，企业的对外直接投资行为受政府政策优势、公共服务优势等组成的"国家特定优势"的驱动。罗等（Luo et al.，2010）提出政策能够在制度层面抵消中国企业的国际竞争劣势，有助于满足国家利益和企业经济效率的需要。姜广省和李维安（2016）则认为政府依据审批政策严格把握企业对外直接投资的能力、风险等因素，从而降低了企业对外直接投资的可能性。在经验研究方面，目前的大量文献从宏观视角考察政策和企业对外直接投资的关系。张为付（2008）基于中国1995～2006年的宏观统计数据，发现政府对对外直接投资的鼓励能够推进对外直接投资的规模提升。卜伟等（2018）发现1989年发布的《境外投资外汇管理办法》、1992年发布的《关于编制、审批境外投资项目的项目建议书和可行性研究报告的规定》以及2004年发布的《境外投资项目核准暂行管理办法》均显著促进了中国对外直接投资总额的增长。曾守桢和余官胜（2020）选取2003～2014年中国的省级数据，发现对外直接投资核准权限的下放有助于提升地区的对外直接投资水平。部分文献探究政策不确定性和中国企业对外直接投资的关系，宫汝凯（2019）运用贝克等（Baker et al.，2016）构建的经济政策不确定性指数，发现在经济转型过程中，政策不确定性越高，地区对外直接投资的规模越大。陈胤默等（2019）运用相同的指数在企业层面研究对外直接投资的影响因素，得出了相反的结论。通过梳理文献可以发现，既有研究主要集中于宏观层面，从制度理论的单一视角或者制度理论、资源基础论和产业基础论的融合视角，探究了政策对企业对外直接投资的影响，较少涉及政策对企业对外直接投资决策影响的经济学理论依据的探讨，缺乏对政策如何以及在多大程度上影响企业对外直接投资决策的关注。

区别于现有研究，本章从企业意愿和能力的视角考察产业政策对中国企业对外直接投资决策的影响，有如下边际贡献。

第一，弥补了专门针对政策组合和企业对外直接投资研究的不足。中国政府在决定对外直接投资的方向和数量方面具有重要作用（Cui and Jiang，2012；Morck et al.，2008），但大部分相关文献关注政府的宏观政策影响或者单一的对外投资审批核准政策的影响。这些研究使用的数据基本为国家层面和地区层面，很少有针对企业层面的政策和对外直接投资关系的研究。本章利用对外投资产业政策数据，不仅探究了政策和企业对外直接投资可能性的关系，还挖掘了便利化政策、方向指导政策、金融财税政策等不同类型的产业政策对企业对外直接投资决策的影响。

第二，首次考虑了产业政策对企业追加对外直接投资的影响。既有文献对于产业政策影响企业对外直接投资的研究主要聚焦在企业是否进行投资，部分研究关注国家层面和地区层面的对外直接投资的增长，缺乏对企业后续投资表现的研究，而本书探讨了产业政策与企业再投资决策之间的关系，为产业政策组合影响企业对外直接投资的整体发展和动态决策提供了相关证据。

第三，弥补了理论方面相关研究的缺乏。已有文献鲜有基于经济学理论阐释政策和企业对外直接投资决策的关系。本章通过模型推导，从产业政策影响企业对外直接投资的意愿和能力的视角，刻画了产业政策如何影响企业对外直接投资的决策及其动态变化。为了验证这一框架，以产业政策、企业生产率和所有权为主要因子，构建企业对外直接投资期望回报的贝尔曼（Bellman）方程，提出理论假说，并整合2004~2013年中国工业企业数据库、商务部境外投资企业名录和对外投资产业政策数据进行实证分析。

第四，丰富了现有文献对产业政策影响企业对外直接投资的微观机制分析。尽管政策能够影响企业的对外直接投资，但并不是所有企业都有意愿和能力进行对外直接投资，制度和组织的协调交互关系驱动着企业的战略决策（Marquis and Raynard，2015；Meyer and Peng，2016；Peng and Heath，1996；Wang，et al.，2012），本章从产业政策影响企业对外直接投资意愿和能力的视角出发，探究产业政策和企业能力、所有权等企业特征如何交互作用于对外直接投资。

本章余下部分安排为：4.2节是理论框架和研究假说，4.3节是计量设定，实证检验的结果报告在4.4节，4.5节是机制分析，4.6节是本章小结。

4.2 理论框架与研究假说

4.2.1 产业政策与企业对外直接投资决策

为了帮助企业进行对外直接投资，中国政府出台了一系列政策，包括简化审批核准等程序、提供方向指导和金融财税优惠等。第一，商务部、国家发展改革委将对外投资的审批权限下放给省级政府，允许投资者对其项目的可行性进行评估，并减少审批的申请材料和时间。国家外汇管理局发布政策，取消汇回利润保证金、降低对外汇资金来源的审查限制，提升了对外直接投资的便利化程度。东道国的经济环境、制度质量等宏观环境因素会影响企业对外直接投资的决策及收益，但企业收集东道国投资环境信息的能力有限。对此，商务部搭建企业境外投资意向信息库、印发《国别投资经营障碍报告制度》，降低企业对外直接投资的信息成本，帮助企业有效规避潜在风险。这些便利化政策有助于降低对外直接投资的门槛，使对外投资的申请更加容易，因而提升了企业对外直接投资的能力。

第二，政府制定的针对特定行业和东道国的政策，为企业对外直接投资提供了方向指导。例如，1990 年以来，立足于要素禀赋特点和比较优势，政府鼓励劳动密集型行业加工贸易发展的同时加大监管力度，出台一系列政策引导和推动国内加工贸易的转型升级。借助加工贸易，企业初步获得先进技术和国际竞争力，积累了一定的产业优势，结合东道国的产业结构和中国的发展阶段，政府继续发布产业政策以强化对企业对外直接投资的产业引导。2004 年发布的《对外投资国别产业导向目录》列出了政策支持的东道国和行业，符合目录的对外投资项目享受资本、税收等优惠待遇。针对满足《境外投资产业指导政策》的对外直接投资项目，包括战略资产寻求型、自然资源寻求型的对外直接投资，政府会提供境外融资、投资咨询、风险评估、风险控制和投资保险等方面的优先服务。通过方向指导政策，政府及时调整重点鼓励的行业，通过较为全面的支持增强对外直接投资的综合优势，降低了对外直接投资的风险，从而有助于提高企业对外直接投资的意愿。

第三，财政部、国家税务总局等出台政策，为不同企业的对外直接投资提供直接的金融财税支持。例如，2005 年发布的《对外经济技术合作专项资金管理办法》明确对重点对外直接投资项目提供信贷支持；2011 年发布的《关于我国石油企业在境外从事油（气）资源开采所得税收抵免有关问题的通知》和《关于高新技术企业境外所得适用税率及税收抵免问题的通知》，分别对石油企业、高新技术企业提供了一系列减税和免税措施。此外，中国进出口银行和其他国有商业银行提供了低贷款利率、快速审批程序以及灵活的项目条款。企业还可以向中国出口信用保险公司申请对外直接投资保险，获得投资咨询、风险评估、风险控制等境外投资风险保障服务，保护被征收、资金转移和转换受到限制、违反合同承诺、战争损害等直接导致的境外资金和收益损失。以此为代表的金融财税政策有助于解决企业投资资金不足的问题，从而提升对外直接投资的意愿和能力。

与梅里兹（Melitz，2003）、伯纳德和詹森（Bernard and Jensen，2004）、毛其淋和盛斌（2013a）研究出口的思想类似，假定企业追求利润最大化，在这一假设下，企业是否进入东道国市场进行对外直接投资取决于对外直接投资的期望利润是否超过其进入所需支付的固定成本，而一旦进入东道国市场，企业也总是以实现利润最大化的产量进行生产。

发达经济体的跨国公司往往在国际化之前就具备竞争优势，与之相反，新兴市场国家由于本国经济和技术发展相对滞后，资源相对匮乏。母国政府推出的一些具体政策可以弥补新兴经济体跨国公司国际竞争中的不利因素，确保关键资源的安全（Buckley et al.，2007；Rugman and Verbeke，1990）。因此，政府是新兴经济体企业对外直接投资的关键驱动因素之一（Luo et al.，2010；Wang et al.，2012a）。政府制定政策来规范经济，形成竞争环境和资源禀赋（Henisz，2000；Kobrin，1982）。中国等大多数新兴经济体政府采取措施鼓励企业"走出去"，因此国际化趋势在很大程度上受到政策的刺激（Buckley，2018；Lu et al.，2011，2014，2010；UNCTAD，2008）。为了帮助企业实现国际化，中国政府出台了一系列政策，以简化行政程序，放松资本管制，降低财务成本，并提供行业或地区指导，降低政治和投资风险。事实上，中国的对外直接投资是政府主导的国际化扩张，政府制定的"走出去"政策极大地鼓励了企业的对外直接投资。

对此，在单期情形下，引入对外投资产业政策支持变量，对于企业 i，其对外直接投资利润为：

$$\pi_{it}(\varphi_{it}, s_{it}, o_{it}) = p_t(\varphi_{it}, s_{it}, o_{it})q_{it} - c_{it}(\varphi_{it}, s_{it}, o_{it} \mid q_{it}) - f_I I_{it}$$

$$(4-1)$$

其中，i 表示企业，t 表示时间；s_{it} 表示对外投资产业政策支持，φ_{it} 表示企业的生产率，o_{it} 表示企业所有权，这些竞争优势所代表的企业特征是其国际化的关键决定因素（Dunning，1993）；q_{it} 表示企业的产量，$p_t(\cdot)$ 表示价格，$c_{it}(\cdot)$ 表示生产 q_{it} 的成本；I_{it} 表示企业 i 在 t 期的对外直接投资状态，当企业在 t 期有对外直接投资时，I_{it} 为 1，否则为 0。

假设企业通过选择最优的产出序列 $\{q_t^*\}_{t=1}^{\infty}$ 使对外直接投资期望利润的净现值最大化，根据贝尔曼方程进一步得到：

$$V_{it}(\cdot) = \max_{I_{it}}\{\pi_{it}(\varphi_{it}, s_{it}, o_{it})I_{it} + \beta E_t[V_{it+1}(\cdot) \mid I_{it}]\} \quad (4-2)$$

其中，$\beta(0 \leq \beta \leq 1)$ 表示贴现因子，$V_{it}(\cdot)$ 表示企业 i 在 t 期最大化的对外直接投资期望回报贴现值，对式（4-2）求一阶条件，得到：

$$\pi_{it}(\varphi_{it}, s_{it}, o_{it}) + \beta\{E_t[V_{it+1}(\cdot) \mid I_{it}=1] - E_t[V_{it+1}(\cdot) \mid I_{it}=0]\} \geq f_I$$

$$(4-3)$$

只有当对外直接投资的期望回报净现值大于其所需的固定成本时，企业才会选择对外直接投资。根据式（4-3），把对外直接投资决策表示为如下动态离散方程：

$$I_{it} = \begin{cases} 1, & \text{如果 } \Pi_{it}(\cdot) - f_I \geq 0 \\ 0, & \text{如果 } \Pi_{it}(\cdot) - f_I < 0 \end{cases} \quad (4-4)$$

其中，$\Pi_{it}(\cdot) = \pi_{it}(\varphi_{it}, s_{it}, o_{it}) + \beta\{E_t[V_{it+1}(\cdot) \mid I_{it}=1] -$

$E_t[V_{it+1}(\,\cdot\,)|I_{it}=0]\}$。

接下来分析产业政策支持这一外部因素对企业对外直接投资决策的影响。政策支持通过降低企业对外直接投资的门槛、风险和资金障碍，增加了对外直接投资的期望利润，企业预期利润提升使得存活企业数量增加，可消费产品种类随之增多，国内产品种类增多引致的竞争效应会促使本国企业为继续生存和发展而提高生产效率（李平等，2012；毛其淋和盛斌，2013b；徐茗丽等，2016；Januszewski et al.，2002；Nickell，1996）[①]，进一步增强了企业的优势，提升了对外直接投资的可能性。由此可知，$\partial\varphi_{it}/\partial s_{it}>0$，由于对外直接投资期望回报的净现值 $\Pi_{it}(\cdot)$ 与生产率 φ_{it} 正相关，即 $\partial\Pi_{it}(\cdot)/\partial\varphi_{it}>0$，据此得到 $\partial\Pi_{it}(\cdot)/\partial s_{it}>0$，结合式（4-4），可得 $\partial\mathrm{Prob}(I_{it})/\partial s_{it}>0$。根据以上事实和理论分析，提出假说 4-1。

假说 4-1：产业政策的支持会促进企业的对外直接投资。

企业通过对外直接投资开发和利用先进技术、综合知识和品牌声誉等资源，其在国内积累的资源可以在国外多个市场中进行配置，协助实现规模经济，最大限度地发挥能力，满足知识吸收和资产寻求的目的。企业一旦进入东道国市场，仍然会根据利润最大化原则及上一次对外直接投资的期望回报净现值来决定其是否进行新的对外直接投资，即式（4-3）得到满足，同时有：

$$\pi_{it+1}(\varphi_{it+1},\,s_{it+1},\,o_{it+1})+\beta\{E_{t+1}[V_{it+2}(\,\cdot\,)|I_{it+1}=1]$$
$$-E_{t+1}[V_{it+2}(\,\cdot\,)|I_{it+1}=0]\}\geqslant f_I \qquad (4-5)$$

易得 $\partial\Pi_{it+1}(\cdot)/\partial s_{it+1}>0$，进一步结合企业对外直接投资决策的动态离散方程式（4-4），可以得到 $\partial\mathrm{Prob}(I_{it+1})/\partial s_{it+1}>0$，即产业政策支持将进一步促进企业在全球市场布局新的对外直接投资，由此提出假说 4-2。

假说 4-2：产业政策支持促进企业继续进行新的对外直接投资。

———————————

[①]　第 7 章对此做了进一步论证。

4.2.2 产业政策影响企业对外直接投资的机制

企业的对外直接投资受产业政策以及企业特征的影响，因此被视为制度与组织互动的结果（Buckley et al.，2007；Peng，2002）。产业政策支持直接作用于企业，能够促进企业的对外直接投资，但并非所有企业都能从产业政策中同等获益，具体影响大小还会受到企业自身特征的作用。

一方面，产业政策对于对外直接投资的影响因企业生产率水平的不同而存在差异。生产率反映了企业管理政策资源以实现对外直接投资目标的能力。生产率越高的企业，产出效率、资源分配能力及其整体效率越高（Kafouros and Aliyev，2016；Amit and Schoemaker，1993），能够充分发挥规模经济的优势，以更有效的方式获取国外战略资产、吸收国外先进技术（Kafouros et al.，2018），从而进一步提高对外直接投资的意愿和能力。面对对外直接投资过程中的风险和不确定性，生产率高的企业能够主动遵从产业政策的指导（Castrogiovanni，1991）。相比之下，生产率较低的企业难以完全遵从政策的安排、充分利用政策的支持，面临的国际化风险和挑战也会更高，参与对外直接投资的意愿和能力较低。因此，企业生产率对产业政策的调节作用影响企业对外直接投资的意愿和能力，生产率越高，产业政策对企业对外直接投资的促进作用越强。由此，本书提出假说4-3。

假说4-3：生产率在产业政策影响企业对外直接投资过程中发挥了调节作用。

另一方面，产业政策对对外直接投资的影响因企业所有权特征的不同而存在差异。所有权差异意味着企业对外直接投资决策的出发点不同，所有权结构不同的企业会以不同方式应对外部制度的变化（Kostova et al.，2008；Oliver，1991；Cui and Jiang，2012），非国有企业在国内市场面临激烈的竞争，有较强的动机利用产业政策的支持开拓海外市场。国有企业在很大程度上依赖政府获取重要资源，由于政策中的政治目标和经济目标并存，国有企业的对外直接投资决策往往根据政策目标而不仅是自身能力。与之相比，非国有企业拥有更多的决策自主权，在对外直接投资方面灵活性较强（Bradley et al.，2011）。因此，所有权对产业政策的调节作用影响企业对外直接投资的意愿和能力，相比于国有企业，产业政策支持力度的增强对非国有企业对外直接投资的影响更大。根据上述分析，提出假说4－4。

假说4－4：所有权在产业政策影响企业对外直接投资过程中发挥了调节作用。

4.3 计量设定

4.3.1 模型构建

为检验理论假说，准确刻画产业政策对企业对外直接投资决策的影响，设定如下回归模型：

$$\Pr(OFDI_{ijt}=1)=\Phi(\beta_0+\beta_1 Policies_{ijt}+\beta_2 Productivity_{ijt}$$
$$+\beta_3 Ownership_{ijt}+\beta X_{ijt}+\lambda_j+r_t+\varepsilon_{ijt}) \qquad (4-6)$$

$$\Pr(OFDIfollow_{ijt}=1)=\Phi(\beta_0+\beta_1 Policies_{ijt}+\beta_2 Productivity_{ijt}$$
$$+\beta_3 Ownership_{ijt}+\beta X_{ijt}+\lambda_j+r_t+\varepsilon_{ijt}) \qquad (4-7)$$

其中，i 表示企业，j 表示行业，t 表示时间。式（4－6）中的被解释变量 $OFDI_{ijt}$ 为企业对外直接投资的情况，当企业在 t 期或 t 期之前有对外直接投资行为，则 $OFDI_{ijt}$ 取值为1，否则为0。当企业在 t 期之前进行了对外直接投资，在 t 期又有新的对外直接投资行为，则式（4－7）中的被解释变量 $OFDIfollow_{ijt}$ 取值为1，否则为0。$Policies_{ijt}$ 为产业政策，$Productivity_{ijt}$ 表示企业生产率，$Ownership_{ijt}$ 表示企业所有权性质，X_{ijt} 表示控制变量。控制变量包括企业规模、企业年龄、要素密集度、净资产利润率、债务利息率、是否出口、是否属于战略型产业。λ_j、r_t 表示行业和时间的虚拟变量，ε_{ijt} 为随机扰动项。$\Phi(\cdot)$ 表示标准正态累积分布函数，采用多元概率比回归模型进行估计。

4.3.2 数据来源及说明

本章使用 2004～2013 年中国对外直接投资数据和工业企业数据库检验研究假说。对外直接投资数据来自商务部境外投资企业名录，其中包含母公司名称、国外子公司名称、项目批准时间、东道国和经营范围等信息，该数据在企业对外直接投资的相关研究中被广泛使用（Li et al.，2017；Shi et al.，2017；Wang et al.，2012b）。工业企业数据库来源于国家统计局，包含国民经济行业分类的行业代码、员工数量、所有制结构、销售、出口额、企业所在省份和地址等详细信息。根据李霖洁等（Li et al.，2017），删除总资产、总产出、固定资产总额和销售额这些主要财务变量缺失和非正的观测值，删除雇佣人数少于 8 的观测值。根据公认会计原则（GAAP），剔除不符合以下标准的观测值：（a）总资产高于流动资产；（b）累计折旧高于流动折旧；（c）统计年度早于企业成立年份。根据工业企业数据库中的企业样本均为规模以上这一特征，删除年销售额低于 500 万元（2012 年后为 2000 万元）的观测值。剔除异常值后，根据企业名称匹配境外投资企业名录数据和工业企业数据库。为了获得对外投资产业政策数据，浏览商务部、国家发展改革委、国家外汇管理局等政府部门官方网站，逐个查找并筛选出相关政策。作为补充，在北大法宝数据库，依次输入"对外投资""对外直接投资""境外投资""对外经济"等关键词进行查找，力求全面搜集相关政策。根据政策名称、政策发布部门、发文字号、颁布日期、实施日期、失效日期、关联政策、政策要点等信息，构建中国对外投资政策全新数据库。进一步地，将样本期内的有效政策分成列出具体支持行业的政策、列出东道国的政策、支持某一类型企业的政策、列出试点地区的政策四类，根据政策的类别，按照行业、东道国、企业所有权、省份和政策的实施年份和失效年份①，匹配微观企业数据，得到企业是否受到具体政策的支持。

4.3.3　变量选择

被解释变量为虚拟变量，解释变量的选取情况如下：

（1）产业政策支持力度（*Policies*）。使用文本分析方法来衡量，通过文本分析评估政策支持力度的关键是找到能够表达政策语调的关键词，然而在汉语语境中，词源分类尚不完善，缺乏一个统一的词典用于研究。对此，基于对政策文本的理解，构建一个包含 50 个积极词和 35 个消极词的词典（见表 3 - 1），使用罗兰和麦克唐纳（Loughran and Mc-Donald，2011）基于文档长度修正的词频—逆文本频率指数方法，依次计算所有政策文本中每个词语的权重，对于每个政策文本，分别加总积极词的权重和消极词的权重，从积极词总权重中减去消极词总权重，得到政策文本的"净积极权重"作为政策支持力度。根据每个政策的实施时间和失效时间，针对单一企业，使用每年所有有效政策的支持力度表示对外投资政策支持力度。

（2）企业生产率（*Productivity*）。企业生产率是影响企业国际化决策的关键因素（Helpman et al.，2004）。只有生产率较高的企业才能够克服"走出去"的壁垒，在国外市场实现盈利，因此加入企业全要素生产率变量。本章使用的工业企业数据样本区间为 2004 ~ 2013 年，2007 年之后该数据库缺失中间投入变量，2008 ~ 2009 年缺失固定资产原价变量。对此，借鉴杨汝岱（2015）、余淼杰等（2018）的方法补充缺失数据，采用工业生产者出厂价格指数和行业投入价格指数平减总产出、中间投入。进一步地，采用阿克伯格等（Ackerberg et al.，2015）的方法估计企业全要素生产率，并取自然对数。生产率的估计结果显示，对外

---

① 政策的实施日期在 6 月 30 日及之前的，认为政策在该年即生效；实施日期在 7 月 1 日及之后的，认为政策在下一年度生效；用相同的方法处理失效日期。

直接投资企业全要素生产率的平均值高于国内所有企业的全要素生产率的平均值；只进行过一次对外直接投资的企业，其生产率低于进行了两次及两次以上对外直接投资的企业。因此，预期生产率对企业对外直接投资具有正向影响。

（3）企业所有权（*Ownership*）。当企业的登记注册类型为非国有企业时，取值为1，否则为0。在中国的对外直接投资中，国有企业的投资规模占比较高，因此预期企业的非国有性质负向影响对外直接投资。

（4）企业规模（*Size*）。企业达到一定规模才会进行对外直接投资，且规模越大的企业在对外直接投资方面有更多的资源（Deng，2017；Rialp et al.，2005）。使用企业从业人数的对数衡量企业规模，预期该变量的回归系数为正。

（5）企业年龄（*Age*）。由于成熟的公司可能积累有助于进行对外直接投资的知识资源（Wang et al.，2012a），企业成立时间越长，经验越丰富，因此根据企业成立的年数控制企业年龄特征。

（6）要素密集度（*Capintensity*）。使用企业总资产与从业人数的比值衡量，该比值越大，企业资本密集度越高。目前关于要素密集度对企业对外直接投资的影响并未得到一致的结论，金晓梅等（2019）认为要素密集度较高的企业，一方面资本化的优势要素较多，另一方面企业内部可能存在过度投资从而导致产能过剩，两方面因素均会促进企业对外直接投资；严兵和肖琬君（2018）则发现低成本的劳动力积累优势仍然是中国企业对外直接投资的动力。本章希望进一步考察该变量的作用。

（7）净资产利润率（*Assetprofit*）。企业的盈利影响其对外直接投资的倾向，因此，控制净资产利润率这一变量，采用净资产与总资产的比值衡量。

（8）债务利息率（*Debtinterest*）。采用利息支出与债务的比值衡量，该变量同样表示企业的盈利能力。

（9）是否出口（*Export*）。出口是企业在海外市场学习和积累国际化经验的重要渠道，从而影响企业对外直接投资，因此，需控制企业是否出口的二值变量。若企业出口量为正，则取值为1，否则取值为0。出口能够帮助企业积累国际化经验，与当地市场建立联系，从而正向作用于对外直接投资。

（10）是否属于战略型行业（*Strategicind*）。相比其他行业，政府对战略性行业给予了更多的资源支持（Wang et al.，2012），从而推动企业"走出去"寻找新的投资机会。根据国家发展改革委于 1998 年、2000 年、2005 年、2011 年、2013 年发布或修订的《产业结构调整指导目录》中列出的鼓励类行业，构建企业所处行业是否为战略型行业的二值变量。当企业所属行业为战略型行业，则取值为 1，否则为 0。

表 4 - 1 是变量的描述性统计结果。表 4 - 2 是相关系数矩阵，其中各变量之间相关系数的绝对值均在 0.5 以下，可以初步判断各自变量之间不存在严重的多重共线性问题。

表 4 - 1　　　　　　　　　　　描述性统计

变量	观测值	平均值	标准差	最小值	最大值
OFDI	1828481	0.002	0.042	0	1
OFDIfollow	1828481	0	0.017	0	1
Policies	1828481	38.183	11.06	17.456	90.875
Productivity	1828481	3.833	1.367	- 11.841	10.77
Ownership	1828481	0.946	0.227	0	1
Size	1828481	4.866	1.111	0	12.288
Age	1828481	1.813	0.869	0	6.023
Capintensity	1828481	0.049	1.442	0	1029.694
Assetprofit	1828481	0.101	0.416	- 394.244	161.378
Debtinterest	1828481	0.065	14.749	- 614	19024
Export	1828481	0.24	0.427	0	1
Strategicind	1828481	0.644	0.479	0	1

表4－2

相关系数矩阵

变量	1	2	3	4	5	6	7	8	9	10	11	12
1. *OFDI*	1											
2. *OFDIfollow*	0.4112*	1										
3. *Policies*	0.0794*	0.0377*	1									
4. *Productivity*	0.0241*	0.0125*	0.2469*	1								
5. *Ownership*	-0.0046*	-0.0066*	0.1113*	0.2618*	1							
6. *Size*	0.0504*	0.0325*	0.1380*	0.0438*	-0.1118*	1						
7. *Age*	0.0157*	0.0109*	0.1013*	-0.0974*	-0.2119*	0.2174*	1					
8. *Capintensity*	0.0210*	0.0050*	0.0145*	0.0027	-0.0189*	-0.0224*	0.0081*	1				
9. *Assetprofit*	-0.0022*	-0.0012	0.0474*	0.1505*	0.0436*	-0.0078*	-0.0211*	-0.0030*	1			
10. *Debtinterest*	-0.0001	0	-0.0001	0.0011	0.0007	0.0002	-0.0017	0.0001	0.0021*	1		
11. *Export*	0.0480*	0.0243*	0.1722*	0.1121*	0.0511*	0.2361*	0.0810*	0.0032*	-0.0369*	-0.0008	1	
12. *Strategicind*	-0.0042*	-0.0046*	0.0216*	0.0020*	0.0131*	0.0033*	-0.0320*	-0.0056*	0.0083*	-0.0004	0.0815*	1

注：＊表示1%的显著性水平。

4.4　实证分析与检验

4.4.1　基本回归结果

表 4 - 3 报告了回归结果，其中第（1）～（3）列是产业政策对企业对外直接投资概率的影响。第（1）列只包含产业政策支持变量，第（2）列加入控制变量，第（3）列则进一步控制行业和时间的虚拟变量。结果显示，产业政策支持变量的估计系数均显著为正，这表明政策支持力度越大，企业对外直接投资的概率越大。第（4）～（6）列的被解释变量为企业是否进行了新的对外直接投资，第（4）列只考察政策支持变量的影响，第（5）列加入控制变量，第（6）列则进一步加入行业和时间虚拟变量。结果显示，产业政策支持力度的增强显著加大了企业继续进行对外直接投资的概率。

表 4 - 3　　　　　　　　　　　　　基本回归结果

变量	(1) OFDI	(2) OFDI	(3) OFDI	(4) OFDIfollow	(5) OFDIfollow	(6) OFDIfollow
Policies	0.0645 *** (0.0010)	0.0620 *** (0.0011)	0.1940 *** (0.0023)	0.1084 *** (0.0035)	0.0984 *** (0.0030)	0.1334 *** (0.0025)
Productivity		0.1116 *** (0.0051)	0.1488 *** (0.0067)		0.1258 *** (0.0198)	0.1277 *** (0.0243)
Ownership		- 0.1675 *** (0.0216)	- 0.0989 *** (0.0259)		- 0.3333 *** (0.0636)	- 0.1986 *** (0.0712)
Size		0.2191 *** (0.0045)	0.1933 *** (0.0049)		0.2841 *** (0.0160)	0.2134 *** (0.0163)
Age		0.0539 *** (0.0062)	0.0966 *** (0.0064)		- 0.0711 *** (0.0232)	0.0267 (0.0242)

续表

变量	(1) OFDI	(2) OFDI	(3) OFDI	(4) OFDIfollow	(5) OFDIfollow	(6) OFDIfollow
Capintensity		0.0062 *** (0.0015)	0.0038 *** (0.0013)		0.0022 *** (0.0007)	0.0002 (0.0007)
Assetprofit		−0.0094 ** (0.0039)	−0.0090 *** (0.0030)		−0.0058 *** (0.0013)	−0.0046 *** (0.0013)
Debtinterest		−0.0034 *** (0.0009)	−0.0013 (0.0014)		−0.0002 (0.0015)	−0.0002 (0.0002)
Export		0.5398 *** (0.0102)	0.4567 *** (0.0118)		0.5118 *** (0.0402)	0.4198 *** (0.0505)
Strategicind		−0.0356 *** (0.0098)	0.0399 *** (0.0135)		−0.0585 * (0.0346)	−0.0954 ** (0.0485)
行业虚拟变量	否	否	是	否	否	是
时间虚拟变量	否	否	是	否	否	是
常数项	−5.5931 *** (0.0503)	−7.3458 *** (0.0702)	−8.7646 *** (0.0981)	−8.9067 *** (0.2017)	−10.3874 *** (0.2302)	−13.9949 *** (0.7458)
观测值	1828481	1828481	1828481	1556858	1556858	1556858
Chi-square test	4249.43	10387.77	18036.44	932.68	2083.14	4445.73
log likelihood	−41648.397	−36424.995	−30967.752	−3223.629	−2668.9676	−2168.7575
Pseudo R^2	0.1636	0.2685	0.3781	0.3523	0.4637	0.5642

注：括号内为标准误统计量；*** 、** 、* 分别表示1%、5%、10%的显著性水平。

其他各项控制变量的回归系数符号基本和预期一致。生产率显著正向促进了企业的对外直接投资，第（2）、（3）列和第（4）、（5）列中，企业生产率的系数在1%显著性水平上为正。因此，生产率越高，企业不仅进行对外直接投资的概率越大，而且更有可能追加投资。企业的非国有性质对其对外直接投资的影响显著为负，说明国有企业是中国对外直接投资的主体。企业规模的回归系数均显著为正，而企业年龄的增大显著增加其对外直接投资的概率，但对后续的对外直接投资没有显著影响。要素密集度对企业对外直接投资有显著的正向影响，说明资本化的优势以及投资过度造成的产能过剩是企业对外直接投资的动力。衡量企业盈利能力的净资产利润率、债务利息率的影响均为负，说明盈利能力越强，企业在国内的竞争优势越大，国际化的动力越弱。是否出口对企业的对外直接投资及其后续对外直接投资的概率均有显著的正向影响。战略型行业显著降低了企业对外直接投资的概率以及再次对外直接投资的概率，可能的原因是，政府为战略型行业提供了较多资源支持，竞争压力的不足使得企业缺乏对外直接投资动力。

4.4.2　稳健性检验

4.4.2.1　改变政策支持力度的衡量方法

为验证基本回归结果的稳健性，使用数量的方法衡量产业政策支持力度，重新进行回归，结果见表 4 - 4 第（1）、（2）列。可以看出，政策支持力度的回归系数显著为正。

表 4 - 4　　　　　　　　　　稳健性检验回归结果

变量	政策数量		改变政策衡量的文本分析方法		逻辑回归模型回归结果	
	（1） *OFDI*	（2） *OFDIfollow*	（3） *OFDI*	（4） *OFDIfollow*	（5） *OFDI*	（6） *OFDIfollow*
Policies	0.4433 *** （0.0051）	0.3271 *** （0.0061）	0.1333 *** （0.0014）	0.0859 *** （0.0016）	0.4923 *** （0.0061）	0.2993 *** （0.0063）
Productivity	0.1472 *** （0.0067）	0.1339 *** （0.0241）	0.1390 *** （0.0068）	0.1298 *** （0.0239）	0.3645 *** （0.0170）	0.3767 *** （0.0743）
Ownership	0.0322 （0.0276）	- 0.1119 * （0.0678）	0.0160 （0.0274）	- 0.1422 ** （0.0674）	- 0.0690 （0.0651）	- 0.4270 * （0.2216）
Size	0.1934 *** （0.0048）	0.2176 *** （0.0162）	0.1875 *** （0.0049）	0.2107 *** （0.0162）	0.4813 *** （0.0122）	0.6093 *** （0.0481）

续表

变量	政策数量		改变政策衡量的文本分析方法		逻辑回归模型回归结果	
	（1） *OFDI*	（2） *OFDIfollow*	（3） *OFDI*	（4） *OFDIfollow*	（5） *OFDI*	（6） *OFDIfollow*
Age	0.0848 *** （0.0064）	0.0192 （0.0232）	0.0904 *** （0.0064）	0.0256 （0.0234）	0.2241 *** （0.0165）	0.1170 （0.0764）
Capintensity	0.0032 ** （0.0013）	0.0006 （0.0006）	0.0032 *** （0.0013）	0.0006 （0.0007）	0.0051 ** （0.0022）	0.0016 （0.0011）
Assetprofit	− 0.0090 *** （0.0028）	− 0.0050 *** （0.0013）	− 0.0086 *** （0.0029）	− 0.0046 *** （0.0013）	− 0.0174 *** （0.0033）	− 0.0137 *** （0.0030）
Debtinterest	− 0.0010 （0.0012）	− 0.0002 （0.0003）	− 0.0012 （0.0013）	− 0.0002 （0.0002）	− 0.0026 （0.0031）	− 0.0011 （0.0023）
Export	0.4577 *** （0.0118）	0.4230 *** （0.0503）	0.4757 *** （0.0119）	0.4430 *** （0.0502）	1.2503 *** （0.0319）	1.3996 *** （0.1540）
Strategicind	0.0392 *** （0.0133）	− 0.0990 ** （0.0470）	0.0380 *** （0.0135）	− 0.1023 ** （0.0473）	0.0981 *** （0.0347）	− 0.2931 * （0.1534）
行业虚拟变量	是	是	是	是	是	是
时间虚拟变量	是	是	是	是	是	是
常数项	− 10.9122 *** （0.1149）	− 15.9528 *** （0.7177）	− 7.3628 *** （0.0920）	− 13.8040 *** （0.6985）	− 21.3000 *** （0.2597）	− 33.4326 *** （2.1400）
观测值	1828481	1556858	1828481	1556858	1828481	1556858
Chi-square test	19488.86	4434.18	21336.62	4676.69	22840.28	4691.98
log likelihood	− 31289.35	− 2197.6336	− 30500.339	− 2191.8131	− 30287.73	− 2381.0688
Pseudo R^2	0.3717	0.5584	0.3875	0.5596	0.3918	0.52176

注：括号内为标准误统计量；***、**、*分别表示1%、5%、10%的显著性水平。

此外，采用另一文本分析方法，即根据汉语语言的特点，对关键词表中的词语分别赋值 − 4、− 3、− 2、− 1、1、2、3、4，其中积极词赋正值，消极词赋负值。在表达政策态度的关键词外，总结修饰这些词语的程度词，列出程度词表。只要关键词前面出现程度词，关键词的作用扩大 1

倍。进一步计算政策文本中所有关键词分数的加权平均，将该值压缩在[0，5]区间内，作为政策的支持力度。使用这一方法衡量政策支持力度并进行回归，结果报告在表4－4第（3）、（4）列中。可以看出，政策支持力度仍然显著正向影响企业的对外直接投资。

4.4.2.2　使用逻辑回归模型回归

为了保证回归结果的可靠性，本章还采用逻辑回归模型对变量进行回归分析，仍然使用词频—逆文本频率指数方法衡量政策支持力度。具体回归结果如表4－4第（5）、（6）列所示。可以看出，使用逻辑回归模型的回归结果中，政策支持力度的回归系数始终显著为正，基本结论仍然成立。

4.4.2.3　内生性处理

考虑到政府可能依据企业对外直接投资实践来判断政策的效果，进而制定后续政策，解释变量和被解释变量之间因反向因果关系而产生的内生性问题会导致参数估计有偏或不一致，通常的改进是选取与内生变量高度相关且与被解释变量和其他解释变量、误差项不相关的工具变量进行两阶段最小二乘估计。本章选择产业政策支持力度滞后一期作为工具变量，采用工具变量概率比模型（IV－probit）进行估计，回归结果如表4－5第（1）、（2）列所示，其中产业政策支持力度的系数仍然显著为正，沃尔德检验（wald）的p值和弱工具变量检验的p值均为0，通过了外生性检验且拒绝了弱工具变量的零假设，说明工具变量的选择是合理的。

表4－5　　　　　　　　　　　　内生性处理回归结果

变量	(1) OFDI	(2) OFDIfollow	(3) OFDI	(4) OFDIfollow
Policies	0.3694 *** (0.0036)	0.2296 *** (0.0060)	0.1958 *** (0.0023)	0.1345 *** (0.0025)

续表

变量	(1) OFDI	(2) OFDIfollow	(3) OFDI	(4) OFDIfollow
OFDIindnum			-0.0015^{***} (0.0003)	-0.0028^{**} (0.0013)
控制变量	是	是	是	是
行业虚拟变量	是	是	是	是
时间虚拟变量	是	是	是	是
观测值	1413885	1375061	1913947	1632158
R^2 (Pseudo R^2)	0.9680	0.9665	0.3776	0.5650
Chi-square test			18491.13	4541.14
log likelihood			-31957.687	-2204.0283
第一阶段回归				
L. Policies	0.5185^{***} (0.0005)	0.5128^{***} (0.0006)		
Wald test	4061.63	334.79		
Wald test p-value	0.0000	0.0000		

注：括号内为标准误统计量，***、**、*分别表示1%、5%、10%的显著性水平。

如果产业政策变量和企业对外直接投资决策之间存在反向因果关系，即企业对外直接投资决策会影响政府的政策，则控制当期的对外直接投资数量后，可能无法观测到产业政策显著促进企业的对外直接投资和再投资。因此，引入企业所在行业当期的对外直接投资事件数（OFDIindnum）作为控制变量。表4-5第（3）、（4）列回归结果中产业政策支持力度的系数仍正向显著，表明控制企业所在行业当期的对外直接投资事件数以缓和内生性问题后，产业政策支持力度仍然对企业的对外直接投资和再投资具有显著的正向影响，再次证明了基本估计结果的稳健性。

4.4.3　进一步分析

4.4.3.1　对外直接投资的区域多元化

由于部分企业对外直接投资的次数大于 1 次，且东道国存在差异，为考察产业政策对企业对外直接投资区域多元化程度的影响，根据高尔等（Gaur et al. , 2018），计算企业在六个大洲（欧洲、北美洲、南美洲、非洲、亚洲和大洋洲）对外直接投资事件的累计数量，并通过熵测度解决子公司分布的权重问题：

$$OFDI = \sum_c \left[FS_c \times \ln(1/FS_c) \right] \qquad (4-8)$$

其中，FS_c 表示企业在区域 c 的对外直接投资事件数，$\ln(1/FS_c)$ 表示相应的权重。采用最小二乘法估计，结果见表 4-6，第（1）列只考察政策支持对企业对外直接投资区域多元化程度的影响，第（2）列加入控制变量，第（3）列进一步控制行业和时间固定效应，可以看出，政策支持对对外直接投资的区域多元化程度存在显著的正向影响。

表 4-6　　　　　　　　　　对外直接投资的区域多元化回归结果

变量	（1） OFDI	（2） OFDI	（3） OFDI
Policies	0.00058 *** （0.0000）	0.00004 *** （0.0000）	0.00087 *** （0.00003）
Productivity		0.00011 *** （0.00001）	0.00027 *** （0.00001）
Ownership		− 0.00077 *** （0.00009）	− 0.00141 *** （0.0001）
Size		0.00053 *** （0.00003）	0.00059 *** （0.00003）

变量	（1） OFDI	（2） OFDI	（3） OFDI
Age		− 0.00002 * （0.00001）	− 0.00005 *** （0.00003）
Capintensity		0.00003 ** （0.00001）	0.00002 （0.00001）
Assetprofit		− 0.00012 * （0.00006）	− 0.00005 * （0.00003）
Debtinterest		0.0000 （0.0000）	0.0000 （0.0000）
Export		0.00094 *** （0.00004）	0.00039 *** （0.00004）
Strategicind		− 0.00029 *** （0.00003）	− 0.0002 *** （0.00004）
行业固定效应	否	否	是
时间固定效应	否	否	是
常数项	− 0.00181 *** （0.00072）	− 0.00351 *** （0.00015）	− 0.01707 *** （0.00067）
观测值	1828549	1828549	1828549
R^2	0.0014	0.0037	0.0146
F 统计量	738.35	93.04	18.47

注：括号内为标准误统计量；***、**、*分别表示1%、5%、10%的显著性水平。

4.4.3.2　政策分类影响

根据第3章，产业政策可以概括为三类，这里进一步分类考察便利化政策（PolicyFacilit）、方向指导政策（PolicyInd）、金融财税政策（PoliciesFin）的作用效果，回归结果报告见表4 − 7。首先考察三类政策对企业对外直接投资概率的影响，第（1）~（3）列的回归结果表明，便利化政策、方向指导政策、金融财税政策对于企业对外直接投资的影响均显著为正。其中，金融财税政策的促进作用最强，便利化政策的促进作用最弱。可能的原因是金融财税政策提供直接的资金支持和税收优惠，因此激励作用更强，而便利化政策的作用范围较广，政策作用相对分散，因此对企业对外直接投资的激励作用有限。

表 4 - 7 的第（4）~（6）列，就三类政策对企业继续进行对外直接投资概率的影响进行分析，即考察企业再投资的可能性。便利化政策、方向指导政策、金融财税政策的回归系数均为正，且通过了 1% 显著性水平检验。其中，便利化政策和金融财税政策的促进作用较强，而方向指导政策的促进作用较弱。可能的原因是便利化政策重在简化审批核准程序、推动对外直接投资的便利化，具有时间上的持续性，能够有效激励企业再投资。金融财税政策的支持则较为直接，所以激励作用始终较强。而方向指导政策会根据国内的经济发展情况和产业发展水平进行及时调整，企业的行业属性往往固定，对企业继续进行再投资的影响有限。

表 4 - 7　　　　　　　　　　　　政策分类回归结果

变量	(1) OFDI	(2) OFDI	(3) OFDI	(4) OFDIfollow	(5) OFDIfollow	(6) OFDIfollow
PolicyFacilit	0. 1558 *** (0. 0039)			0. 2872 *** (0. 0142)		
PolicyInd		0. 2961 *** (0. 0039)			0. 1889 *** (0. 0037)	
PoliciesFin			0. 4140 *** (0. 0050)			0. 2953 *** (0. 0084)
Productivity	0. 1836 *** (0. 0060)	0. 1499 *** (0. 0065)	0. 1430 *** (0. 0061)	0. 2382 *** (0. 0186)	0. 1308 *** (0. 0229)	0. 1787 *** (0. 0198)
Ownership	- 0. 0125 (0. 0216)	- 0. 1726 *** (0. 0247)	0. 0739 *** (0. 0222)	- 0. 0102 (0. 0603)	- 0. 2702 *** (0. 0685)	- 0. 0252 (0. 0550)

变量	（1） OFDI	（2） OFDI	（3） OFDI	（4） OFDIfollow	（5） OFDIfollow	（6） OFDIfollow
Size	0.2039 *** （0.0044）	0.1868 *** （0.0048）	0.1794 *** （0.0045）	0.2734 *** （0.0135）	0.2126 *** （0.0162）	0.2260 *** （0.0139）
Age	0.0760 *** （0.0057）	0.1225 *** （0.0063）	0.0702 *** （0.0057）	0.0124 （0.0178）	0.0363 （0.0240）	0.0218 （0.0189）
Capintensity	0.0047 *** （0.0012）	0.0058 *** （0.0012）	0.0049 *** （0.0010）	0.0014 ** （0.0006）	0.0008 （0.0007）	0.0017 （0.0013）
Assetprofit	− 0.0104 ** （0.0042）	− 0.0093 ** （0.0040）	− 0.0094 ** （0.0041）	− 0.0071 *** （0.0015）	− 0.0040 *** （0.0013）	− 0.0052 *** （0.0015）
Debtinterest	− 0.0023 *** （0.0009）	− 0.0034 *** （0.0008）	− 0.0026 *** （0.0009）	− 0.0007 （0.0009）	− 0.0003 （0.0008）	− 0.0013 （0.0010）
Export	0.4947 *** （0.0107）	0.5568 *** （0.0117）	0.5657 *** （0.0109）	0.4846 *** （0.0417）	0.4929 *** （0.0505）	0.5311 *** （0.0405）
Strategicind	0.0291 ** （0.0117）	0.0270 ** （0.0133）	0.0318 *** （0.0120）	− 0.0674 * （0.0366）	− 0.0907 * （0.0483）	− 0.1035 *** （0.0381）
行业虚拟变量	是	是	是	是	是	是
时间虚拟变量	是	是	是	是	是	是
常数项	− 8.4458 *** （0.1155）	− 5.0493 *** （0.0804）	− 5.2360 *** （0.0764）	− 17.995 *** （0.7122）	− 7.1845 *** （0.6654）	− 10.118 *** （0.4424）
观测值	1828481	1828481	1828481	1556858	1556858	1556858
Chi-square test	13223.36	17388.11	23663.17	2192.44	4720.58	3230.87
log likelihood	− 38705.242	− 30844.157	− 36706.177	− 3354.1567	− 2167.9817	− 3197.6134
Pseudo R^2	0.2227	0.3806	0.2629	0.3261	0.5644	0.3575

注：括号内为标准误统计量；***、**、*分别表示1%、5%、10%的显著性水平。

4.5 机 制 分 析

在理论分析的基础上，在基准模型中依次加入产业政策支持力度和企业生产率、产业政策支持力度和企业所有权性质的交互项，根据艾肯等（Aiken et al.，1991），为减轻主要解释变量和交互项的多重共线性问题，对构成交互项的连续变量做中心化处理，回归结果报告见表4－8。第（1）列的估计结果显示，产业政策支持力度和企业生产率的交互项系数显著为正，说明生产率越高的企业，产业政策支持对其对外直接投资概率的影响越大，假说4－3得到验证。第（2）列中，产业政策支持力度和非国有企业的交互项系数显著为正，说明产业政策支持对非国有企业对外直接投资的促进作用更强，假说4－4得到验证。第（1）、（2）列的结果表明，对于不同生产率、不同所有权的企业来说，产业政策支持对其对外直接投资的影响存在差异性。当以企业是否继续进行对外直接投资为被解释变量进行回归时，第（3）列的结果显示，产业政策支持力度和企业生产率的交互项系数显著为负，而第（4）列的结果中，产业政策支持力度和所有权的交互项系数不显著，说明企业生产率对产业政策支持影响企业是否继续进行对外直接投资不存在调节作用。

表4－8　　　　　　　　　　　　调节机制回归结果

变量	(1) OFDI	(2) OFDI	(3) OFDIfollow	(4) OFDIfollow
Policies	0.1933 *** (0.0024)	0.1839 *** (0.0028)	0.1357 *** (0.0029)	0.1291 *** (0.0049)
Policies × Productivity	0.0011 * (0.0006)		−0.0022 * (0.0013)	
Policies × Ownership		0.0112 *** (0.0018)		0.0047 (0.0046)
Productivity	0.1438 *** (0.0074)	0.1498 *** (0.0067)	0.1530 *** (0.0242)	0.1281 *** (0.0243)
Ownership	−0.0982 *** (0.0259)	−0.1292 *** (0.0257)	−0.2000 *** (0.0713)	−0.2413 *** (0.0707)
Size	0.1936 *** (0.0049)	0.1924 *** (0.0049)	0.2115 *** (0.0164)	0.2136 *** (0.0163)

续表

变量	(1) OFDI	(2) OFDI	(3) OFDIfollow	(4) OFDIfollow
Age	0.0961 *** (0.0064)	0.0956 *** (0.0064)	0.0287 (0.0243)	0.0252 (0.0242)
Capintensity	0.0038 *** (0.0013)	0.0039 *** (0.0013)	0.0000 (0.0007)	0.0003 (0.0007)
Assetprofit	−0.0090 *** (0.0030)	−0.0090 *** (0.0030)	−0.0047 *** (0.0013)	−0.0046 *** (0.0013)
Debtinterest	−0.0013 (0.0014)	−0.0013 (0.0014)	−0.0002 (0.0002)	−0.0002 (0.0002)
Export	0.4567 *** (0.0118)	0.4565 *** (0.0118)	0.4197 *** (0.0505)	0.4200 *** (0.0505)
Strategicind	0.0394 *** (0.0135)	0.0397 *** (0.0135)	−0.0937 * (0.0485)	−0.0948 * (0.0485)
常数项	−0.0212 (0.1027)	−0.0045 (0.1013)	−7.9009 *** (0.7308)	−7.7526 *** (0.7034)
行业虚拟变量	是	是	是	是
时间虚拟变量	是	是	是	是
观测值	1828481	1828481	1556858	1556858
Chi-square test	18172.01	17744.84	4472.21	4467.03
log likelihood	−30965.868	−30954.421	−2167.4675	−2168.2824
Pseudo R^2	0.3782	0.3784	0.5645	0.5643

注：括号内为标准误统计量；*** 、** 、* 分别表示1%、5%、10%的显著性水平。

4.6 本章小结

本章从企业意愿和能力的视角考察了产业政策是否以及如何影响企业的对外直接投资决策。在理论层面，基于贝尔曼方程和动态离散选择表达式，厘清了产业政策对企业对外直接投资决策的影响，认为产业政策通过影响企业对外直接投资的意愿和能力，提升企业对外直接投资以及再投资的概率。在实证分析部分，基于 2004～2013 年中国工业企业数据库、商务部境外投资企业名录和产业政策数据库，利用多元概率比回归模型进行考察。计量结果显示，产业政策显著提高了企业对外直接投资的概率、促进了企业向海外再投资，而这一作用会受到企业生产率和所有权性质的影响。

本章不仅补充了产业政策影响对外直接投资的研究视角，而且为中国企业的国际化及政府如何根据企业决策制定并完善对外投资政策体系提供了重要启示。

第一，对外投资产业政策通过简化审批核准程序、制定方向指导标准、提供金融财税支持等，影响企业对外直接投资的意愿和能力，有助于提升企业对外直接投资的概率，推动企业继续进行新的对外直接投资。可见，产业政策对于企业对外直接投资具有重要作用。因此，持续推动对外投资政策体系的完善是中国企业对外直接投资的有效助力，这一方面要求政府科学评估政策效果，另一方面也要求政府及时关注企业对外直接投资动态。

第二，对外投资产业政策有助于企业将自身的对外直接投资辐射到更多地区，从而提升区域多元化水平。因此，政府可以通过分析已有对外直接投资项目的经验，挖掘中国对外直接投资的发展优势及其可能面临的问题，根据国家战略和实际需要，制定准确有效的政策，加速探索推动企业对外直接投资全球布局的路径，加快建设具有全球竞争力的世界一流企业。

第三，生产率和所有权调节产业政策对企业对外直接投资的作用。一方面意味着提高企业生产率是提升产业政策对企业对外直接投资积极影响的有效路径；另一方面也表明在对外直接投资的进程中，并非所有企业都能从政策中同等受益。这不仅要求政府及时关注企业对外直接投资动态并科学评估政策效果，还需要判断企业在国内是否具有竞争优势，进而制定行之有效的产业政策，最大限度地激发企业对外直接投资的意愿和能力。

第5章 产业政策与企业对外直接投资：政策协同性的视角

5.1 引　　言

对外直接投资是推动国家经济增长的重要动力。2020年7月30日，中共中央政治局会议提出"加快形成以国内大循环为主体、国内国际双循环相互促进的新发展格局"的战略部署。推动更高水平的对外开放，是构建新发展格局的重要一环。在此过程中，如何围绕"走出去"战略，有效发挥政府的积极作用？目前，对政府影响对外直接投资的研究强调了政府补贴、相关产业政策形成的特定优势在中国对外直接投资发展模式中的主导作用，以及在外部经济环境的变化中，政策所扮演的不可或缺的重要角色。但从地方政府的利益取向视角，对政策执行的地区差异讨论较少，本章将从政策协同性的视角深入研究产业政策影响对外直接投资的机制和效果。

以"走出去"战略为核心的对外直接投资政策促进体系是中国企业对外直接投资的重要保障，其中中央政府发布的政策以行政手段为主，需要一定的空间载体，地方政府的政策执行力度、市场化程度等因素均会对中央政策的效果产生影响。地方政府发布的政策具有更高的稳定性、较强的落地效力，对企业来说信息壁垒更低。而在中国的经济发展过程中，地区的开放程度、市场发育水平始终存在着较大差异，地方政府执行产业政策的激励和约束机制具有显著不同。随着"简政放权、放管结合、优化服务"向纵深推进，政府职能逐步发生转变，市场在经济运行中的作用得到不断强化。与之相契合，以便利化政策为代表的对外直接投资领域的功能性产业政策从行政审批逐步演化为备案核准，以更好地"放手放权"，实现资源优化配置。

初期阶段，中央政府从管理和引导的角度出发，制定的便利化政策包括对外直接投资项目审批、外汇资金来源审查等。随着政府职能的转变，行政体制改革步伐加快，中央政府通过简化审批程序、增加用汇额度、提供投资信息等方式，从管控逐步向鼓励、服务的方向发展，不断提高中国企业对外直接投资的便利化程度。地方政府逐步掌握对外直接投资项目的核准权力，政府间关系也发生了一定变化。在不同的政府关系特性下，对于中央政策，地方政府会采取不同执行策略（殷华方等，2007），或配合中央便利化政策发布相关措施引导企业进行对外直接投资，或采取不作为的方式应对中央便利化政策。不同层级政府发布的便利化政策作用效果如何？中央便利化政策和省级便利化政策之间有何种关联？地方政府在政策执行的过程中是否存在着偏差？这些问题并未引起足够的关注和深入的研究。在当前中国开放型经济新阶段的背景下，从中央政府、地方政府的政策协同性视角，厘清便利化政策的影响，有助于全面理解中国企业对外投资行为，对后续政策的制定具有重要意义。

现有国际商务理论以垄断优势理论、内部化理论、异质性企业模型的水平型和垂直型对外投资理论为代表（Hymer，1960；Dunning，1977；Helpman et al.，2004），认为企业自身优势在其中起到了决定性作用，只有能够越过对外直接投资临界生产率的企业才能成功实现国际化，在解释自身优势不足的企业国际化行为方面的效用并未得到一致认可。新兴经济体和发展中国家对外直接投资的行为主体往往不具备绝对的竞争优势，部分生产率较低的企业也会进行对外直接投资（戴翔，2013）。政策引导对其国际化行为的影响不容忽视（裴长洪和樊瑛，2010；Buckley et al.，2007；Gaur et al.，2018；Luo et al.，2010；Wang et al.，2012b）。巴克利等（Buckley et al.，2007）指出在新兴经济体对外直接投资的理论框架中，制度环境是认识企业国际化行为的重要基础。政府通过颁布新的政策、修正已有政策、废止无效政策等方式推动、规范、监管企业对外直接投资（张为付，2008）。这一特殊性使其区别于西方传统的国际商务理论，因而更值得关注。

制度视角是认识跨国企业行为的重要基础，尤其在理解新兴经济体对外直接投资方面有着不可替代的作用（Cui and Jiang，2012；Meyer and Peng，2016）。关于母国制度环境如何影响企业的对外直接投资，大量文献从制度促进视角（Lu et al.，2011，2014）和制度逃逸视角（Luo and Tung，2007；Luo et al.，2010；Witt and Lewin，2007），探究母国制度环境对企业对外直接投资的作用效果和影响机制。政策的支持与保护是母国制度环境的主要组成部分，财政、保险等政策有助于降低企业对外直接投资的融资成本（王碧珺等，2015；杨恺钧和胡树丽，2013；宗芳宇等，2012），国家信贷政策对企业去风险较高地区的对外直接投资具有显著的解释力（陈岩等，2012）。试点地区行政审批的简化会降低对外直接投资的固定成本，有助于参与对外直接投资的企业数量的增多（曾守桢和余官胜，2020）。通过企业所有权考察政府干预作用的研究发现母国政府的支持显著促进了企业的对外直接投资（Cui and Jiang，2012；Wang et al.，2012b），从母国区域制度环境的角度看，企业所处区域的市场化程度越完善，对外直接投资时越倾向于选择能够充分发挥自身竞争优势的独资模式（吴小节等，2018）。已有研究聚焦信贷政策、试点性的审批核准政策等，考察政策对企业对外直接投资的作用，缺乏对便利化政策组合、不同层级政府发布政策的作用及其关联性的探讨。

本章基于制度理论，从中央政府、省级政府的角度，重点研究中央和省级便利化政策及其协同性对中国企业对外直接投资的影响，拓展了关于新兴经济体对外直接投资理论研究的不足，丰富了对南—南、南—北投资机制的认识。中国企业对外直接投资行为受到中央和省级便利化政策的影响。中央政府通过简化审批程序、增加用汇额度、提供投资信息等方式，从管控逐步向鼓励、服务的方向发展，不断提高中国企业对外直接投资的便利化程度。在经济竞争锦标赛与官员个人升迁的激励下，不同地区会依据地方经济发展情况和中央政策制定相应的省级便利化政策，省级政府的跟进政策关乎中国地方公共服务的质量和效率，而这一举措在地区之间存在较大差异，且作用的效果受到企业特征和市场环境的影响。

为了探究上述问题，本章从审批核准、外汇管理和信息支持等方面，详细整理了中央政府颁布的便利化政策和相关的省级便利化政策，依据政策的有效时间、适用范围和发布地区，与 2004～2013 年中国工业企业数据库、商务部境外投资企业名录相匹配，从企业层面系统考察便利化政策对于对外直接投资的影响及其作用机制。在分析框架上，首先探究中央便利化政策和省级便利化政策对企业对外直接投资的影响及二者的协同效应；其次分别考察企业隶属层级、地区市场化程度对中央和省级便利化政策作用的调节效应。另外，本章从规模偏离度视角解释了便利化政策影响企业对外直接投资的传导渠道，这增进了对中央政府、省级政府发布的便利化政策如何影响企业对外直接投资的认识和理解。

区别于现有研究，本章可能的边际贡献在于：第一，从制度背景出发，首次从中央、省级便利化政策两个方面考察政策对企业对外直接投资的影响。以往有关企业对外直接投资影响因素的研究多是从区位优势、产业基础、规模优势等角度对母国竞争优势进行分析，少数涉及政府政策的文献也主要侧重对中央便利化政策的梳理，对省级便利化政策的讨论几乎空白，而本章首次尝试采用实证研究的方法探究不同层级政府发布的政策对企业对外直接投资的实际影响。第二，基于制度理论，讨论省级便利化政策和中央便利化政策的交互作用，关注政策协调性对企业对外直接投资的影响，完善制度理论的内在作用机制，综合考虑企业和地区层面的特有因素，多角度分析便利化政策影响企业对外直接投资的机理。第三，采用中介效应模型考察中央、省级便利化政策如何影响企业对外直接投资，发现规模偏离度增加（降低）是中央（省级）便利化政策促进企业对外直接投资的可能渠道。

本章其余部分的架构安排如下：5.2 节是理论框架与研究假说；5.3节梳理对外直接投资便利化政策并分析特征事实；5.4 节是计量设定；5.5节实证检验中央、省级便利化政策是否以及如何影响企业对外直接投资；5.6 节剖析便利化政策对企业对外直接投资施加影响的渠道；5.7 节进行总结并提出政策建议。

5.2 理论框架与研究假说

5.2.1 便利化政策与对外直接投资

制度理论是认识跨国企业行为的重要基础，尤其在理解新兴经济体对外直接投资方面有着不可替代的作用（Meyer and Peng，2016；Cui and Jiang，2012）。制度基础论（institution-based view）认为制度环境是企业在生产经营过程中需要遵守的"游戏规则"（rule of game），企业做出的战略决策不仅受市场条件、企业异质性特征的影响，还受到特殊制度框架下正式制度和非正式制度的约束（North，1990；Peng，2002；Peng et al.，2009）。尽管经济的主体不断多元化，政府在引导对外直接投资的方向、程度和规模上始终起着重要作用（Cui and Jiang，2012）。"制度促进"观点的提出则为理解新兴经济体对外直接投资的快速增长提供了一个更好的途径，这一视角强调政府参与能够促进企业的国际化（Luo et al.，2010）。中国企业的对外直接投资受到政府政策的制约和驱动，主要体现在如下几个方面。

首先，政府制定的便利化政策体现了对外直接投资的国内软环境，是制度的重要组成部分。中国企业要实现对外直接投资，必须获得国家发展改革委或地方发展改革部门出具的核准文件或备案证明，以及商务部或省级商务主管部门颁发的《企业境外投资证书》，同时获得外汇管理局的许可才能使用外汇资金。因此上述部门发布的有关政策文件，成为企业申请对外直接投资的重要依据。"走出去"战略提出初期，由于缺乏可借鉴的经验，也考虑到企业发展时间较短、规模较小，尚不具备国际化优势，政府颁布的便利化政策严格审批对外投资项目的可行性和外汇资金来源。在这一早期阶段，通过承接发达国家的劳动密集型加工环节，中国加工贸易取得了巨大发展，复刻加工贸易的成功经验，政府颁布的便利化政策放松了对加工贸易相关投资项目的管制。随着对外开放环境的变化，企业的国际竞争力、生产率均得到提升，商务部、国家发展改革委、国家外汇管理局发布的政策也随之不断做出调整，有针对性地放松对不同额度对外投资项目的管制，逐步提高省级主管部门可以核准的项目投资额度上限，促进企业对外直接投资的便利化。

其次，鼓励性政策作为政府目标的载体，弥补了企业自身能力的不足，有力推动了对外直接投资的发展。格洛伯曼和沙博理（Globerman and Shapiro，2002）研究包含制度、政策、环境等"政府基础设施"的影响，发现增加政府基础设施投资为当地企业开展对外直接投资创造了有利条件。在政策的鼓励下，企业积极响应国家的战略目标加大对外直接投资（Rasiah et al.，2010）。投资便利化的措施不仅推动了规模较大企业的对外直接投资，也使得规模较小、生产率相对较低企业获得投资成本下降的红利（Hong et al.，2015）。地区性、不同所有制角度的政策措施作为特殊的制度性优势，为目标企业提供了获取额外资源的途径（阎大颖等，2009；Buckley et al.，2007；Cui and Jiang，2012）。

再次，便利化政策帮助缓解企业国际化中的风险。在进入市场时，企业可能受到东道国严格的审查和管制；在经营过程中，由于投资环境的不确定性，企业会面临经济风险、自然风险等因素造成的损失（姜广省和李维安，2016）。对此，政府颁布相关便利化政策，一方面，督促企业选择东道国时重视当地的政治稳定性和风险等级，只将前往部分国家的对外直接投资项目的核准权限下放至地方政府；另一方面，建立经营障碍报告制度、安全风险预警制度等，掌握企业在对外直接投资中遇到的投资壁垒和风险事件，帮助企业寻求解决途径，提高待投资企业的投资积极性。

最后，政府实施的简化审批核准对外直接投资项目的程序、优化外汇资金使用环境、提供对外直接投资信息支持等便利化政策措施，能够降低企业"走出去"的成本，进而促进企业的对外直接投资。基于上述讨论，本章提出假说 5 - 1。

假说 5 - 1：中央/省级政府颁布的便利化政策促进企业对外直接投资。

5.2.2　省级便利化政策与中央便利化政策间的协同

省级便利化政策是中国对外直接投资政策体系的重要组成部分，和中央政府一致的政策给企业以正向的激励，推动其进行对外直接投资（Buckley et al.，2007）。在企业对外直接投资中，中央政府发挥主导作用，通过发布便利化政策减少直接干预，各项规定密集度高，功能细分显著，为企业对外直接投资创造便利化的国内环境。而省级政府发布的便利化政策的原创性内容相对较少，一般是在体现改革节点的中央便利化政策基础上加以延伸，以强化中央便利化政策的作用（Luo et al.，2010）。省级政府作为跟随者，主要负责落实和补充中央政府政策，其跟进政策关乎中国地方公共服务的质量和效率。省级政府具有相对独立的经济发展目标，每个地区对企业对外直接投资的需求并不相同，且相比于中央政府，其更加注重短期经济效益，因而有动机利用手中的权力谋求地方利益。

中央政府将对外直接投资项目的核准等权限逐步交给省级政府，使得省级政府掌握了对区域内部对外直接投资的自主裁量权（曾守桢和余官胜，2020）。中央便利化政策公布生效后，在不同地区的贯彻和落实程度有所差异。部分省级政府及时跟进，发布一致的便利化政策，细化中央便利化政策中的地方核准等程序；而部分地区省级便利化政策缺位，无法从政策层面推断地区对中央便利化政策的实施情况。省级政府发布的便利化政策对当地企业来说是一种优势资源，效率较高、对企业"走出去"持积极态度的省级政府能够及时跟进中央政府政策，降低企业熟悉制度规则的成本，传递正向激励，客观上进一步降低了企业对外直接投资的难度。相反，部分地区没有发布与中央一致的便利化政策，可能导致企业熟悉制度环境的成本较高，不利于提高企业对外直接投资积极性。

政府在对外直接投资中的作用应是集成的、双向的。省级政府和中央政府的配套政策，能够起到协同促进对外直接投资发展的作用。因此，本章提出假说 5 - 2。

假说 5 - 2：省级政府颁布的便利化政策与中央便利化政策相互协同，

加强了中央便利化政策对企业对外直接投资的影响。

5.2.3　企业隶属层级的调节作用

在中国经济的改革进程中，企业隶属层级从政府与企业关系角度揭示了企业所有制形态，隶属于较高层级政府的企业受到政府干预的可能性较大，而隶属层级低的企业，政府角色相对较少（Wang et al.，2012）。企业的对外直接投资是制度和组织动态交互的结果，便利化政策与微观企业的政治资源形成互动，使企业在决策时，不仅需要考量自身的发展目标，还要有效利用隶属层级的资源约束（陈岩等，2012；Cui and Jiang，2012）。隶属关系赋予了政府行政权力，使其通过外部制度安排影响企业决策。因此，隶属的政府层级不同，企业面临的制度环境存在差异，由此产生的政治关联给企业行为带来不同的影响。中央政府和省级政府发布的便利化政策从两个层级对企业对外直接投资进行规范。隶属于中央政府的企业，其对外直接投资更多受中央便利化政策的规范；隶属于地方政府的企业，则还需同时服从地区发展目标。

政府和企业通过隶属关系，为对方提供便利，优化各自利益。政府为企业提供倾斜性的政策支持和保护，企业则帮助政府实现目标。不同层级政府的目标不同，企业能够利用的外部竞争优势也不同（Bai et al.，2006）。中央政府能够为隶属企业提供更多的资源，但也额外施加了较多的政治诉求和国家义务（Luo and Tung，2007）。隶属层级较高的企业，比如央企，规模普遍较大，经营状况良好，自身具备进一步扩张、实现国际化的动机和能力。相比之下，隶属层级较低企业的自身优势不足以赢得国际市场的竞争，更依赖于政策的扶持和引导。地方政府对隶属层级较低的企业具有更强的监管职能，更可能将"走出去"的政策目标内化于企业决策中，通过隶属关系强化政策性指引从而促进企业实施国际化战略。同时，这部分企业面临更高的制度性成本，因此便利化政策的实施对其对外直接投资的影响更大。

中央、地方各级政府的政治资源和行政效力不同，因此便利化政策对企业对外直接投资的影响受到企业隶属政府层级的调节作用。地方政府的层级越低，掌握的资源越少，带给企业的影响力越小。政府的目标通过隶属关系影响企业的国际化决策，不同层级的政府因为诉求不同会对企业开展对外直接投资产生不同影响（Wang et al.，2012a）。隶属于中央政府的企业，更多地受到中央便利化政策的影响，与地方政府的关联较弱，地方政府的影响力有限，因此较少受到省级便利化政策的作用；而隶属层级较低的企业，地方政府更可能将政策目标内化于企业决策中。此外，企业的隶属层级越低，地方政府的监管职能越强，省级便利化政策对企业对外直接投资的作用越强。因此，省级便利化政策给隶属层级较低的地方企业带来更大的影响，对隶属于高层级政府企业的影响则相对有限。

综上分析，相比于隶属层级较高的企业，中央或地方推行的便利化政策对于隶属层级较低的地方企业的对外直接投资的影响更加显著。因此，本章提出假说5－3。

假说5－3：隶属层级低的企业的对外直接投资受便利化政策的影响更大。

5.2.4　市场化程度的调节作用

市场是企业外部环境的重要组成部分，与其他制度因素相互作用，影响着经济运行和社会交互。市场化程度体现了地区差异化的市场规则和竞争机制，是企业外部环境的重要组成部分（臧成伟，2017）。市场化程度较高的地区，产品市场、要素市场、中介组织和法律制度的发育程度较高，竞争更为公平透明，企业面临的不确定性和交易成本较低，对于政府政策的稳定性有着更为清晰的预期，这一经营环境有助于提高政策对企业对外直接投资的激励作用。便利化政策以简政放权为核心，通过减少政府的干预，调动企业积极性，引导对外直接投资的发展。同时，便利化政策对企业对外直接投资的作用离不开外部环境因素，依赖于地区市场环境发展程度，便利化政策的影响存在差异。在市场化程度较高的地区，市场功能完善，效率和公共服务水平更高，信息的流动性更强（Hong et al.，

2015）。企业能够及时接收和掌握中央、省级便利化政策的变化，从而有效利用政策优势，使便利化政策的作用得到增强。竞争性的市场能够有效地向政府传递企业的成本和质量信息（蔡长昆，2016），帮助政府准确筛选出有能力进行对外直接投资的企业，从而提高政策支持企业成功实现对外直接投资的可能性。反之，如果地区市场化机制不健全，导致制度环境存在内部冲突，自上而下的信息传递存在障碍，影响企业对于地区制度的理解和掌握，不利于便利化政策充分发挥作用。

同时，市场化程度体现了市场规则和竞争机制在经济运行中的重要性，为企业的生存和发展提供了健全的外部环境（臧成伟，2017）。市场化程度的加深有利于改善资源配置，使生产要素向生产率高的部门和地区流动，提高地方经济的整体运行效率（樊纲等，2011）。在市场化程度较高的地区，产权保护制度较为完善，资源配置倾向于通过市场的方式实现最优效率；而在市场化程度较低的地区，地方保护壁垒较高，企业难以获得发展所需的稀缺资源。因此，市场化程度较高的地区对外资企业的吸引力更强，外商投资给当地企业带来了丰富的国际投资经验，这种经验的溢出被当地企业吸收，能够有效降低本土企业对外直接投资的风险和困难，提高企业的国际化动力，增强便利化政策的效果。由此，本章提出假说 5-4。

假说 5-4：地区市场化程度越高，便利化政策对企业对外直接投资的促进作用越强。

根据以上理论假说，本章的分析框架如图 5-1 所示。

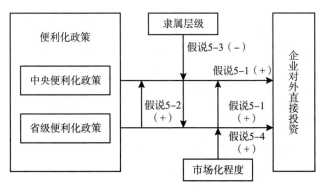

图 5-1 理论框架

5.3 中央政府与省级政府对外直接投资便利化政策

国家发展改革委、商务部、国家外汇管理局等中央政府部门发布的对外直接投资便利化政策从审批到核准，逐步赋予省级相应主管部门更多权限。对于中央政府发布的便利化政策，省级政府只对部分政策文件通过转发、细化的方式跟进。在外汇管理方面，根据中央政府在 2002 年发布的设立境外投资外汇管理改革试点的政策，广东、福建和北京的外汇管理部门相继发布地方的《境外投资外汇管理改革试点办法》。以北京市为例，文件中明确规定北京市外汇管理部负责审查北京地区投资主体的外汇资金来源，以及利润汇回、外汇支出等。关于对外直接投资项目的核准，以 2004 年国家发展改革委发布的《境外投资项目核准暂行管理办法》为例，安徽、河北、重庆、陕西、四川、青海、新疆、广西、甘肃、江西、山东、北京、上海、江苏等当地省级主管部门依次发布跟进政策，重申中央政策文件中的规定。根据商务部在 2009 年发布的《境外投资管理办法》，重庆、北京、上海的对外贸易经济委员会或商务委员会也做出跟进政策的发布。2014 年，北京、四川等地区的省级主管部门跟进最新的《境外投资项目核准和备案管理办法》《境外投资管理办法》，更新地区内部管理办法。根据《关于进一步引导和规范境外投资方向的指导意见》，福建、安徽、黑龙江、青海、河南、江西、陕西、浙江等地区的省级主管部门相继颁布政策，贯彻落实《关于进一步引导和规范境外投资方向的指导意见》。从省级政府主管部门发布跟进政策的时间来看，企业数量多、经济发展快的地区并不是最快做出响应的地区，例如，江苏省发展和改革委员会在 2011 年才印发省级《境外投资项目核准暂行管理办法》。省级政府对于中央便利化政策的及时反应有助于进一步降低企业"走出去"的交易成本，便于企业快速、有效地做出国际化决策。

中央政府和省级政府构建的便利化政策相互配套、协同发展，双向集成作用于企业对外直接投资，其发展脉络如图 5 - 2 所示。

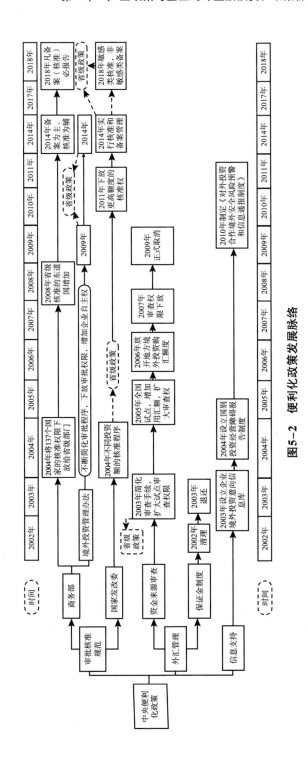

图 5-2　便利化政策发展脉络

本章收集整理商务部、国家发展改革委、国家外汇管理局官方网站发布的便利化政策，以及在北大法宝数据库以"境外投资""对外投资"等为关键词检索出的省级主管部门发布的便利化政策，共获得中央政府发布的 74 份便利化政策文件和省级政府发布的 123 份便利化政策文件。根据政策的实施时间，在 2004～2013 年，有效力的中央便利化政策文件共 41份，省级便利化政策文件 34 份。中央政府发布的 41 份便利化政策文件中，审批核准规范方面，商务部发布 12 份政策文件，国家发展改革委发布 7 份政策文件；外汇管理方面，国家外汇管理局发布的资金来源审查政策 9 份，保证金制度的政策文件 4 份；为境外投资企业提供信息支持的政策文件 3 份。从时间上看，2004 年和 2009 年实施的便利化政策文件相对较多，分别为 5 份和 7 份，其余年份发布的政策文件在 3 份左右，与中国对外直接投资流量的增长趋势基本一致。2014～2019 年，中央政府部门发布 19 份便利化政策，省级主管部门发布 27 份便利化政策。审批核准政策的内容仍然以简化程序、下放权限为主，并逐步向备案制的方向转变，外汇管理政策则以深化外汇管理改革为主要方向，继续简化和改进境外投资的外汇管理。2014～2016 年，对外直接投资流量稳步增长。2017 年后，各级政府部门发布的限制措施使对外直接投资流量沿着理性健康发展的政策目标转变，呈现负增长。从总量上看，政府通过发布对外投资便利化政策，始终有力地指导和调控着对外直接投资，见图 5-3。

纵观中国便利化政策的演化过程，可以发现，中央政府在不断下放审批核准对外直接投资项目的权力，同时通过要求地方政府上报核准文件、建立电子系统收集信息、保留部分项目的最终裁决权等方式，把握和掌控地方政府的决策。以审批核准规范为例，国家发展改革委将限额以下的境外投资项目核准权力下放至地方政府，同时要求省级发展改革部门抄报核准文件。商务部虽然允许地方商务主管部门审批部分境外投资项目，但是保留发放批准证书的职责，并在 2009 年启用境外投资管理系统以及时掌握投资情况。中央政府不断优化信息的获取方式，提高信息收集的系统性，有助于减少信息不对称。同时，对于限额以上的境外投资项目，或特殊敏感的项目，中央政府直接负责审批或核准。这样，中央政府就能在提升企业对外直接投资便利化的同时从总体上进行控制和把握，防止地方政府发生违反政策的行为，见表 5 - 1。

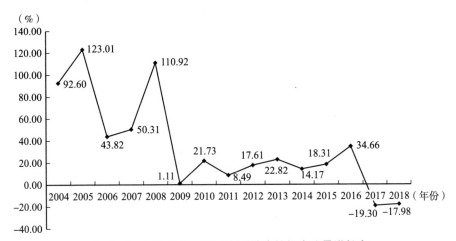

图 5 - 3　中国 2004 ~ 2018 年对外直接投资流量增长率

资料来源：笔者根据联合国贸发会议数据绘制。

表 5 - 1　　　　　　　　审批核准规范政策类别和政策执行力

政策发布部门	年份	投资项目分类	审批/核准部门	中央政府控制能力	中央政府、地方政府关系
国家发展改革委	2004	资源开发类 2 亿美元及以上，非资源开发类 5000 万美元及以上	国家发展改革委核准后报国务院	直接控制	中央政府主导
		资源开发类 3000 万美元及以上，非资源开发类 5000 万美元及以上	国家发展改革委	直接控制	中央政府主导
		资源开发类 3000 万美元以下，非资源开发类 1000 万美元以下	省级发展改革部门	省级核准文件抄报	地方政府主导
		中央管理企业资源开发类 3000 万美元以下，非资源开发类 1000 万美元以下	自主决策后报国家发展改革委备案	备案制度	中央政府主导

政策发布部门	年份	投资项目分类	审批/核准部门	中央政府控制能力	中央政府、地方政府关系
国家发展改革委	2007	中央管理企业限额以下项目	国家发展改革委	直接控制	中央政府主导
		限额以上境外投资项目	国家发展改革委	直接控制	中央政府主导
	2011	资源开发类 3 亿美元及以上，非资源开发类 1 亿美元及以上	国家发展改革委	直接控制	中央政府主导
		资源开发类 3 亿美元以下，非资源开发类 1 亿美元以下	省级发展改革部门	登记后下发核准文件	地方政府主导
		特殊敏感投资项目	省级发展改革部门初审	直接控制	中央政府主导
	2014	20 亿美元及以上，且涉及敏感国家和地区、敏感行业	国家发展改革委提出审核意见报国务院核准	直接控制	中央政府主导
		10 亿美元及以上	国家发展改革委	直接控制	中央政府主导
		敏感国家和地区、敏感行业	国家发展改革委	直接控制	中央政府主导
	2018	敏感类项目	国家发展改革委核准	直接控制	中央政府主导
		非敏感类项目	根据投资主体确定	备案管理	根据投资主体
对外贸易与经济合作部	2003	非贸易性境外投资项目	试点地区外经贸委审批并代发批准证书	汇总审批及证书发放情况并报外经贸部	非试点地区中央政府主导
商务部	2004	所有境外投资项目	试点省市外经贸主管部门	地方主管部门批复，商务部发放批准证书	地方政府主导（试点地区）
	2005	向名单范围内东道国进行境外投资的项目	地方商务主管部门	地方主管部门批复，商务部发放批准证书	地方政府主导（试点地区）
	2008	东道国名单范围扩大	地方商务主管部门	地方商务主管部门批准上报商务部	地方政府主导

续表

政策发布部门	年份	投资项目分类	审批/核准部门	中央政府控制能力	中央政府、地方政府关系
商务部	2009	启用境外投资管理系统等	地方商务主管部门	中央政府及时掌握投资	地方政府主导
		特定国家或地区的境外投资，中方投资额 1 亿美元及以上	商务部核准	直接控制	中央政府主导
		能源、矿产资源类，1000 万美元及以上、1 亿美元以下	省级商务主管部门	商务部负责检查和指导	中央政府具有否决权
	2014	敏感国家和地区、敏感行业	商务部核准	直接控制	中央政府主导
		中央企业其他情形投资	商务部备案	备案为主、核准为辅	中央政府主导
		地方企业其他情形投资	省级商务主管部门备案	备案为主、核准为辅	地方政府主导

资料来源：笔者整理所得。

　　伴随着中央政府对于信息收集力度的增强，地方政府在便利化政策执行方面的自主权不断提升，其追求自身利益的可能性增加（殷华方等，2007），具体表现为逐渐扩大的审批范围。2004 年，省级发展改革部门可以核准的对外直接投资包括投资金额在 3000 万美元及以下的资源开发类项目、投资金额在 1000 万美元及以下的非资源开发类项目。而到了 2011 年，地方政府对境外投资项目的审批权限分别提高至 3 亿美元和 1 亿美元。2003 年，只有山东、上海、浙江、广东试点地区的外经贸委能够审批非贸易类境外投资项目并代发批准证书，而到了 2009 年，商务部只负责核准前往特定国家或地区的对外直接投资，以及投资金额在 1 亿美元及以上的对外直接投资项目，其余对外直接投资项目均由省级商务主管部门负责核准。2014 年之后，中央政府仅保留对敏感国家和地区、敏感行业投资项目的核准权限。由于各自的利益出发点不同，中央政府和地方政府对待对外直接投资的目的不一致，在实践中，地方政府控制了项目的审批核准权力后，倾向于做出更符合自身利益的决策。当政策明晰性增强，信息不对称程度得到降低，地方政府倾向于服从中央便利化政策，中央政府的利益得到实现。

5.4　计量设定

5.4.1　数据来源及说明

本章所使用的企业数据来自中国工业企业数据库和商务部境外投资企业名录，样本区间为 2004～2013 年。参照布兰特等（Brandt et al.，2012）的方法处理工业企业数据库，第一步匹配连续两年的企业样本，先根据法人代码信息识别面板，法人代码匹配不上或重复则使用企业名称匹配；若企业名称匹配不上或重复，使用法人代表姓名匹配；对于法人代表姓名仍然匹配不上的，进一步使用"电话号码＋城市代码"匹配；若该信息匹配不上或重复，则使用"成立年份＋邮政编码＋行业＋县＋主要产品（类别一）"的信息进行匹配。第二步、第三步分别匹配连续三年的样本，构建非平衡面板数据。根据芬斯特拉等（Feenstra et al.，2014），剔除资产总额、销售收入、固定资产等核心指标缺失或违背一般公认会计准则的样本。同时，根据布兰特等（Brandt et al.，2012）和余森杰等（2018）的做法，删除从业人员小于 8 的样本。商务部境外投资企业名录列出了对外直接投资的企业名单，通过企业名称将其与工业企业数据库横向合并，得到 5407 个对外投资事件、12970 条企业对外投资观测样本。

5.4.2　模型设定及变量定义

本章的研究目的之一在于考察中央、省级便利化政策对企业对外直接投资的影响，在理论分析的基础上，采用线性概率模型，回归方程如下：

$$\Pr\left[\,OFDI_{ijkt}=1\,\right]=\beta_1 CGP_{ijkt}+\beta_2 LGP_{jt}+\beta_3 Affiliation_{ijkt}+\beta_4 Marketization_{ijt}$$
$$+\delta_s X_{ijkt}+\alpha_i+\gamma_j+\lambda_t+\tau_k+\varepsilon_{ijkt}\tag{5-1}$$

其中，i 表示企业，j 表示省份，t 表示年份，k 表示行业。被解释变量 $OFDI_{ijkt}$ 表示省份 j 行业 k 的企业 i 在 t 年是否进行了对外直接投资，如果企业在统计年份 t 及之前有过对外直接投资，该变量取值为 1，否则取值为 0。解释变量 CGP_{ijkt} 刻画了在 t 年适用企业 i 的中央便利化政策有效数量，根据政策的实施时间和失效时间，使用每年有效政策的个数来衡量，其中上半年实施的政策计入当年有效政策，下半年实施的政策则在下一年计为有效政策。按照政策列示的省份、行业、所有权以及实施年份、失效年份，匹配微观企业数据。另一核心解释变量 LGP_{jt} 表示省级区域 j 的省级政府是否实施了和中央一致的便利化政策，因为省级政府发布的便利化政策文件较少，如果统计年份中企业所在地区存在有效的省级便利化政策，则该变量取值为 1，否则取值为 0。$Affiliation_{ijkt}$ 为企业隶属层级，根据企业隶属的政府层级构建，企业隶属层级越高，该变量取值越大，当企业隶属于中央、省、市、县、其他时，该变量分别取值 5、4、3、2、1。$Marketization_{jt}$ 表示地区市场化程度，使用樊纲等（2003）开发的市场化总指数衡量，该指数从政府与市场关系、非国有经济发展、产品市场发展、要素市场发展、法律环境五个方面，评估了每个省份市场化改革的深度和广度，反映了省级层面市场环境质量的差异。回归时对变量 CGP_{ijkt} 和 $Marketization_{jt}$ 进行中心化处理（Stallkamp et al.，2018；Balli and Sørensen，2013）。

企业层面的控制变量用 X_{ijkt} 表示，具体包括：（1）企业全要素生产率（*Productivity*），采用莱文森和佩特林（Levinsohn and Petrin，2003）的方法衡量，生产率高的企业具有足够的能力和较强的动机进行对外直接投资（田巍和余淼杰，2012）。（2）企业规模（*FirmSize*）[1]，采用企业年末从业人数衡量，规模大的公司有更多资源用于对外直接投资（Rialp et al.，2005）。（3）企业年龄（*FirmAge*），借鉴王成歧等（Wang et al.，2012b）的做法，根据统计年份和企业成立年份的差值得到企业年龄变量，存活时

---

① 为了方便展示回归结果，将企业规模变量做除以 10000 的处理。

间越长的企业，其积累的经验越多，对外直接投资可能性越大。（4）国有企业（*Soe*），根据杨汝岱（2015）的做法，认为登记注册类型为110、141、143、151的企业是国有企业，对于国有企业，该变量取值为1，否则取值为0（蒋冠宏和曾靓，2020）。（5）外资企业（*Foreign*），与国有企业变量处理方法相同。（6）出口情况（*Export*），出口是企业学习了解国外市场、积累国际化经验的重要途径，企业出口额大于0时，该变量取值为1，否则取值为0。

表5-2给出了上述变量的简要统计描述，包括变量名称、变量描述、观测值个数、均值、标准差、最小值和最大值。

表5-2　　　　　　　　　　　描述性统计

变量	变量描述	观测值	均值	标准差	最小值	最大值
OFDI	是否对外直接投资	2273848	0.0050	0.0707	0	1
CGP	中央发布的便利化政策个数	2273848	19.3424	3.0247	12	29
LGP	省级政府是否发布了和中央一致的政策	2273848	0.5765	0.4941	0	1
Affiliation	企业隶属于中央、省、地区、县、其他	2273848	1.2484	0.7126	1	5
Marketization	樊纲市场化程度总指数	2273848	7.7933	1.5749	-0.3	10.92
Productivity	企业全要素生产率	2273848	7.2313	3.3521	-4.7183	19.3415
FirmSize	企业雇佣人数（万人）	2273848	0.0294	0.1264	0.0001	21.707
FirmAge	企业成立年数	2273848	8.8868	8.8677	0	413
Soe	是否属于国有企业	2273848	0.1066	0.3086	0	1
Foreign	是否属于外资企业	2273848	0.2744	0.4462	0	1
Export	是否有正的出口额	2273848	0.2335	0.4231	0	1

表5-3中各变量之间相关系数的绝对值均在0.5以下，可以初步判断各自变量之间不存在严重的多重共线性问题。通过将企业对外直接投资对解释变量进行最小二乘法回归，检测了解释变量之间的方差膨胀因子（VIF），

表 5 - 3　　变量间相关系数

变量	CGP	LGP	Affiliation	Marketization	Productivity	FirmSize	FirmAge	Soe	Foreign	Export
CGP	1									
LGP	0.1798*	1								
Affiliation	-0.0664*	-0.0104*	1							
Marketization	0.0777*	0.0481*	-0.1947*	1						
Productivity	0.1575*	0.0463*	-0.0577*	0.1143*	1					
FirmSize	0.0079	0.0264*	0.1336*	-0.0264*	0.0608*	1				
FirmAge	0.0370*	0.0049*	0.2958*	-0.0379*	0.0152*	0.1314*	1			
Soe	0.0861*	-0.0133*	0.4006*	-0.2505*	-0.0609*	0.0769*	0.2364*	1		
Foreign	0.1422*	0.0979*	0.0289*	0.0405*	0.1080*	0.0565*	-0.0245*	0.2835*	1	
Export	0.1716*	0.0613*	-0.0304*	0.2038*	0.1654*	0.0948*	0.0523*	-0.0806*	0.3074*	1
VIF 值	1.12	1.05	1.31	1.13	1.07	1.04	1.15	1.47	1.28	1.23

注：*表示 1% 的显著性水平。

如表 5 - 3 所示，所有解释变量的方差膨胀因子基本接近 1，远小于 10，可判定各变量间不存在明显的多重共线性问题。

5.5　实证检验与结果分析

5.5.1　基准回归结果

根据线性概率模型的设定，表 5 - 4 报告了控制企业、年份、省份和行业固定效应的回归结果。表 5 - 4 第（1）列为基准模型，包括中央便利化政策变量、作为调节变量的隶属层级和市场化程度、所有控制变量。结果显示，中央便利化政策的系数均显著为正，表明中央便利化政策的支持会促进企业对外直接投资。围绕"走出去"战略，中国政府不断实施新的便利化政策，并废止过时的政策文件，为企业国际化创造了有利的环境（张为付，2008；Rasiah et al.，2010）。随着政策文件数量的增加，政府的支持力度增强，企业对外直接投资的概率提高。第（2）列进一步加入省级便利化政策，结果显示省级便利化政策变量的系数显著为正，说明省级便利化政策也是企业对外直接投资的重要影响因素，假说 5 - 1 得到支持。

表 5 - 4 第（3）列在第（2）列的基础上加入中央便利化政策和省级便利化政策的交互项，重点关注中央、省级便利化政策的协同作用。实证结果显示，交互项系数显著为正，由此可证实省级便利化政策能够加强中央便利化政策对企业对外直接投资的促进作用，支持了假说 5 - 2。地方政府发布和中央便利化政策一致的政策，意味着地方政府对投资项目的审批效率较高、能够提供的信息更加完备，从而有效促进企业的对外直接投资。①

---

　　① 这一发现与肖文和韩沈超（2016）发现的地方政府效率提高能够有效增加企业对外直接投资的结论一致。

表 5 - 4 基准回归结果

变量	(1)	(2)	(3)	(4)	(5)	(6)	(7)	(8)
CGP	0.0942 *** (38.3336)	0.0945 *** (38.4535)	0.0944 *** (38.4539)	0.1110 *** (42.0242)	0.0953 *** (38.7161)	0.0949 *** (38.5818)	0.0946 *** (38.4978)	0.1107 *** (41.9765)
LGP		0.0065 *** (15.5773)	0.0065 *** (15.5942)	0.0075 *** (17.5911)	0.0130 *** (18.5857)	0.0071 *** (16.2933)	0.0052 *** (14.5066)	0.0071 *** (10.9213)
CGP × LGP			0.0001 ** (1.9903)					0.0001 *** (3.5634)
CGP × Affiliation				−0.0019 *** (−39.8782)				−0.0018 *** (−38.8744)
LGP × Affiliation					−0.0054 *** (−12.8936)			−0.0004 (−0.8035)
CGP × Marketization						0.0003 *** (17.9717)		0.0000 (1.4900)
LGP × Marketization							0.0020 *** (14.7722)	0.0012 *** (9.8138)
Affiliation	−0.0054 *** (−19.6313)	−0.0055 *** (−20.0181)	−0.0055 *** (−20.0212)	−0.0069 *** (−23.9094)	−0.0024 *** (−7.0620)	−0.0055 *** (−19.9057)	−0.0055 *** (−19.9522)	−0.0066 *** (−17.8383)
Marketization	−0.0007 *** (−3.4886)	−0.0014 *** (−6.4033)	−0.0013 *** (−6.3102)	−0.0010 *** (−4.8381)	−0.0014 *** (−6.6725)	−0.0008 *** (−3.6036)	−0.0022 *** (−9.6953)	−0.0015 ** (−6.6291)
Productivity	0.0001 (0.8721)	0.0002 * (1.6725)	0.0002 * (1.7007)	−0.0001 (−0.6394)	0.0002 (1.6504)	0.0004 *** (2.8313)	0.0003 ** (2.2087)	−0.0000 (−0.1211)

续表

变量	(1)	(2)	(3)	(4)	(5)	(6)	(7)	(8)
FirmSize	0.0123** (2.3935)	0.0123** (2.3961)	0.0123** (2.3957)	0.0116** (2.2890)	0.0122** (2.3844)	0.0122** (2.3788)	0.0123** (2.3945)	0.0116** (2.2871)
FirmAge	0.0001** (2.4265)	0.0001** (2.4513)	0.0001** (2.4380)	0.0000 (1.1499)	0.0001** (2.2678)	0.0001** (2.1659)	0.0001** (2.4801)	0.0000 (1.1366)
Soe	-0.0002 (-0.3320)	-0.0001 (-0.1656)	-0.0001 (-0.1785)	-0.0006 (-0.8585)	-0.0002 (-0.3339)	-0.0001 (-0.1656)	-0.0001 (-0.1484)	-0.0006 (-0.8680)
Foreign	0.0000 (0.0604)	0.0001 (0.1134)	0.0001 (0.1170)	0.0023*** (3.1343)	0.0002 (0.2993)	0.0004 (0.5838)	0.0002 (0.2964)	0.0024*** (3.2433)
Export	0.0043*** (17.9836)	0.0043*** (17.9764)	0.0043*** (17.8329)	0.0040*** (16.5943)	0.0043*** (17.7230)	0.0038*** (15.6026)	0.0042*** (17.4698)	0.0038*** (15.7794)
常数项	0.0198*** (16.9071)	0.0155*** (13.0534)	0.0154*** (13.0144)	0.0202*** (16.8735)	0.0118*** (9.7727)	0.0139*** (11.5825)	0.0156*** (13.1244)	0.0197*** (15.9176)
企业固定效应	是	是	是	是	是	是	是	是
年份固定效应	是	是	是	是	是	是	是	是
省份固定效应	是	是	是	是	是	是	是	是
行业固定效应	是	是	是	是	是	是	是	是
观测值	2273848	2273848	2273848	2273848	2273848	2273848	2273848	2273848
Adjusted R^2	0.5667	0.5671	0.5671	0.5700	0.5673	0.5673	0.5672	0.5700
Within R^2	0.0473	0.0481	0.0481	0.0545	0.0486	0.0486	0.0485	0.0464

注：***、**、*分别表示估计系数在1%、5%、10%水平上显著，括号内为纠正了异方差后的 t 统计量。

表 5 – 4 第（4）列和第（5）列考察隶属层级的调节效应。第（4）列在第（2）列的基础上加入中央便利化政策和隶属层级的交互项，回归系数显著为负，说明隶属层级低的企业，中央便利化政策促进对外直接投资的作用更加明显。第（5）列在第（2）列的基础上加入省级便利化政策和隶属层级的交互项，系数也显著为负，表明对于隶属层级较高的企业，省级政府的作用有限，因而隶属层级会负向调节省级便利化政策的影响。企业隶属层级越高，政府的参与程度越高，能够获得的资源支持和制度保护力度越大，省级政府发布的显性政策反而不容易表现出较大的作用。而隶属层级低的企业，依赖显性政策的支持和引导，省级便利化政策发布之后，资源通过市场渠道公开配置，隶属层级越低的企业，越能从省级便利化政策中获得充分的激励。此外，隶属层级较高的企业，例如央企，自身能力足以克服对外直接投资面临的成本限制，而隶属层级低的企业，规模通常较小，需要更强的外部助力才有能力克服较高的固定成本，实现对外直接投资。第（4）列和第（5）列的结果表明隶属层级低的企业受便利化政策的影响更大，证实了假说 5 – 3。

表 5 – 4 第（6）列和第（7）列考察市场化程度的调节效应。便利化政策的核心是简化对外直接投资的核准程序、下放核准权限，体现了政府干预的减少。市场化程度较深的区域，政府干预的作用相对较弱，与便利化政策的主旨一致，根据假说 5 – 4，地区市场化程度会正向调节便利化政策和对外直接投资之间的关系。第（6）列加入的中央便利化政策和地区市场化程度的交互项系数正显著；第（7）列在第（2）列的基础上加入省级便利化政策和地区市场化程度的交互项，结果显示该交互项系数也显著为正。这表明在市场化程度深入的省份，中央便利化政策、省级便利化政策对于企业对外直接投资的促进作用更强，假说 5 – 4 得到证实。第（8）列是包含所有变量以及交互项的检验模型。

考虑其他控制变量的影响，隶属层级变量的估计系数均显著为负，说明企业隶属层级越高，政府干预程度越强，企业决策的独立性越弱（姜广省和李维安，2016）。市场化程度变量的估计系数均为负显著，说明市场化进程深入的地区，企业在本土成长面临的约束较少，在国内有足够的发展空间，因而缺乏对外直接投资的动力（李新春和肖宵，2017）。企业生产率的估计系数正显著，但不稳定，整体上看，生产率越高的企业，对外直接投资发生的可能性越大。企业规模的估计系数均显著为正值，表明企业规模的提高能够促进企业的对外直接投资（Wang et al.，2012b；李磊等，2018）。经营年限较长的企业，通常具备更充足的经验，有助于实现国际化战略，因此企业年龄同样能显著促进企业的对外直接投资（葛顺奇和罗伟，2013；Hong et al.，2015）。与出口额为0的企业相比，具有正的出口交货值，能够加强企业和东道国之间的联系，有助于企业获取国外信息，从而提高对外直接投资发生的可能性（Buckley et al.，2007；Lu et al.，2011）。国有企业变量的估计系数为负但不显著，说明国有企业的对外直接投资倾向性和非国有企业的对外直接投资倾向性没有表现出明显不同（Huang et al.，2017）。以往的研究中外资企业多倾向于对外直接投资，但是表5-4中，外资企业的估计系数在第（4）列和第（8）列是正显著，其他模型中并不显著。

5.5.2 稳健性检验

5.5.2.1 改变被解释变量衡量方法

为了进一步检验结果的稳健性，采用企业对外直接投资次数作为被解释变量，同样控制企业、年份、省份、行业固定效应，回归结果报告见表5-5。从表中可以看出，中央、省级便利化政策仍然显著影响对外直接投资，进一步印证了假说5-1。中央便利化政策和省级便利化政策的交互项系数符号不变，显著性增强。根据第（4）、（5）列的结果，隶属层级显著负向调节中央便利化政策和省级便利化政策对企业对外直接投资的促进作用。第（6）、（7）列中，中央、省级便利化政策和地区市场化程度的交互项系数与表5-4基本一致，假说5-4得到进一步证实。

表 5－5　稳健性检验：对外直接投资次数

变量	(1)	(2)	(3)	(4)	(5)	(6)	(7)	(8)
CGP	0.1523*** (22.1910)	0.1527*** (22.2435)	0.1526*** (22.2626)	0.1772*** (23.6482)	0.1541*** (22.3318)	0.1534*** (22.2964)	0.1529*** (22.2656)	0.1768*** (23.6331)
LGP		0.0105*** (11.7883)	0.0105*** (11.8110)	0.0119*** (13.0846)	0.0205*** (12.8849)	0.0114*** (12.3053)	0.0085*** (10.7191)	0.0117*** (8.0682)
CGP×LGP			0.0003*** (3.2790)					0.0003*** (4.2415)
CGP× Affiliation				-0.0028*** (-22.5640)				-0.0027*** (-22.1175)
LGP× Affiliation					-0.0083*** (-7.8749)			-0.0007 (-0.7129)
CGP× Marketization						0.0004*** (12.3201)		0.0000 (1.0555)
LGP× Marketization							0.0029*** (9.8808)	0.0018*** (6.5578)
Affiliation	-0.0079*** (-12.8686)	-0.0081*** (-13.1500)	-0.0081*** (-13.1576)	-0.0101*** (-15.4778)	-0.0033*** (-4.0891)	-0.0080*** (-13.0669)	-0.0080*** (-13.1045)	-0.0096*** (-11.1796)
Marketization	-0.0015*** (-3.6222)	-0.0026*** (-5.8147)	-0.0025*** (-5.6622)	-0.0021*** (-4.6752)	-0.0027*** (-6.0287)	-0.0017*** (-3.7605)	-0.0038*** (-8.1339)	-0.0027*** (-5.8009)
Productivity	0.0002 (0.5168)	0.0004 (1.0183)	0.0004 (1.0665)	-0.0001 (-0.3177)	0.0004 (1.0056)	0.0006* (1.7146)	0.0005 (1.3216)	0.0000 (0.0080)

续表

变量	(1)	(2)	(3)	(4)	(5)	(6)	(7)	(8)
$FirmSize$	0.0573** (2.3827)	0.0574** (2.3840)	0.0573** (2.3843)	0.0564** (2.3287)	0.0572** (2.3814)	0.0572** (2.3799)	0.0573** (2.3829)	0.0564** (2.3290)
$FirmAge$	0.0001* (1.8592)	0.0001* (1.8796)	0.0001* (1.8554)	0.0000 (0.9034)	0.0001* (1.7387)	0.0001* (1.6599)	0.0001* (1.9006)	0.0000 (0.8722)
Soe	0.0017 (1.0109)	0.0019 (1.1239)	0.0019 (1.1038)	0.0012 (0.6874)	0.0017 (1.0140)	0.0019 (1.1237)	0.0019 (1.1347)	0.0011 (0.6660)
$Foreign$	-0.0014 (-0.8035)	-0.0013 (-0.7671)	-0.0013 (-0.7612)	0.0020 (1.1548)	-0.0011 (-0.6440)	-0.0008 (-0.4631)	-0.0011 (-0.6524)	0.0021 (1.2285)
$Export$	0.0067*** (13.3029)	0.0066*** (13.2966)	0.0066*** (13.3113)	0.0061*** (12.2698)	0.0065*** (13.0626)	0.0058*** (11.8927)	0.0064*** (12.9446)	0.0058*** (12.0762)
常数项	0.0311*** (12.4254)	0.0240*** (9.5468)	0.0239*** (9.5393)	0.0310*** (12.3814)	0.0185*** (6.8901)	0.0216*** (8.5990)	0.0241*** (9.5949)	0.0300*** (11.4800)
企业固定效应	是	是	是	是	是	是	是	是
年份固定效应	是	是	是	是	是	是	是	是
省份固定效应	是	是	是	是	是	是	是	是
行业固定效应	是	是	是	是	是	是	是	是
观测值	2273848	2273848	2273848	2273848	2273848	2273848	2273848	2273848
Adjusted R^2	0.8770	0.8771	0.8771	0.8775	0.9050	0.9050	0.8771	0.8776
Within R^2	0.0318	0.0324	0.0324	0.0359	0.0327	0.0327	0.0326	0.0360

注：***、**、* 分别表示估计系数在1%、5%、10%水平上显著，括号内为纠正了异方差后的 t 统计量。

5.5.2.2　控制省份和年份的交互固定效应

企业的选址可能是一种战略选择，是企业结合自身特质和地区特征对未来发展的预测，也就是说，省级便利化政策能够促进企业对外直接投资的结论可能是由企业根据地区的政策实施情况做出的"自选择"行为造成的。因此我们把省份—年份交互固定效应纳入模型，控制所有时变或非时变的省级层面影响因素，以此缓解自选择偏误（陈云松和范晓光，2010）。表5－6的回归结果显示，加入省份—年份交互固定效应后，基本结论仍然成立。

5.5.2.3　使用成立时间早于1994年的企业样本

表5－4的回归结果虽然显示中央、省级便利化政策能够直接作用于对外直接投资，且协同促进对外直接投资，但在现实中，企业可能会选择便利化政策较为完备的省份进行生产经营活动，由此带来内生性问题，导致省级便利化政策变量的不一致估计。对此，进一步考察基准结论的稳健性，从样本中筛选出成立时间早于1994年的企业样本，并检验在此样本中，是否仍能验证理论假说。这是因为，省级便利化政策以及适用于特殊地区和特殊企业的中央便利化政策的实施时间均不早于1994年。因此，相比于其他企业，成立时间早于1994年的企业对于省份的选择是相对外生的。具体回归结果如表5－7所示，中央、省级便利化政策的回归系数始终显著为正，二者交互项系数为正但显著性降低，其他交互项的系数符号与显著性和表5－4的结果一致。由此可得，基准结论通过了企业"自选择"行为的内生性检验。

5.5.3　工具变量两阶段最小二乘回归

中央、省级便利化政策可能内生于企业对外直接投资决策。中央、省级政府可能依据企业对外直接投资实践判断政策的效果，进而在后续的政策中做出调整。这一反向因果关系造成的内生性问题会导致参数的不一致估计，通常的改进方法是选取与内生变量高度相关且与被解释变量、其他

表 5 - 6　稳健性检验：控制省份和年份交互固定效应

变量	(1)	(2)	(3)	(4)	(5)	(6)	(7)
CGP	0.0958*** (38.8600)	0.0958*** (38.8600)	0.0800*** (23.4169)	0.1124*** (42.3840)	0.0965*** (39.0642)	0.1076*** (38.3406)	0.1181*** (32.3178)
CGP × LGP			0.0238*** (5.4330)				0.0051 (1.2106)
CGP × Affiliation				-0.0019*** (-39.8795)			-0.0017*** (-36.4916)
LGP × Affiliation					-0.0044*** (-9.6103)		-0.0021*** (-4.2959)
CGP × Marketization						0.0271*** (20.7480)	0.0255*** (20.1687)
Affiliation	-0.0057*** (-20.4639)	-0.0057*** (-20.4639)	-0.0057*** (-20.4483)	-0.0072*** (-24.6918)	-0.0032*** (-8.8923)	-0.0057*** (-19.9894)	-0.0057*** (-20.4639)
Productivity	0.0006*** (4.0470)	0.0006*** (4.0470)	0.0006*** (3.9977)	0.0003* (1.8058)	0.0006*** (3.9260)	0.0005*** (3.4352)	0.0006*** (4.0470)
FirmSize	0.0123** (2.3868)	0.0123** (2.3868)	0.0124** (2.4142)	0.0116** (2.2833)	0.0122** (2.3768)	0.0134** (2.5685)	0.0123** (2.3868)
FirmAge	0.0001** (2.0548)	0.0001** (2.0548)	0.0001** (2.1243)	0.0000 (0.8412)	0.0001* (1.9328)	0.0000* (1.8795)	0.0001** (2.0548)

续表

变量	(1)	(2)	(3)	(4)	(5)	(6)	(7)
Soe	-0.0002 (-0.2355)	-0.0002 (-0.2355)	-0.0002 (-0.3382)	-0.0007 (-0.9805)	-0.0003 (-0.3689)	-0.0008 (-1.1369)	-0.0002 (-0.2355)
Foreign	0.0006 (0.7894)	0.0006 (0.7894)	0.0006 (0.8672)	0.0025*** (3.3752)	0.0007 (0.8842)	0.0012 (1.5611)	0.0006 (0.7894)
Export	0.0040*** (15.8359)	0.0040*** (15.8359)	0.0040*** (15.9138)	0.0041*** (16.1085)	0.0040*** (15.8953)	0.0040*** (16.0827)	0.0040*** (15.8359)
常数项	0.0167*** (13.8166)	0.0167*** (13.8166)	0.0102*** (6.6603)	0.0223*** (18.1202)	0.0169*** (13.9583)	0.0091*** (7.3691)	0.0130*** (7.8183)
企业固定效应	是	是	是	是	是	是	是
年份固定效应	是	是	是	是	是	是	是
省份固定效应	是	是	是	是	是	是	是
行业固定效应	是	是	是	是	是	是	是
省份—年份固定效应	是	是	是	是	是	是	是
观测值	2273844	2273844	2273844	2273844	2273844	2273844	2273844
Adjusted R^2	0.5682	0.5682	0.5686	0.5710	0.5683	0.5739	0.5761
Within R^2	0.0485	0.0485	0.0492	0.0546	0.0488	0.0609	0.0658

注：***、**、* 分别表示估计系数在 1%、5%、10% 水平上显著，括号内为纠正了异方差后的 t 统计量。

表5-7　稳健性检验：根据成立时间划分的企业子样本

变量	(1)	(2)	(3)	(4)	(5)	(6)	(7)	(8)
CGP	0.0389*** (14.0444)	0.0392*** (14.1089)	0.0391*** (14.1106)	0.0492*** (14.8310)	0.0400*** (14.2790)	0.0397*** (14.2026)	0.0394*** (14.1569)	0.0490*** (14.8106)
LGP		0.0067*** (5.5881)	0.0068*** (5.5808)	0.0079*** (6.4363)	0.0139*** (6.9171)	0.0075*** (5.9411)	0.0065*** (5.5757)	0.0100*** (5.6615)
CGP × LGP			0.0001 (1.1682)					0.0001 (0.7086)
CGP × Affiliation				−0.0009*** (−12.1893)				−0.0009*** (−11.8337)
LGP × Affiliation					−0.0044*** (−5.9036)			−0.0013* (−1.7623)
CGP × Marketization						0.0002*** (6.5410)		0.0000 (1.0687)
LGP × Marketization							0.0023*** (5.4662)	0.0015*** (3.8022)
Affiliation	−0.0022*** (−3.6096)	−0.0022*** (−3.7161)	−0.0022*** (−3.7204)	−0.0035*** (−5.4769)	0.0003 (0.4905)	−0.0022*** (−3.7371)	−0.0022*** (−3.7280)	−0.0027*** (−3.7394)
Marketization	−0.0002 (−0.3664)	−0.0009 (−1.4575)	−0.0008 (−1.3452)	−0.0007 (−1.0792)	−0.0011* (−1.8260)	−0.0002 (−0.3394)	−0.0022*** (−3.2851)	−0.0015** (−2.1338)
Productivity	0.0012*** (2.6339)	0.0013*** (2.7441)	0.0013*** (2.7754)	0.0009* (1.9572)	0.0013*** (2.7415)	0.0014*** (3.0196)	0.0013*** (2.8447)	0.0010** (2.1262)

续表

变量	(1)	(2)	(3)	(4)	(5)	(6)	(7)	(8)
FirmSize	-0.0034 (-0.3676)	-0.0035 (-0.3791)	-0.0035 (-0.3783)	-0.0038 (-0.4177)	-0.0036 (-0.3997)	-0.0035 (-0.3837)	-0.0036 (-0.3909)	-0.0039 (-0.4291)
FirmAge	0.0001 (1.6253)	0.0001* (1.6871)	0.0001* (1.6813)	0.0001 (1.5217)	0.0001* (1.6748)	0.0001* (1.7273)	0.0001* (1.7852)	0.0001 (1.5939)
Soe	-0.0023 (-1.3033)	-0.0022 (-1.2621)	-0.0022 (-1.2660)	-0.0031* (-1.7594)	-0.0024 (-1.3582)	-0.0025 (-1.4163)	-0.0024 (-1.3741)	-0.0032* (-1.8526)
Foreign	0.0037** (1.9672)	0.0038** (2.0280)	0.0038** (2.0381)	0.0051** (2.7217)	0.0040** (2.1219)	0.0042** (2.2513)	0.0039** (2.1050)	0.0052*** (2.7949)
Export	0.0059*** (9.2642)	0.0061*** (9.4365)	0.0060*** (9.3058)	0.0057*** (8.8665)	0.0060*** (9.3566)	0.0054*** (8.4107)	0.0059*** (9.2212)	0.0054*** (8.4012)
常数项	0.0291*** (7.1137)	0.0254*** (6.1256)	0.0252*** (6.0668)	0.0363*** (8.2212)	0.0220*** (5.2762)	0.0244*** (5.8629)	0.0251*** (6.0299)	0.0342*** (7.6141)
企业固定效应	是	是	是	是	是	是	是	是
年份固定效应	是	是	是	是	是	是	是	是
省份固定效应	是	是	是	是	是	是	是	是
行业固定效应	是	是	是	是	是	是	是	是
观测值	326193	326193	326193	326193	326193	326193	326193	326193
调整的 R^2	0.5802	0.5805	0.5805	0.5819	0.5807	0.5807	0.5807	0.5821
Within R^2	0.0199	0.0206	0.0206	0.0240	0.0212	0.0211	0.0211	0.0244

注：***、**、* 分别表示估计系数在1%、5%、10%水平上显著，括号内为纠正了异方差后的 t 统计量。

解释变量、误差项不相关的工具变量进行两阶段最小二乘估计。本章选择中央便利化政策滞后一期、省级便利化政策滞后一期作为当期值的工具变量。这样做的逻辑是，滞后一期的中央、省级便利化政策与当期政策变量相关，原来受到较多中央便利化政策支持的企业在下一年其政策支持应该更强，省级便利化政策也是同样的道理。此外，当期的企业对外直接投资情况无法影响滞后一期的便利化政策。

仍然以企业是否对外直接投资作为被解释变量，采用两阶段最小二乘法，回归结果报告见表 5 - 8。可以看出，中央、省级便利化政策的系数保持正显著，二者交互项的系数和显著性有较为明显的上升，其余交互项的系数和显著性较为稳定，再次证明了本章估计结果的稳健性。为检验工具变量的适用性，表 5 - 8 报告了识别不足检验（Kleibergen - Paap rk LM statistic）和弱识别检验（Kleibergen - Paap rk Wald F statistic）的结果。LM 统计量的 P 值表明，可以在 1% 的显著性水平上拒绝"工具变量识别不足"的零假设；F 统计量也远大于 10% 水平上的临界值，拒绝了工具变量是弱识别的零假设；说明工具变量和内生变量之间具有较强的相关性。

5.5.4　进一步分析：不同类型便利化政策的影响

根据政策侧重点不同，将中央政策分成审批核准、外汇管理、信息支持三类（见图 5 - 2）。其中，审批核准政策由商务部、国家发展改革委发布的对外直接投资项目审批核准政策组成；外汇管理政策对对外直接投资项目使用的外汇进行管理，该类政策由国家外汇管理局制定；信息支持政策包括商务部发布的东道国投资环境和投资风险信息披露政策。探究三类政策对企业对外直接投资决策的差异化影响，回归结果报告见表 5 - 9[①]。

---

① 第（2）、（3）列和第（5）、（6）列的 LGP 分别为省级政府发布的审批核准、外汇管理类便利化政策。第（5）、（6）列中固定效应已经包含了省级外汇管理政策。由于省级政府没有发布信息支持类的政策，第（8）、（9）列中的 LGP 与表 5 - 4 省级便利化政策的含义相同。

表 5 - 8　工具变量最小二乘回归结果

变量	(1)	(2)	(3)	(4)	(5)	(6)	(7)	(8)
CGP	0.1067*** (11.8195)	0.1566*** (15.4176)	0.1556*** (15.3575)	0.2518*** (15.6375)	0.1634*** (15.4777)	0.1605*** (15.5413)	0.1566*** (15.4229)	0.2489*** (15.6592)
LGP		0.0157*** (15.1858)	0.0139*** (13.6745)	0.0214*** (17.4556)	0.0360*** (17.1332)	0.0182*** (16.3972)	0.0133*** (12.6441)	0.0085*** (4.3924)
CGP × LGP			0.0008*** (5.0895)					0.0010*** (4.3156)
CGP × Affiliation				-0.0105*** (-15.7507)				-0.0109*** (-15.4599)
LGP × Affiliation					-0.0178*** (-12.6169)			0.0085*** (6.0420)
CGP × Marketization						0.0012*** (13.7594)		-0.0006*** (-5.3317)
LGP × Marketization							0.0016*** (7.9861)	-0.0002 (-0.4320)
Affiliation	-0.0071*** (-10.2276)	-0.0110*** (-13.8834)	-0.0109*** (-13.8667)	-0.0094*** (-12.4121)	-0.0005 (-0.7638)	-0.0111*** (-13.9565)	-0.0110*** (-13.8639)	-0.0142*** (-11.3614)
Marketization	-0.0011*** (-4.2792)	-0.0029*** (-10.0590)	-0.0029*** (-10.0915)	-0.0008*** (-2.8106)	-0.0031*** (-10.5117)	-0.0026*** (-9.2800)	-0.0034*** (-11.8235)	-0.0007** (-2.3770)
Productivity	0.0002 (1.0279)	0.0005*** (2.6687)	0.0005*** (2.7017)	-0.0001 (-0.3942)	0.0005*** (2.6988)	0.0011*** (5.5865)	0.0006*** (2.8778)	-0.0004** (-2.0813)
FirmSize	0.0061 (1.0989)	0.0065 (1.1234)	0.0065 (1.1255)	0.0014 (0.2542)	0.0063 (1.0757)	0.0062 (1.0544)	0.0065 (1.1222)	0.0015 (0.2803)

续表

变量	(1)	(2)	(3)	(4)	(5)	(6)	(7)	(8)
$FirmAge$	0.0001** (2.2509)	0.0001*** (2.6204)	0.0001** (2.5365)	-0.0000 (-0.3758)	0.0001** (2.2733)	0.0001** (2.2894)	0.0001*** (2.6629)	-0.0000 (-0.2908)
Soe	-0.0002 (-0.1766)	0.0001 (0.0952)	-0.0000 (-0.0122)	-0.0007 (-0.6416)	-0.0000 (-0.0180)	0.0004 (0.4274)	0.0001 (0.1018)	-0.0009 (-0.9201)
$Foreign$	-0.0002 (-0.1805)	0.0000 (0.0015)	-0.0000 (-0.0295)	0.0099*** (8.3382)	0.0001 (0.0689)	0.0011 (1.1510)	0.0001 (0.0572)	0.0096*** (8.2625)
$Export$	0.0019*** (5.6587)	0.0015*** (4.4039)	0.0015*** (4.2391)	0.0014*** (4.1715)	0.0015*** (4.2727)	0.0009*** (2.6578)	0.0015*** (4.4300)	0.0017*** (4.8902)
企业固定效应	是	是	是	是	是	是	是	是
年份固定效应	是	是	是	是	是	是	是	是
省份固定效应	是	是	是	是	是	是	是	是
行业固定效应	是	是	是	是	是	是	是	是
观测值	1661995	1661995	1661995	1661995	1661995	1661995	1661995	1661995
Kleibergen–Paap rk LM 统计量	774.343 (0.0000)	764.330 (0.0000)	763.677 (0.0000)	693.162 (0.0000)	758.556 (0.0000)	762.041 (0.0000)	764.212 (0.0000)	716.174 (0.0000)
Kleibergen–Paap rk F	785.920 (16.38)	387.015 (7.03)	257.801 (not available)	231.357 (not available)	255.693 (not available)	257.099 (not available)	257.971 (not available)	102.448 (not available)
Centered R^2	0.0455	0.0247	0.0250	-0.0485	0.0195	0.0217	0.0250	-0.0491

注：Kleibergen – Paap rk LM 统计量括号内数值为对应的接受零假设的概率值，Kleibergen – Paap rk Wald F 统计量括号内数值为 Stock – Yogo 检验 10% 水平上的临界值。

表 5 - 9　进一步分析：政策分类回归

变量	审批核准			外汇管理			信息支持		
	(1)	(2)	(3)	(4)	(5)	(6)	(7)	(8)	(9)
CGP	0.0914*** (38.3148)	0.0916*** (38.4386)	0.1253*** (46.8717)	0.7196*** (33.1119)	0.7196*** (33.1119)	0.7196*** (33.0744)	0.0413*** (20.8183)	0.0409*** (20.6220)	0.0377*** (18.4937)
LGP		0.0064*** (15.5764)	0.0010* (1.6521)					0.0047*** (11.6070)	0.0042*** (7.5202)
$CGP \times LGP$			0.0002*** (3.4029)			0.0001 (1.2818)			0.0002 (0.6903)
$CGP \times Affiliation$			-0.0031*** (-36.8979)			-0.0003*** (-5.6352)			0.0014*** (4.5768)
$LGP \times Affiliation$			0.0025*** (5.6006)			0.0006 (1.1762)			-0.0006 (-1.5851)
$CGP \times Marketization$			0.0001*** (4.7611)			-0.0003*** (-14.4296)			0.0007*** (6.2138)
$LGP \times Marketization$			0.0007*** (6.0285)			0.0011*** (7.2316)			0.0011*** (8.5889)
$Affiliation$	-0.0053*** (-19.7296)	-0.0054*** (-20.1218)	-0.0113*** (-26.6641)	0.0004* (1.7326)	0.0004* (1.7326)	0.0004* (1.7008)	0.0004 (1.6425)	0.0003 (1.3051)	0.0009*** (2.6626)
$Marketization$	-0.0007*** (-3.4101)	-0.0013*** (-6.3343)	-0.0006*** (-2.6901)	-0.0006*** (-3.2983)	-0.0006*** (-3.2983)	-0.0015*** (-7.3128)	-0.0009*** (-4.2435)	-0.0013*** (-6.3111)	-0.0017*** (-7.5238)
$Productivity$	0.0001 (0.6469)	0.0002 (1.4470)	-0.0003** (-1.9919)	-0.0001 (-1.1212)	-0.0001 (-1.1212)	0.0000 (0.1560)	-0.0002 (-1.5115)	-0.0001 (-0.9191)	0.0001 (0.5659)

续表

变量	审批核准			外汇管理			信息支持		
	(1)	(2)	(3)	(4)	(5)	(6)	(7)	(8)	(9)
$FirmSize$	0.0129** (2.5435)	0.0129** (2.5466)	0.0129** (2.5047)	0.0132** (2.5054)	0.0132** (2.5054)	0.0131** (2.5001)	0.0114** (2.1852)	0.0114** (2.1883)	0.0117** (2.2381)
$FirmAge$	0.0001** (2.4478)	0.0001** (2.4724)	-0.0000 (-0.0421)	0.0000 (0.8940)	0.0000 (0.8940)	0.0000 (0.9144)	0.0000 (1.1551)	0.0000 (1.1683)	0.0000 (1.2488)
Soe	-0.0002 (-0.2677)	-0.0001 (-0.1017)	-0.0008 (-1.0672)	-0.0001 (-0.1560)	-0.0001 (-0.1560)	-0.0001 (-0.0812)	-0.0004 (-0.6203)	-0.0003 (-0.4941)	-0.0003 (-0.3961)
$Foreign$	0.0000 (0.0008)	0.0000 (0.0536)	0.0027*** (3.6671)	0.0000 (0.0273)	0.0000 (0.0273)	0.0003 (0.3827)	0.0005 (0.7004)	0.0005 (0.7385)	0.0007 (0.9147)
$Export$	0.0043*** (18.0061)	0.0043*** (17.9992)	0.0036*** (15.0730)	0.0037*** (17.2966)	0.0037*** (17.2966)	0.0037*** (17.1733)	0.0040*** (16.5079)	0.0040*** (16.5160)	0.0037*** (15.1378)
常数项	0.0392*** (28.1045)	0.0353*** (25.4128)	0.0566*** (35.7179)	-0.2176*** (-32.2917)	-0.2176*** (-32.2917)	-0.2189*** (-32.4233)	0.0062*** (5.5619)	0.0029*** (2.5968)	0.0013 (1.0663)
企业固定效应	是	是	是	是	是	是	是	是	是
年份固定效应	是	是	是	是	是	是	是	是	是
省份固定效应	是	是	是	是	是	是	是	是	是
行业固定效应	是	是	是	是	是	是	是	是	是
观测值	2273509	2273509	2273509	2273509	2273509	2273509	2273509	2273509	2273509
Adjusted R^2	0.5586	0.5589	0.5649	0.4253	0.4253	0.4256	0.5410	0.5412	0.5414
Within R^2	0.0447	0.0455	0.0586	0.0298	0.0298	0.0305	0.0068	0.0072	0.0076

注：***、**、*分别表示估计系数在1%、5%、10%水平上显著，括号内为纠正了异方差后的t统计量。

可以看出，审批核准、外汇管理和信息支持政策均能显著促进企业对外直接投资，其中，外汇管理政策的效力明显强于其他两类政策，信息支持政策对对外直接投资的促进作用相对较小。从协同性的角度，三类政策中，只有省级审批核准政策能够增强中央审批核准政策对企业对外直接投资的促进作用。

5.6　机　制　检　验

前述研究细致地考察了便利化政策对企业对外直接投资的影响效应，以及企业隶属层级、地区市场化程度在其中的作用，发现便利化政策显著促进了企业的对外直接投资，并且省级便利化政策会增强中央便利化政策的促进作用，而企业较高的隶属层级会减弱便利化政策对企业对外直接投资的促进作用，地区市场化程度提高能够增强便利化政策的促进作用。接下来一个自然的问题是，便利化政策通过何种渠道对对外直接投资施加影响？对此进行研究有助于深入理解政策支持和企业对外直接投资的内在关系。考虑到规模较大的国有企业和规模较小的民营企业对中国的对外直接投资贡献较大（Sauvant and Chen，2014），政府倾向于促进企业扩大规模，增强大型企业的国际竞争力，同时推动中小企业在国际市场发挥自身的独特优势。目前，已有不少规模较小的企业在东南亚、非洲、南美洲等地区开展对外直接投资活动，在东道国市场进行小规模的生产（Wang et al.，2012a）。因此，从规模偏离程度的视角切入，考察便利化政策对企业规模偏离程度的影响，以厘清便利化政策影响企业对外直接投资的作用机制。为此，这一部分选取企业规模偏离程度作为中介变量，构建中介效应模型以揭示可能的传导机制：

$$\Pr\left[OFDI_{ijkt}=1\right]=\alpha_1+\beta_1 CGP_{it}+\delta_s x_{ijkt}+\alpha_i+\gamma_j+\lambda_t+\tau_k+\varepsilon_{ijkt} \quad (5-2)$$

$$Devasset_{ijkt}=\alpha_2+\beta_2 CGP_{it}+\delta_s x_{ijkt}+\alpha_i+\gamma_j+\lambda_t+\tau_k+\varepsilon_{ijkt} \quad (5-3)$$

$$\Pr\left[OFDI_{ijkt}=1\right]=\alpha_3+\beta_3 CGP_{it}+\beta_4 Devasset_{ijkt}+\delta_s x_{ijkt}+\alpha_i+\gamma_j+\lambda_t+\tau_k+\varepsilon_{ijkt}$$

$$(5-4)$$

与前文类似，i 表示企业，j 表示省份，t 表示年份，k 表示行业。$Devasset_{ijkt}$ 是企业 i 在第 t 期的资产偏离行业平均资产水平的程度，表示规模偏离程度，对该指标做取绝对值的处理，即企业的规模偏离度为正，衡量了企业资产和行业年度平均资产水平的距离。

表 5 - 10 报告了中央、省级便利化政策影响企业对外直接投资的机制检验结果，其中第（1）列是对式（5 - 2）的回归结果，因此与表 5 - 4 第（1）列的估计结果相同。表 5 - 10 第（2）列在第（1）列的基础上加入省级便利化政策变量，因此该列回归结果与表 5 - 4 第（2）列的估计结果相同。表 5 - 10 第（3）列和第（4）列报告了以规模偏离度为因变量（对应式（5 - 3））的回归结果。可以发现，中央便利化政策的估计系数显著为正，而省级便利化政策的估计系数显著为负，这表明中央政策明显提高了企业的规模偏离度，省级便利化政策则降低了企业的规模偏离度。对其可能的解释是，中央政府发布的便利化政策，其目的是推动具有较强国际竞争力的大型企业"走出去"，促进缺乏竞争优势难以克服资源约束的企业进行对外直接投资。中央政府从国家利益的角度出发，制定政策以促进更多企业"走出去"，进行对外直接投资。省级政府在执行中央政府制定的便利化政策之外，更多考虑地方经济的发展，因而省级政府被视为追求地区经济利益最大化的自利者（逯东等，2014）。资产实力雄厚的大型企业，能够给地方政府带来税收和就业的机会，有助于提升政府政绩。基于地区社会福利和经济利益的考量，地方政府倾向于促进当地企业同步发展，扩大地方税基，追求自身垄断租金最大化。表 5 - 10 第（5）列和第（6）列进一步展示了被解释变量对解释变量和中介变量的回归结果（对应式（5 - 4）），可以发现，中介变量 $Devasset$ 的回归系数为正且在 1% 水平上显著，表明规模偏离度增加能够提高企业对外直接投资的概率。可能的原因是在中央便利化政策的指引下，规模较大的企业自身竞争优势不断提升，同时有更多小型企业进行了对外直接投资。与表 5 - 10 第（1）列的结果相比，第（5）列加入中介变量 $Devasset$ 之后，中央便利化政策变量的估计系数下降，说明规模偏离度是中央便利化政策影响企业对外直接投资的可能的渠道。与第（2）列的结果相比，第（6）列加入中介变

量之后，省级便利化政策的估计系数上升（为 0.00655，而第（2）列的估计系数为 0.00650），这说明规模偏离度也是省级便利化政策影响企业对外直接投资的可能的渠道。

表 5-10　　　　　　　　　影响机制：中介效应检验

变量	OFDI		Devasset		OFDI	
	(1)	(2)	(3)	(4)	(5)	(6)
CGP	0.0942 *** (38.3336)	0.0945 *** (38.4535)	3.9072 *** (5.8401)	3.9009 *** (5.8380)	0.0930 *** (38.0996)	0.0933 *** (38.2208)
LGP		0.0065 *** (15.5773)		-0.1523 *** (-3.5727)		0.0065 *** (15.7211)
Devasset					0.0003 *** (4.2072)	0.0003 *** (4.2145)
Affiliation	-0.0054 *** (-19.6313)	-0.0055 *** (-20.0181)	-0.2093 *** (-4.2245)	-0.2065 *** (-4.1853)	-0.0054 *** (-19.4978)	-0.0055 *** (-19.8895)
Marketization	-0.0007 *** (-3.4886)	-0.0014 *** (-6.4033)	0.0395 (1.6170)	0.0546 ** (2.2203)	-0.0007 *** (-3.5608)	-0.0014 *** (-6.5043)
Productivity	0.0001 (0.8721)	0.0002 * (1.6725)	0.0867 (1.3494)	0.0840 (1.3076)	0.0001 (0.6852)	0.0002 (1.4890)
FirmSize	0.0123 ** (2.3935)	0.0123 ** (2.3961)	11.8193 (1.4362)	11.8188 (1.4362)	0.0086 (1.5953)	0.0086 (1.5977)
FirmAge	0.0001 ** (2.4265)	0.0001 ** (2.4513)	-0.0206 ** (-2.2329)	-0.0207 ** (-2.2346)	0.0001 *** (2.6930)	0.0001 *** (2.7193)
Soe	-0.0002 (-0.3320)	-0.0001 (-0.1656)	-0.5291 *** (-3.7577)	-0.5320 *** (-3.7747)	-0.0001 (-0.1068)	0.0000 (0.0621)
Foreign	0.0000 (0.0604)	0.0001 (0.1134)	0.7916 *** (5.5540)	0.7907 *** (5.5498)	-0.0002 (-0.2699)	-0.0002 (-0.2176)
Export	0.0043 *** (17.9836)	0.0043 *** (17.9764)	0.0799 ** (2.0232)	0.0800 ** (2.0252)	0.0043 *** (17.9029)	0.0043 *** (17.8956)
常数项	0.0198 *** (16.9071)	0.0155 *** (13.0534)	1.4098 *** (4.4680)	1.5121 *** (4.6940)	0.0194 *** (16.5240)	0.0150 *** (12.6504)

变量	OFDI		Devasset		OFDI	
	（1）	（2）	（3）	（4）	（5）	（6）
企业固定效应	是	是	是	是	是	是
年份固定效应	是	是	是	是	是	是
省份固定效应	是	是	是	是	是	是
行业固定效应	是	是	是	是	是	是
观测值	2273848	2273848	2273848	2273848	2273848	2273848
R^2	0.6651	0.6653	0.8712	0.8712	0.6658	0.6661
Adjusted R^2	0.5667	0.5671	0.8333	0.8333	0.5676	0.5680
Within R^2	0.0473	0.0481	0.0088	0.0089	0.0494	0.0502

注：***、**、* 分别表示估计系数在1%、5%、10%水平上显著，括号内为纠正了异方差后的t统计量。

5.7 本章小结

本章基于制度理论，刻画了中央、省级政府颁布的便利化政策对企业对外直接投资的影响机制，在梳理便利化政策发展脉络、总结政策发展规律的基础上，进行实证检验。研究发现：中央便利化政策和省级便利化政策均能显著促进企业对外直接投资，省级便利化政策能够增强中央便利化政策的正向影响；各级政府颁布的便利化政策对隶属层级较低的企业的影响更加显著；在市场化程度较高的地区，便利化政策对企业对外直接投资的促进作用更强。上述结果在改变被解释变量衡量方法、控制省份和年份的交互固定效应、使用成立时间较早的企业子样本、采用工具变量两阶段最小二乘法之后依然稳健。进一步研究发现，不同类型便利化政策对企业对外直接投资的影响存在显著差异，外汇管理政策的效力明显强于审批核准政策和信息支持政策。

基于对中央和省级政府颁布的便利化政策的详细梳理，本章进一步证实了不同层级的政策协同对弥补企业自身竞争优势不足、促进中国企业对外直接投资具有重要作用。在过去较长的时期，中央政府通过审批制和核准制管理企业的对外直接投资，程序复杂繁琐且周期较长，同时对外直接投资取得快速发展，投资管理体制滞后于对外直接投资实践需求。围绕"走出去"战略，各级政府在对外直接投资的管理方面不断下放审批权限，简化核准程序，从管制、审批、核准、备案，逐步转向提供服务和保护，帮助企业了解东道国的制度、商业、文化环境，并从政府层面着力解决企业对外投资过程中的难题，支持企业的国际化经营。

在开放型经济发展的新阶段，发挥政府的积极作用，是重点也是难点。本章的研究具有以下几点深刻的政策启示。

第一，产业政策是引导对外直接投资的重要手段。中国目前的对外投资政策基本处于便利化的阶段，各级政府在制定和执行便利化政策时，始终围绕着提高企业对外直接投资的便利化水平，在对外直接投资的规范、引导、促进、调控等方面发挥着重大的职能作用。因此，在未来一段时间内，仍需立足于优化便利化政策环境，充分发挥中央、省级便利化政策对企业对外直接投资的促进作用，更好地利用不同类型便利化政策的积极作用。

第二，强化不同层级政策的协调性，提高聚合力。中央政府和省级政府在企业对外直接投资活动中均具有重要作用，中央政府立足于国内比较优势和发展需求，着力提升企业对外直接投资的便利化程度；而地方政府选择性地响应能够促进地方经济建设的中央政策。中央政府和地方政府之间的利益不一致，可能导致省级便利化政策的整体跟进速度较慢。在当前的权责体系下，这种矛盾带来的影响未来仍将存在，因而各级政府在制定政策时，需全盘考虑国家利益、省级特定优势和企业利益，找准三者的均衡点，加快探索中央、省级便利化政策的协调机制。同时，改进政策执行管理制度，及时收集并深度分析地方的反馈信息，促进不同层级政策间的良性互动与发展。

第三，重视不同企业潜在需求的差异性，推进地区市场化改革，提升对外直接投资领域的资源配置效率。在便利化政策的实施过程中，结合企业的特点优化政策效果，加强对隶属层级高的国有企业的支持，进一步降低隶属层级较低的非国有企业可能承担的制度性成本。推进地区市场化改革，为对外直接投资项目审批渠道的通畅创造条件，尽可能地让更多的企业享受到投资便利化领域的改革红利。

当前，新一轮科技革命和产业变革不断推进，全球制造业格局正处于深刻调整的关口，发达国家实施制造业振兴计划的同时收紧外资的审查政策，比如英国以及法国、德国等欧盟国家针对资源、基础设施建设、人工智能技术等敏感部门投资项目的审查更加谨慎，对国有企业的投资和政府主导的投资审查也更为严格，而这些都是中国对外直接投资的重点领域和重要载体，为中国对外直接投资政策制定带来了新挑战。在这一背景下，中央政府和地方政府的对外直接投资政策制定，应尽量和国际贸易投资新规则接轨，以发展的视角鼓励企业积极参与对外直接投资实践，促进对外开放水平的稳步提升。

第6章 产业政策与企业对外直接投资：企业能力提升的视角

6.1 引　　言

"十四五"规划明确提出，建设更高水平开放型经济新体制，全面提高对外开放水平，健全促进和保障境外投资的法律、政策和服务体系，实现高水平"走出去"。这预示着完善对外直接投资领域政策和提升对外直接投资质量已成为新时代发展的主题，有效实现二者的"双赢"对驱动开放型经济的高水平发展意义重大。近年来，中国对外直接投资流量稳居全球前三位，2023年为1772.9亿美元，较上年增长8.7%，预计中国的对外直接投资规模仍将保持增长。① 中国企业的对外直接投资从不同动机出发，其中一个重要动机是获取先进技术、管理资源等战略资产，并利用这些资产提高母公司的能力（Chen et al.，2012；Kong et al.，2019；Li et al.，2017）。因此，有理由认为对外直接投资会对母公司的能力提升产生重大影响（Cozza et al.，2015）。党的二十大报告指出，高质量发展是全面建设社会主义现代化国家的首要任务，对此，要着力提高全要素生产率。在此背景下，深入研究对外直接投资和生产率的内在关系，对我国利用好国际国内两种资源两个市场，实现高水平对外开放和高质量发展具有重要的理论价值和现实意义。

---

① 数据来源：根据商务部公布的数据整理。

本章在此背景下从企业能力提升的视角探讨产业政策与企业对外直接投资的关系。研究对外直接投资对企业能力相关变量影响的文献很多，这些研究从产业层面（杨连星和罗玉辉，2017；茹玉骢，2004；Chen et al.，2019）、地区层面（李梅和柳士昌，2012；叶建平等，2014；Bajo-Rubio and Díaz-Mora，2015）以及企业层面（蒋冠宏和蒋殿春，2013；Borin and Mancini，2016；Branstetter，2006；Chen and Tang，2014）探讨了对外直接投资的逆向溢出效应，主要聚焦在跨国公司的直接技术转移（Driffield and Love，2003；Vahter and Masso，2006）、母公司吸收能力的调节作用（Branstetter，2006；Herzer，2011）。而作为中国企业对外直接投资的重要驱动因素，产业政策对于对外直接投资和企业能力之间关系的影响却没有被重视。产业政策集中有限的资源并基于比较优势进行合理配置，以促进企业能力的提升，据此，本章从企业能力提升的视角，研究产业政策与中国企业的对外直接投资，分析产业政策对对外直接投资带来的生产率效应的作用，可以回答产业政策是否提升了对外直接投资的逆向溢出水平这一重要问题。这不仅有助于客观评估产业政策的效果，还为接下来如何打造有国际竞争力的中国跨国公司、实现对外直接投资的高质量发展提供有益的启示。

本章基于 2004～2013 年中国工业企业数据库和商务部境外投资企业名录，以样本期间首次对外直接投资的企业为处理组，未进行对外直接投资的企业为对照组，采用倾向得分匹配法和双重差分法考察产业政策如何影响企业对外直接投资的生产率效应。结果显示，与未进行对外直接投资的企业相比，处理组企业的生产率在产业政策的支持下得到了更大提升。进一步地，本章分析了产业政策的支持对提升对外直接投资带来的企业生产率增长的差异性影响。结果表明，对于不同目的地的对外直接投资，产业政策均强化了对外直接投资对于生产率的积极影响，来自国内非战略型行业的对外直接投资，其生产率效应受产业政策的影响更大。

本章的边际贡献有以下几个方面。

第一，丰富了企业对外直接投资与生产率之间关系的研究。现有文献在考察企业对外直接投资是否提升了企业生产率这一问题时，多关注技术直接转移、研发资源溢出的作用，以及母公司的吸收能力等特征、东道国特征、投资类型的差异对生产率效应的影响，忽视了政府在决定中国对外直接投资方向中发挥的重要作用（Buckley et al.，2007；Luo and Zhang，2016；UNCTAD，2008）。本章将政府制定的产业政策引入企业对外直接投资和生产率关系的研究框架，提出产业政策推动下生产率效应的提升存在制度优势。

第二，从企业能力提升的视角考察对外投资领域的产业政策是否以及如何影响对外直接投资的企业，并结合以往研究，考察了企业所在行业是否属于战略型行业、投资目的地特征对于生产率效应的影响。这不仅扩充了对外直接投资产业政策的研究范围，而且为企业国际竞争力的提升方案和产业政策的优化路径提供了经验启示。

第三，本章的研究结论表明，中国企业生产率的提升一定程度上仍依赖于对外直接投资带来的逆向技术溢出效应，这体现了中国企业生产率提升能力和机制的薄弱性。而产业政策的支持力度越大，对外直接投资对于企业生产率的促进作用越强，说明以往产业政策的着力点在于充分利用对外直接投资的逆向技术溢出，这确实为企业的生产率提升起到了积极作用，但同时也启发我们对于产业政策制定的新的思考，即对外直接投资产业政策如何通过培养企业自身创新能力来提升其生产率，为政府后续鼓励原始创新提供一定的政策启示。

本章其余部分结构安排如下：6.2 节回顾相关文献，并提出研究假说；6.3 节构建计量模型并对数据进行说明；6.4 节分析实证结果；6.5 节是本章的结论。

6.2　研究假说

企业能力取决于企业分配和利用其优势资源以实现既定目标的整体效率（Dutta et al.，2005；Wang et al.，2012a；Kafouros and Aliyev，2016），

因此，可以将企业能力定义为企业将投入或资源转化为期望产出的能力，即生产率。企业生产率反映了将各种要素资源转化为经济产品的能力，包含知识技术、研发能力、管理能力等与生产相关的无形资产，表示为使用相同的投入能够生产的产出量（李平和徐登峰，2010；周茂等，2015）。能够改变企业生产相关资源的因素将会作用于生产率。因此，如果企业对外直接投资能够影响知识技术、研发能力、管理能力，那么自然就会影响企业的生产率。

对外直接投资是企业获得研发资本、获取东道国先进技术、实现自身技术升级的关键途径（毛其淋和许家云，2016；Potterie and Lichtenberg，2011；Pradhan and Singh，2008）。因此，对外直接投资一直是企业提高生产率的重要渠道，即使是对于竞争优势不强、专业知识不丰裕的企业（Herzer，2011；Vahter and Masso，2008）。首先，中国企业的对外直接投资有强烈的战略资产寻求型、市场寻求型的动因（吴先明和黄春桃，2016；Child and Rodrigues，2005；Lu et al.，2011）。企业通过对外直接投资进入东道国市场后，吸收当地企业拥有的管理经验、经营能力等无形资产，整合、模仿、跟随东道国先进的知识能力、技术存量等研发资源，并通过企业的组织逆向转移其掌握的研发资源，这些全新的生产要素可以提高企业的生产效率。其次，跨国公司设立的海外子公司和分支机构还将根据当地的资源和需求开展研发活动，以更好地利用东道国的要素禀赋、适应当地消费者的消费习惯和偏好，丰富企业的研发成果以增强其竞争优势，并跨越地理边界逆向溢出在这一过程中获得的价值，以更新企业自身生产技术，促进技术的升级和生产能力的提高（Chen and Tang，2014）。最后，对外直接投资不仅能够通过逆向溢出研发资源、先进技术促进企业生产率的提升，还可以通过联合开展人才培养工作，建立企业内部的高层次人才的培养机制，推动研发人员、管理人员的跨国流动，促进技术信息的交流和沟通。

基于以上分析，通过逆向技术溢出、研发成果反馈，对外直接投资可以将在国外获取的生产相关的无形资产传递给母公司，进而引致企业生产率的提升。因此，本章提出假说6-1。

假说 6 - 1：在其他条件不变的情况下，企业的对外直接投资对其生产率具有正向影响。

虽然对外直接投资能够带来资源的逆向溢出，但企业利用正外部性的能力是对外直接投资发挥效应的重要保障（Li et al.，2017）。在政府的支持下，企业倾向于开发和利用外部市场的宝贵资源（Elango and Pattnaik，2007；Lu et al.，2010），因而获取提升生产专业化的机会（Pradhan and Singh，2008；Borin and Mancini，2016），实现规模经济（Herzer，2011）；如果不进行对外直接投资，企业将无法实现这些目标。作为一种无形的制度优势，政府的支持有助于企业克服对外直接投资的固定成本，从而促进生产率提升。李霖洁等（Li et al.，2017）则强调国家所有权对于对外直接投资的生产率效应的调节作用，企业通过所有权与政府建立联系，以解决资金、外汇等关键资源的来源问题。然而，考虑到投资便利化程度不断提升，不仅是国有企业，非国有企业也可以得到政府的支持（Lu et al.，2011）。黄友星和张燕（Huang and Zhang，2017）对中国企业的研究认为，删除了出口和所有权等因素的影响之后，余下的补贴金额将被用于对外直接投资，其研究发现政府的资金支持并没有增强对外直接投资的生产率效应。这一研究依赖于政府补贴中包含针对对外直接投资的补贴的假设。然而，政府补贴的重点可能是企业国内的生产经营活动，且政府对重点领域对外直接投资项目的支持可能包括低息贷款、专项资金、税收优惠等多个方面，因而这一假设将受到极大挑战。基于此，本章重点关注对外直接投资产业政策的作用，提出产业政策影响对外直接投资生产率效应的机制。

由于对外直接投资能够显著促进企业生产率的增长，母国政府往往采取措施激励国内企业进行对外直接投资。具体来看，政府根据企业所在行业、对外直接投资的类型和方向，为对外直接投资提供指导和实质性支持。中国对外直接投资的起步阶段，涉及加工贸易的制造业生产经营活动得到了政府的关注和支持。因此，对外直接投资产业政策的支持重点是机械电子、服装加工等行业。2004 年后，中国对外直接投资进入快速发展阶段，政策的重点转向支持战略资产寻求型的对外直接投资，包括能够获取国内所需资源、先进技术和管理经验的投资，带动国内具有比较优势的产品、设备和技术等出口和劳务输出的投资。2006 年，商务部、国家发展改革委等部门联合发布了《境外投资产业指导政策》，对于属于文件列出的鼓励类行业的对外直接投资，给予财政、税收、外汇、海关、信贷、保险等支持。此外，2004 年、2005 年和 2007 年，针对不同东道国和不同行业的《对外投资国别产业导向目录》依次发布；2011 年，《对外投资国别产业指引（2011 版）》发布，进一步整合了对外直接投资的东道国和行业的具体情况。

政府制定的产业政策能够抵消企业在对外直接投资方面的竞争劣势（Luo et al.，2010；Sauvant and Chen，2014），通过出台一系列政策工具，鼓励更多企业开展对外直接投资，以扩大其市场规模和国际影响力（Deng et al.，2018）。资源有限、缺乏竞争力的企业往往急于提高生产效率，因此，在产业政策的支持下，原本不具备竞争优势的企业有更强的动力获得国外的战略资产，模仿东道国的差异化产品，学习先进生产技术，更新自身生产流程，提高企业管理水平，对外直接投资的能力也会受到外部政策的影响而有所提升。而产业政策给予的较低成本的贷款、信贷和保险等使得企业有更多的资金用于国内生产水平的提升，这种优惠待遇能够刺激逆向溢出效应，引致更好的经济绩效，对外直接投资的生产率效应因而增大。因此，本章提出假说 6 - 2。

假说 6 - 2：产业政策支持力度的增大会加强对外直接投资的生产率效应。

6.3 实 证 检 验

6.3.1 模型设定

由于企业的对外直接投资存在"自选择"问题，即生产率较高的企业才能越过门槛成功实现对外直接投资。如果直接比较对外直接投资企业和非对外直接投资企业在投资前后的生产率差异，其结论可能存在偏差。为了有效考察对外直接投资给企业带来的生产率效应，采用倾向得分匹配法（propensity score matching）为对外直接投资企业匹配对照组，以纠正选择性偏差。首先，将样本分成两组，进行了对外直接投资的企业为处理组，从未进行过对外直接投资的企业为对照组。为此，构造二元变量 $OFDI_i$ 和 $Time_t$，当企业 i 进行了对外直接投资时，$OFDI_i$ 取值为 1，否则为 0；$Time_t$ 取值为 1 时表示企业对外直接投资之后的时期，取值为 0 则表示企业对外直接投资之前的时期，将企业对外直接投资的当年也认定为投资前的时期，对应 $Time_t$ 为 0。将企业 i 在 t 期的生产率水平表示为 TFP_{it}。将对外直接投资企业在对外直接投资前后两个时期的生产率变化量表示为 ΔTFP_{it}^1，非对外直接投资企业在两个时期前后的生产率变化量表示为 ΔTFP_{it}^0，则企业 i 在进行对外直接投资和假设没有进行对外直接投资两种状态下的生产率差异可以表示为：

$$\delta = E(\delta_i \mid OFDI = 1) = E(\Delta TFP_{it}^1 \mid OFDI = 1) - E(\Delta TFP_{it}^0 \mid OFDI = 1)$$

$$(6-1)$$

其中，$E(\Delta TFP_{it}^0 \mid OFDI = 1)$ 是不可观测的。为了实现对式（6-1）的估计，采用最近邻倾向得分匹配方法为对外直接投资企业（处理组）寻找特征最相近的非对外直接投资企业（对照组），从而消除二者在对外直接投资之前的固有差异，具体来说，根据企业在对外直接投资前一年的特征变量（X_{it-1}），采用逻辑回归模型回归，估计倾向得分：

$$P(OFDI = 1 \mid X_{it-1}) = \frac{\exp(X_{it-1}\beta)}{1 + \exp(X_{it-1}\beta)} \qquad (6-2)$$

根据已有研究，特征变量 X_{it-1} 包括企业规模（Size）、企业年龄（Age）、资本密集度（Capintensity）、债务利息率（Debtinterest）、是否出口（Export）、是否为国有企业（State）、是否为外资企业（Foreign），以及企业的生产率水平（TFP）。其中，企业规模采用企业销售额的对数衡量，企业年龄为当年年份和开业年份的差值，资本密集度用固定资产与从业人数的比值衡量，债务利息率用利息支出和负债的比值衡量，企业是否出口根据企业的出口销售额是否大于 0 确定（如果是则取值为 1，否则为 0），根据企业的登记注册类型确定企业是否为国有企业（如果是则取值为 1，否则为 0），同样根据企业的登记注册类型确定企业是否为外资企业（如果是则取值为 1，否则为 0）。企业的全要素生产率则根据阿克伯格等（Ackerberg et al.，2015）（ACF）的方法，分行业计算。在基本回归中，本章还采用莱文森和佩特林（Levinsohn and Petrin，2003）（LP）方法衡量的生产率作为被解释变量。根据倾向得分，按照 1∶3 的比例，即 1 个处理组的企业配对 3 个对照组的企业，并分年分行业进行匹配。

下一步，参考王桂军和张辉（2020）的做法，对处理组和对照组的样本采用双重差分法（Difference – in – Difference，DID）进行分析：

$$TFP_{it} = \alpha_0 + \alpha_1 OFDI_i + \alpha_2 Time_t + \alpha_3 OFDI_i \times Time_t + \beta X_{it} + \lambda_j + \lambda_q + \lambda_t + \varepsilon_{it}$$

$$(6-3)$$

其中，$OFDI_i$ 表示处理分组，$Time_t$ 表示时间分组，X_{it} 表示控制变量组，包括除去生产率的匹配特征变量，λ_j 表示行业固定效应，λ_q 表示地区固定效应，λ_t 表示时间固定效应，ε_{it} 为随机扰动项。根据双重差分的原理，交互项 $OFDI_i \times Time_t$ 的估计系数 α_3 代表了剔除其他干扰因素后，对外直接投资对处理组企业生产率的因果效应。

然而，如前所述，企业的类型不同、对外直接投资的方向不同，其受到产业政策支持的力度存在差异，如果企业的对外直接投资受到较多的产业政策支持，则企业的逆向技术溢出效应较大，更有可能提升生产率水平。根据第 3 章对产业政策的梳理，方向指导政策列出鼓励的具体行业和对外直接投资领域，对符合标准的企业从事的鼓励类对外直接投资项目，提供资金、税收、外汇、保险、海关、信息等全方位的支持，即不仅在企业的对外直接投资前期，给予其指导和鼓励，在企业对外直接投资之后也有着重要的支持作用。而有的企业受到的政策支持有限，那么对外直接投资对企业生产率的影响可能局限于本身的逆向技术溢出。因此，方向指导政策支持力度越大，企业的生产率在对外直接投资的作用下得到提升的激励越强。本章结合方向指导政策，采用数量的方法衡量政策支持力度变量

（*Policies*），构建三重差分模型（刘啟仁等，2019；Bentivogli and Mirenda，2017）以进一步识别对外投资产业政策的影响：

$$TFP_{it} = \alpha_0 + \alpha_1 OFDI_i + \alpha_2 Time_t + \alpha_3 OFDI_i \times Time_t + \alpha_4 OFDI_i \times Time_t$$
$$\times Policies_{it} + \alpha_5 OFDI_i \times Policies_{it} + \alpha_5 Time_t \times Policies_{it} + \beta X_{it}$$
$$+ \lambda_j + \lambda_q + \lambda_t + \varepsilon_{it} \tag{6-4}$$

其中，$OFDI_i \times Time_t \times Policies_{it}$ 的系数 α_4 反映了由于产业政策支持带来的额外的对外直接投资的生产率效应，加入三个变量的两两交互项，其他变量同式（6-3）。

6.3.2　数据说明及描述性统计

6.3.2.1　数据说明

本章的研究涉及 2004～2013 年商务部境外投资企业名录数据、中国工业企业数据库、对外投资产业政策数据，三组数据在前文已做说明和介绍，采用相同的方法进行清理和匹配。处理组的选择标准是在 2004～2013 年首次对外直接投资的企业，对照组的选择标准是企业在样本期没有对外直接投资行为，且 2004 年之前没有进行过对外直接投资。例如，如果一家企业在 2003 年进行了第一次对外直接投资，则将其剔除。得到 2004～2013 年首次对外直接投资的企业 2274 家，作为处理组；匹配后得到 6960 家非对外直接投资企业，作为对照组。

6.3.2.2　描述性统计

表 6-1 汇报了处理组和对照组企业匹配特征变量的平衡性检验结果。可以看出，匹配之前，处理组企业的生产率水平远高于对照组企业的生产率水平，匹配之后，二者的生产率水平不再具有显著差异。两组企业的其他匹配变量匹配后的标准偏差绝对值均不到 5%，因此没有显著差异。总体而言，倾向得分匹配的结果满足了平衡性假设，本章对于匹配变量的选

取是恰当的。此外，图 6-1 进一步考察了处理组和对照组企业的生产率分布的核密度函数。可以看出，匹配之前，样本中对外直接投资企业的倾向得分分布明显比非对外直接投资企业的倾向得分分布靠右；而匹配之后，处理组企业和对照组企业的倾向得分分布基本相似，再次说明匹配效果比较理想。

表 6-1   平衡性检验

变量		样本均值		标准偏差	标准偏差减少幅度	T 统计量	T 检验相伴概率
		处理组	对照组				
Size	匹配前	12.147	10.499	107.4	8.7	61.60	0.000
	匹配后	12.147	12.126	1.4		0.43	0.667
Age	匹配前	10.279	8.733	15.9	5.0	8.34	0.000
	匹配后	10.270	10.511	-2.4		-0.79	0.428
Capintensity	匹配前	3002	183.59	3.2	1.2	20.16	0.000
	匹配后	3002	782.08	2.6		0.90	0.370
Debtinterest	匹配前	0.6127	0.5737	12.3	2.5	5.85	0.000
	匹配后	0.6127	0.6059	2.2		0.76	0.446
Export	匹配前	0.6472	0.2356	91.1	9.4	48.22	0.000
	匹配后	0.6472	0.6496	-0.5		-0.18	0.858
State	匹配前	0.0218	0.0378	-9.5	8.3	-4.21	0.000
	匹配后	0.0218	0.0183	2.1		0.88	0.380
Foreign	匹配前	0.3787	0.2632	24.9	4.9	13.04	0.000
	匹配后	0.3787	0.3962	-3.8		-1.26	0.206
TFP	匹配前	4.4498	3.7582	54.9	2.2	25.84	0.000
	匹配后	4.4498	4.5034	-4.3		-1.62	0.106

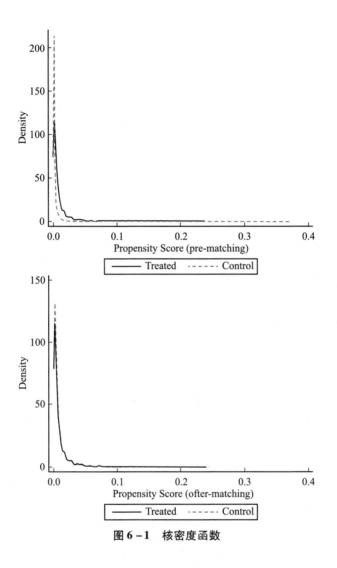

图 6 - 1　核密度函数

6.4　估计结果与分析

6.4.1　基本回归结果与分析

表 6 - 2 汇报了模型（6 - 2）和模型（6 - 3）的回归结果，其中，第

（1）~（3）列的被解释变量是根据 ACF 方法计算的生产率，可以看出，核心解释变量双重差分项在各个回归中的系数均显著为正，说明回归结果具有较好的稳健性。第（1）列只控制了行业、地区和时间固定效应，双重差分项的系数在 1% 的显著性水平上为正，第（2）列进一步加入可能影响生产率的控制变量，双重差分项的系数仍然显著为正，表明对外直接投资能够提高企业的生产率，假说 6－1 得到验证。第（3）列在第（2）列的基础上加入了政策支持变量，考察政策支持对企业对外直接投资的生产率效应的影响，不难发现，双重差分项的系数显著为正，且 $OFDI$、$Time$、$Policies$ 三者的交互项系数符号在 5% 的显著性水平上为正，表明政策支持力度增大有助于增强对外直接投资给企业生产率带来的正向促进作用，假说 6－2 得到验证。进一步地，根据 LP 方法计算生产率，将其作为被解释变量，回归结果报告在表 6－2 的后 3 列。可以看出，双重差分项的系数仍然显著为正，$OFDI$、$Time$、$Policies$ 三者的交互项系数也显著为正，进一步支持了假说 6－1 和假说 6－2。

表 6－2　　　　　　　　　　　　基本回归结果

变量	ACF 方法			LP 方法		
	（1）	（2）	（3）	（4）	（5）	（6）
$OFDI$	0.0337 ** (0.0152)	－ 0.0289 ** (0.0125)	－ 0.0304 ** (0.0124)	0.1096 *** (0.0231)	－ 0.0015 (0.0092)	－ 0.0022 (0.0091)
$Time$	－ 0.1388 *** (0.0160)	－ 0.0983 *** (0.0135)	－ 0.0894 *** (0.0119)	－ 0.0980 *** (0.0209)	－ 0.0546 *** (0.0109)	－ 0.0494 *** (0.0102)
$OFDI \times Time$	0.0793 *** (0.0251)	0.0350 ** (0.0140)	0.0324 *** (0.0117)	0.1171 *** (0.0334)	0.0248 * (0.0136)	0.0232 ** (0.0113)
$OFDI \times Time \times Policies$			0.0454 ** (0.0175)			0.0275 * (0.0155)
$OFDI \times Policies$			－ 0.0035 (0.0212)			0.0051 (0.0214)

续表

变量	ACF 方法			LP 方法		
	（1）	（2）	（3）	（4）	（5）	（6）
Time × Policies			− 0. 0443 ** (0. 0204)			− 0. 0220 (0. 0183)
Policies			0. 0140 (0. 0207)			0. 0018 (0. 0207)
Size		0. 3580 *** (0. 0176)	0. 3579 *** (0. 0176)		0. 5816 *** (0. 0104)	0. 5816 *** (0. 0104)
Age		− 0. 0099 *** (0. 0012)	− 0. 0099 *** (0. 0012)		− 0. 0054 *** (0. 0009)	− 0. 0054 *** (0. 0009)
Capintensity		0. 0744 (0. 4187)	0. 0748 (0. 4191)		− 0. 2376 ** (0. 1014)	− 0. 2372 ** (0. 1016)
Debtinterest		− 0. 1260 *** (0. 0239)	− 0. 1261 *** (0. 0240)		− 0. 0836 *** (0. 0175)	− 0. 0837 *** (0. 0175)
Export		− 0. 1456 *** (0. 0248)	− 0. 1457 *** (0. 0247)		− 0. 0361 ** (0. 0175)	− 0. 0361 ** (0. 0175)
State		− 0. 4843 *** (0. 0669)	− 0. 4835 *** (0. 0667)		− 0. 3181 *** (0. 0494)	− 0. 3185 *** (0. 0512)
Foreign		− 0. 0850 *** (0. 0218)	− 0. 0849 *** (0. 0225)		− 0. 0546 *** (0. 0175)	− 0. 0549 *** (0. 0186)
常数项	4. 0195 *** (0. 0582)	0. 1220 (0. 1920)	0. 1299 (0. 1931)	6. 2139 *** (0. 0647)	− 0. 3310 ** (0. 1404)	− 0. 3277 ** (0. 1398)
行业固定效应	是	是	是	是	是	是
地区固定效应	是	是	是	是	是	是
时间固定效应	是	是	是	是	是	是
观测值	63601	63601	63601	63601	63601	63601
R^2	0. 1731	0. 4624	0. 4625	0. 1720	0. 7419	0. 7419
Adjusted R^2	0. 1725	0. 4620	0. 4621	0. 1715	0. 7417	0. 7417

注：括号内为稳健标准误；*** 、** 、* 分别表示 1% 、5% 、10% 的显著性水平。

6.4.2 产业政策、投资目的地和对外直接投资的生产率效应

现有研究强调了投资目的地的特征会影响对外直接投资企业能够在多大程度上获得东道国的资源以进一步提高其生产能力（Buckley et al.，2008；Li et al.，2017）。那么自然的问题是，投资目的地的差异是否会影响对外直接投资给企业带来的生产率效应？产业政策在其中起到怎样的作用？为了回答这两个问题，深入地揭示产业政策、投资目的地和对外直接投资给企业带来的生产率效应之间的关系，根据对外直接投资的目的地将企业的对外直接投资划分成不同的类型，比较不同类型的对外直接投资带来的生产率效应的差异以及产业政策对不同类型对外直接投资和生产率之间关系的影响。

为此，根据世界银行的世界发展指标（World Development Indicators）数据库，将研发支出与国内生产总值之比不小于 2.2 的国家划分为研发资源密集型国家，当企业对外直接投资到此类国家时，变量 $Type1$ 取值为 1，否则为 0。当企业投资到研发支出与国内生产总值之比小于 2.2 的研发资源稀缺型国家时，变量 $Type2$ 取值为 1，否则为 0。根据世界银行《全球商业环境报告（Doing Business）》，将贷款可得性指标（Score - Getting Gredit）不低于 50 的国家划分为信贷放松型国家，当企业对外直接投资到此类国家时，变量 $Type3$ 取值为 1，否则为 0。当企业投资到贷款可得性指标低于 50 的信贷约束型国家时，变量 $Type4$ 取值为 1，否则为 0。

表 6 - 3 报告了不同类型对外直接投资对企业生产率的影响差异。其中，第（1）列是根据东道国的研发资源进行分类的估计结果，可以看出，只有在研发资源密集型国家投资的企业，对外直接投资才带来显著的生产率增长。第（2）列加入政策支持力度变量，结果显示，$OFDI \times Time \times Policies \times Type1$ 的估计系数以及 $OFDI \times Time \times Policies \times Type2$ 的估计系数均显著为正，表明无论企业是在研发资源密集型国家还是在研发资源稀缺型国家投资，政策都进一步提升了对外直接投资的生产率效应。对此可能的解释是，在逆向技术溢出的过程中，母国与东道国之间的技术差距至关

重要。研发资源密集型国家拥有丰裕的先进技术，可以为企业提供更快的技术扩散、直接的资源转移等实质性的利益（Vahter and Masso，2006）。通过获取研发资本，尤其是研发资源密集型国家的研发资本，企业的对外直接投资可以实现正向扩散效应（Potterie and Lichtenberg，2011）。而企业在研发资源稀缺型国家的对外直接投资则可以基于比较优势通过升级现有技术获取生产率提升效应，例如根据东道国当地客户的习惯和资源开展适应性研发活动，并在这一过程中，吸收东道国的研发成果，获得相关的知识资源和市场信息，从而提高企业升级国内已有技术的动力。因此，无论对外直接投资目的地的研发资源密集程度如何，对外直接投资都可能带来生产率增长，从这一角度出发，产业政策会提升不同类型对外直接投资的生产率效应具有合理性。

表 6 - 3　　　　　不同类型对外直接投资对企业生产率的影响

变量	按投资目的地划分			按战略型行业划分		
	（1）	（2）	（3）	（4）	（5）	（6）
OFDI	- 0. 0288 ** (0. 0125)	- 0. 0304 ** (0. 0124)	- 0. 0288 ** (0. 0125)	- 0. 0303 ** (0. 0124)	- 0. 0288 ** (0. 0125)	- 0. 0303 ** (0. 0124)
Time	- 0. 0983 *** (0. 0135)	- 0. 0894 *** (0. 0119)	- 0. 0982 *** (0. 0135)	- 0. 0893 *** (0. 0119)	- 0. 0981 *** (0. 0135)	- 0. 0892 *** (0. 0119)
*OFDI × Time × Type*1	0. 0435 ** (0. 0207)	0. 0407 ** (0. 0191)				
*OFDI × Time × Type*2	0. 0268 (0. 0181)	0. 0241 (0. 0164)				
*OFDI × Time × Type*3			0. 0424 ** (0. 0174)	0. 0400 ** (0. 0157)		
*OFDI × Time × Type*4			0. 0126 (0. 0239)	0. 0093 (0. 0229)		
*OFDI × Time × Type*5					0. 0958 *** (0. 0324)	0. 0912 *** (0. 0288)

续表

变量	按投资目的地划分			按战略型行业划分		
	（1）	（2）	（3）	（4）	（5）	（6）
$OFDI \times Time \times Type6$					-0.0006 (0.0182)	-0.0010 (0.0187)
$OFDI \times Time \times Policies \times Type1$			0.0464** (0.0181)			
$OFDI \times Time \times Policies \times Type2$		0.0444** (0.0209)				
$OFDI \times Time \times Policies \times Type3$				0.0466*** (0.0170)		
$OFDI \times Time \times Policies \times Type4$				0.0427* (0.0230)		
$OFDI \times Time \times Policies \times Type5$						0.0233 (0.0230)
$OFDI \times Time \times Policies \times Type6$						0.0611*** (0.0171)
$OFDI \times Policies$		-0.0035 (0.0212)		-0.0034 (0.0212)		-0.0034 (0.0215)
$Time \times Policies$		-0.0443** (0.0203)		-0.0443** (0.0203)		-0.0446** (0.0204)
$Policies$		0.0140 (0.0207)		0.0140 (0.0207)		0.0140 (0.0211)
$Size$	0.3580*** (0.0176)	0.3579*** (0.0176)	0.3579*** (0.0176)	0.3579*** (0.0176)	0.3577*** (0.0177)	0.3576*** (0.0176)
Age	-0.0099*** (0.0012)	-0.0099*** (0.0012)	-0.0099*** (0.0012)	-0.0099*** (0.0012)	-0.0099*** (0.0012)	-0.0099*** (0.0012)
$Capintensity$	0.0741 (0.4184)	0.0745 (0.4189)	0.0751 (0.4195)	0.0754 (0.4200)	0.0733 (0.4175)	0.0732 (0.4172)
$Debtinterest$	-0.1260*** (0.0239)	-0.1261*** (0.0239)	-0.1258*** (0.0240)	-0.1259*** (0.0240)	-0.1251*** (0.0241)	-0.1254*** (0.0241)

续表

变量	按投资目的地划分			按战略型行业划分		
	（1）	（2）	（3）	（4）	（5）	（6）
Export	− 0. 1457 *** （0. 0248）	− 0. 1458 *** （0. 0247）	− 0. 1457 *** （0. 0248）	− 0. 1458 *** （0. 0247）	− 0. 1454 *** （0. 0248）	− 0. 1455 *** （0. 0248）
State	− 0. 4841 *** （0. 0669）	− 0. 4834 *** （0. 0666）	− 0. 4844 *** （0. 0669）	− 0. 4836 *** （0. 0666）	− 0. 4837 *** （0. 0666）	− 0. 4832 *** （0. 0664）
Foreign	− 0. 0850 *** （0. 0218）	− 0. 0850 *** （0. 0225）	− 0. 0851 *** （0. 0218）	− 0. 0850 *** （0. 0225）	− 0. 0846 *** （0. 0215）	− 0. 0847 *** （0. 0222）
常数项	0. 1214 （0. 1918）	0. 1293 （0. 1929）	0. 1219 （0. 1920）	0. 1297 （0. 1931）	0. 1240 （0. 1925）	0. 1322 （0. 1935）
行业固定效应	是	是	是	是	是	是
地区固定效应	是	是	是	是	是	是
时间固定效应	是	是	是	是	是	是
观测值	63601	63601	63601	63601	63601	63601
R^2	0. 4624	0. 4625	0. 4624	0. 4626	0. 4626	0. 4628
Adjusted R^2	0. 4620	0. 4621	0. 4620	0. 4621	0. 4622	0. 4623

注：括号内为稳健标准误；*** 、** 、* 分别表示1%、5%、10%的显著性水平。

表 6 - 3 第（3）列和第（4）列考察了东道国的信贷放松程度不同时，对外直接投资的生产率效应存在怎样的差异。第（3）列的回归结果显示，前往信贷放松型国家的对外直接投资显著提高了企业的生产率，而在信贷约束型国家的对外直接投资对生产率的提升作用不显著。第（4）列进一步加入政策支持力度变量，结果显示，无论对外直接投资目的地的信贷放松程度如何，政策都会促进对外直接投资的生产率提升效应。对此可能的解释是，企业对外直接投资后需要调整日常经营活动以学习新知识，这一过程并不是无成本的（Alfaro et al. , 2004）。依赖于东道国的金融市场，企业利用外部融资来支持自身的资本需求（Kandilov et al. , 2016）。信贷约束程度低的国家能够提供完善的信贷审批和信息反馈机制，从而信贷融资的成本更低，对这类国家的对外直接投资可使企业有更多机

会获得更大的生产率效应；同时运行良好的金融机构会刺激和加速企业的技术创新活动，最大限度地发挥对外直接投资的逆向技术溢出效应，促进生产率的提高。而为了增强对外直接投资可能产生的生产率提升作用，产业政策会正向调节前往不同投资目的地的对外直接投资对于企业生产率的积极影响。

6.4.3　产业政策、战略型行业和对外直接投资的生产率效应

企业所在行业是否属于国内鼓励类的行业是影响中国企业要素资源获取能力及制度优势的重要因素。对外直接投资企业的国内生产依赖于本国市场，因此企业在挖掘对外直接投资的学习效应时，可能会受到本国市场发展不充分的阻碍。政府对战略型行业的干预，有助于弥补市场失灵，促进资源合理配置。与那些属于非战略型行业并进行对外直接投资的企业不同，战略型行业的企业不仅受到自身利润最大化的激励，还受到国内产业政策的支持，这一外部优势的激励可能会促进其吸收先进技术从而提升生产能力。所以，依照行业特征将对外直接投资划分为不同的类型。根据国家发展改革委 1998 年、2000 年、2005 年、2011 年、2013 年发布或修订的《产业结构调整指导目录》中列出的鼓励类行业，构建企业所处行业是否为战略型行业的二值变量。当企业所属行业为战略型行业，变量 $Type5$ 取值为 1，否则为 0；当企业所属行业不是战略型行业，变量 $Type6$ 取值为 1，否则为 0。回归结果报告见表 6 - 3 的第（5）、（6）列。

表 6 - 3 第（5）列没有加入政策支持力度变量，结果显示，$OFDI$、$Time$、$Type5$ 三者交互项的估计系数正向显著，而 $OFDI$、$Time$、$Type6$ 三者交互项的估计系数并不显著，表明企业的战略型行业特征确实有助于其吸收逆向技术溢出，提升企业的生产率。在此基础上，第（6）列进一步控制了政策支持的作用。可以看出，两个双重差分项的系数符号和显著性均没有发生明显改变，$OFDI$、$Time$、$Policies$ 和 $Type5$ 交互项的估计系数不显著，而 $OFDI$、$Time$、$Policies$ 和 $Type6$ 交互项的估计系数显著为正，表明对于非战略型行业的企业来说，政策支持力度增加时，对外直接投资对

企业生产率的提升作用将提高 6.1% 。对此可能的解释是，非战略型行业的企业，由于缺乏国内产业政策的支持，对于国外先进技术的吸收能力有限，而对外投资产业政策的支持有助于弥补这一不足。

6.4.4　产业政策和对外直接投资的滞后生产率效应

根据已有研究，企业对外直接投资之后需要一段时间来吸收通过对外直接投资获得的国外先进技术和管理经验（Herzer，2008；Chen et al.，2019），因此生产率的提升可能存在滞后效应。当企业学习先进技术、改进管理模式之后，企业对外直接投资带来的逆向技术溢出可能存在边际递减的效应（蒋冠宏等，2013）。那么产业政策支持会在时间上延长对外直接投资给企业带来的生产率增长吗？本章进行了滞后生产率效应的检验，分别滞后一期、滞后两期、滞后三期，回归结果见表 6 - 4。

表 6 - 4　　　　　　　对外直接投资的长期生产率效应

变量	滞后一期		滞后两期		滞后三期	
	（1）	（2）	（3）	（4）	（5）	（6）
$OFDI$	- 0.0286 **	- 0.0305 **	- 0.0280 **	- 0.0298 **	- 0.0209	- 0.0204
	（0.0128）	（0.0126）	（0.0134）	（0.0131）	（0.0137）	（0.0138）
$Time$	- 0.1196 ***	- 0.1131 ***	- 0.1262 ***	- 0.1249 ***	- 0.1280 ***	- 0.1270 ***
	（0.0158）	（0.0142）	（0.0172）	（0.0159）	（0.0186）	（0.0208）
$OFDI \times Time$	0.0439 **	0.0439 ***	0.0505 **	0.0547 **	0.0475 *	0.0530 *
	（0.0167）	（0.0147）	（0.0244）	（0.0223）	（0.0262）	（0.0268）
$OFDI \times Time \times Policies$		0.0179		- 0.0038		0.0019
		（0.0220）		（0.0263）		（0.0350）
$OFDI \times Policies$		0.0048		0.0058		- 0.0140
		（0.0210）		（0.0184）		（0.0192）
$Time \times Policies$		- 0.0220		0.0003		- 0.0034
		（0.0253）		（0.0286）		（0.0336）

续表

变量	滞后一期		滞后两期		滞后三期	
	（1）	（2）	（3）	（4）	（5）	（6）
Policies		0.0087 （0.0204）		0.0059 （0.0178）		0.0266 （0.0186）
Size	0.3575 *** （0.0176）	0.3574 *** （0.0176）	0.3587 *** （0.0177）	0.3587 *** （0.0177）	0.3616 *** （0.0177）	0.3616 *** （0.0177）
Age	− 0.0096 *** （0.0012）	− 0.0095 *** （0.0012）	− 0.0087 *** （0.0012）	− 0.0087 *** （0.0012）	− 0.0081 *** （0.0012）	− 0.0081 *** （0.0012）
Capintensity	0.0311 （0.3862）	0.0307 （0.3864）	0.1650 （0.6022）	0.1614 （0.6030）	4.6354 *** （1.3905）	4.6445 *** （1.3856）
Debtinterest	− 0.1364 *** （0.0257）	− 0.1363 *** （0.0258）	− 0.1601 *** （0.0200）	− 0.1597 *** （0.0199）	− 0.1645 *** （0.0209）	− 0.1633 *** （0.0209）
Export	− 0.1532 *** （0.0259）	− 0.1535 *** （0.0258）	− 0.1596 *** （0.0268）	− 0.1598 *** （0.0268）	− 0.1639 *** （0.0292）	− 0.1648 *** （0.0291）
State	− 0.4624 *** （0.0615）	− 0.4602 *** （0.0612）	− 0.4854 *** （0.0610）	− 0.4825 *** （0.0606）	− 0.4769 *** （0.0638）	− 0.4664 *** （0.0626）
Foreign	− 0.0748 *** （0.0200）	− 0.0742 *** （0.0206）	− 0.0749 *** （0.0186）	− 0.0740 *** （0.0188）	− 0.0780 *** （0.0187）	− 0.0751 *** （0.0189）
常数项	0.0778 （0.1927）	0.0835 （0.1934）	0.2938 （0.2070）	0.2975 （0.2066）	0.3459 （0.2148）	0.3529 （0.2135）
行业固定效应	是	是	是	是	是	是
地区固定效应	是	是	是	是	是	是
时间固定效应	是	是	是	是	是	是
观测值	58362	58362	49118	49118	39785	39785
R^2	0.4636	0.4637	0.4733	0.4734	0.4850	0.4852
Adjusted R^2	0.4631	0.4632	0.4728	0.4729	0.4844	0.4846

注：括号内为稳健标准误；***、**、*分别表示1%、5%、10%的显著性水平。

表6-4第（1）、（3）、（5）列是对于对外直接投资滞后一期、两期、三期的生产率效应的检验。可以看出，第（1）列中 *OFDI* 和 *Time* 的交互

项显著为正，说明企业对外直接投资滞后一期的生产率效应明显。根据第（3）列滞后两期的回归结果来看，与第（1）列的回归结果相比，企业对外直接投资滞后两期，双重差分项的回归系数增大。从第（5）列滞后三期的回归结果来看，企业对外直接投资滞后三期的生产率效应仍然显著且接近滞后一期的效应。因此，从长期来看，企业的生产率因其初始对外直接投资而提高，且存在先上升后下降的动态变化。第（2）、（4）、（6）列根据式（6-4）进一步考察产业政策支持的作用，具体来说，*OFDI*、*Time*、*Policies* 的交互项始终不显著，表明产业政策支持并没有加强对外直接投资和生产率之间的长期因果关系，可能的原因是相关政策对企业投资后期学习能力提升的影响不足。

6.4.5　稳健性检验

6.4.5.1　平行趋势检验

双重差分估计量的可靠性取决于平行趋势假设，即在对外直接投资发生前，处理组和对照组的生产率应表现出相同的趋势。为了证实这一点，将处理组企业在对外直接投资发生之前的生产率同对照组企业进行对比，从而考察处理组的企业在对外直接投资之前是否已经有了更高的生产率，具体根据式（6-5）进行分析。

$$TFP_{it} = \alpha_0 + \alpha_1 OFDI_i + \alpha_2 Time_t + \sum_{\tau=1}^{5} \lambda_\tau OFDI_i \times Time_t \times A\_\tau year$$

$$+ \sum_{\omega=0}^{5} \gamma_\omega OFDI_i \times Time_t \times D\_\omega year + \beta X_{it} + \lambda_j + \lambda_q + \lambda_t + \varepsilon_{it}$$

$$(6-5)$$

其中，$A\_\tau year$ 和 $D\_\omega year$ 均为二值变量，当观察期是对外直接投资发生前的第一年（第二年、第三年、第四年、第五年）时，即 τ 取值 1（2、3、4、5）时，$A\_\tau year$ 取值为 1，否则为 0；当观察期是对外直接投资发生的当年或发生后的第一年（第二年、第三年、第四年、第五年）

时，即 ω 取值 0 或 1（2、3、4、5）时，$D\_\omega year$ 取值为 1，否则为 0。具体结果如图 6 - 2 所示。可以看出，对外直接投资发生前，双重差分项的回归系数均不显著；而在对外直接投资之后，双重差分项的回归系数显著为正。因此，与对照组的企业相比，处理组企业在对外直接投资之前没有表现出更高的生产率，满足平行趋势假设（Luo et al.，2019）。

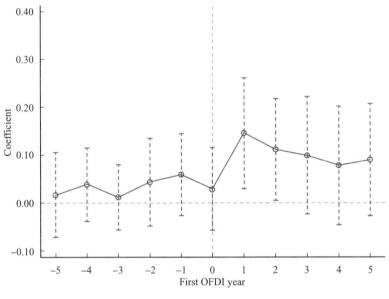

图 6 - 2　平行趋势检验结果

6.4.5.2　安慰剂检验

为进一步验证对外直接投资的生产率效应并未受到遗漏变量的影响，参考金刚和沈坤荣（2019）以及陆毅等（Lu et al.，2017）的做法，从回归样本中随机选取企业作为对外直接投资的企业，进行安慰剂检验。在每一次的回归中，假定随机抽取的企业进行了对外直接投资，其他企业没有进行对外直接投资，依次构造伪处理组和对照组，仍然以生产率为被解释变量，分别进行 500 次回归。图 6 - 3 汇报了基于随机样本得到的对外直接投资的生产率效应回归系数的分布情况，可以看出，回归系数主要分布在 0 附近。进一步根据表 6 – 5，可以发现，回归系数的平均值为 – 0.0004，标准差为 0.0141，而表 6 – 2 的第（3）列中，双重差分项的回归系数为 0.0324，大于安慰剂检验中 95% 以上的回归系数。这些结果表明，真实处理组企业生产率的提升确实是由对外直接投资带来的，不太可能受到遗漏变量的干扰。

通过上述稳健性检验，有理由相信本章的估计结果和结论的可靠性。

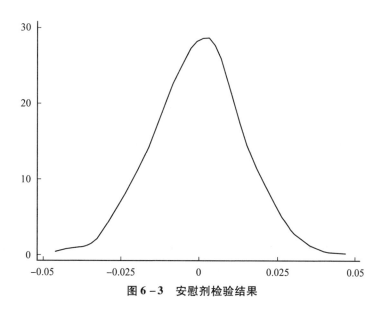

图 6 – 3 安慰剂检验结果

表 6 – 5 安慰剂检验结果

变量	均值	标准差	N	5%	25%	50%	75%	95%
系数	– 0.0004	0.0141	500	– 0.0243	– 0.0094	0.0001	0.0090	0.0224
t 统计量	– 0.0382	1.0893	500	– 1.8644	– 0.7622	0.0099	0.6775	1.765

6.5 本章小结

本章基于 2004 ~ 2013 年中国工业企业数据库和商务部境外投资企业

名录，利用倾向得分匹配法和双重差分模型实证检验了企业首次对外直接投资对企业生产率的影响，以及产业政策的支持如何作用于二者关系。研究发现，企业在首次对外直接投资后的生产率高于从未进行过对外直接投资企业的生产率，且产业政策的支持有助于促进对外直接投资给企业带来的生产率增长。差异性分析表明，在研发资源密集型国家和信贷放松型国家进行的对外直接投资，能够显著正向促进企业的生产率提升，产业政策的支持则进一步加强了这种生产率效应；同时，产业政策能在一定程度上促进前往非研发资源密集型国家和信贷约束型国家对外直接投资带来的生产率增长。国内战略型行业的企业能够通过对外直接投资获得比来自非战略型行业企业对外直接投资更大的生产率增长，而产业政策的支持有助于来自非战略型行业企业对于逆向技术溢出效应的吸收。此外，研究还表明，对外直接投资会给企业带来显著的滞后生产率效应，这一滞后作用会随着滞后时间的推移先增加后减少，但产业政策的支持并不会带来更大的滞后生产率效应。

本章的研究结论有助于进一步理解产业政策对企业对外直接投资的作用，对于对外直接投资的质量提升路径以及打造中国的跨国公司等问题具有显著的指导意义。企业通过对外直接投资，合理利用不同国家和地区的生产资源，实现全球生产和全球销售。随着经济实力的不断增强和对外开放进程的逐步深入，中国正在从全球价值链的嵌入国，不断向引领国的地位转变，与之相匹配，对外直接投资的方向和效果也应向这一目标迈进，借助对外直接投资突破"大而不强""低端锁定"的发展瓶颈，推动国内产业向高端模式转变。对此，政府通过制定具体的政策，对本国企业对外直接投资进行规划引导，从而快速实现国家发展的战略目标，提升对外直接投资的生产率效应，推动对外直接投资引领式发展。

第一，产业政策支持有助于提升对外直接投资给企业带来的生产率增长，因此，完善对外直接投资产业政策是政府助推对外直接投资逆向溢出效应扩大的重要一环。在健全对外直接投资政策促进体系的基础上，依托对外直接投资的积极作用，进一步扩大对外直接投资规模的同时提高质量，充分发挥产业政策支持对对外直接投资带来的生产率效应的促进作用。

第二，前述分析表明，对外直接投资的高质量发展离不开产业政策的支持，因此，加强产业政策的有效性具有重要的战略地位，政府要合理评估对外直接投资产业政策，做好引导者和开发者的角色，重点做好对外直接投资逆向溢出平台的搭建，并重视对企业需求状况的调研，可以联合高校和科研院所的研究力量，有针对性地提供政策支持，为对外直接投资的生产率效应提供机制支撑。

第三，滞后生产率效应的检验结果表明，虽然产业政策支持能够促进企业对外直接投资的生产率效应，但是没有产生持久的影响。因此，政府在制定和实施对外投资产业政策过程中应重视长期效果的反馈，建立提高对外直接投资逆向溢出作用的长效机制，既要及时给予对外直接投资以相应扶持，还要明确自身的角色和定位。

第四，在提高对外直接投资水平进程中，支持企业发挥主导作用，鼓励企业管理人员及时搜集和分析东道国的环境信息，引导其科学合理地决策。对外直接投资作为吸收先进知识、技术、人才和管理经验的重要渠道，政府和企业应倾力配合，政府做好经济目标和企业需求的协调工作，企业集中精力提高自身能力，避免对外部支持的过度依赖，共同培育和发展企业的独特竞争优势，稳步推进中国跨国公司的建设。

第7章 产业政策与企业对外直接投资：福利的视角

7.1 引 言

改革开放以来，对外直接投资逐步发展，中国成为外资的重要来源国。推动中国企业对外直接投资的原因很多，其中不容忽视的一个原因是对外直接投资的产业政策组合的动态演化。在产业政策的引导下，中国的对外直接投资规模渐进式增大，企业的国际化程度不断提升。通过不同时期、针对不同行业和地区的政策安排，对外直接投资政策体系逐步上升到制度性的安排。《中共中央关于坚持和完善中国特色社会主义制度推进国家治理体系和治理能力现代化若干重大问题的决定》中强调"建设更高水平开放型经济新体制""健全促进对外投资政策和服务体系"，推动经济高质量发展。该决定中已经开始着手推动以制度建设调动现代化经济体系建设。当前，开放型经济已发展到较高阶段，理顺政府支持企业对外直接投资的作用和效果，对于理解中国对外直接投资的独特性和规律性、优化对外直接投资政策体系具有重要的现实意义。

政府采取的宏观调控和投资促进政策形成国家特定优势，连同区位优势等显著扩大了对外直接投资的综合竞争优势（裴长洪和郑文，2011），企业对外直接投资的动力得到增强（张为付，2008）。便利化和金融政策（Buckley et al.，2007；宗芳宇等，2012），依据产业指引提供资本、税收等方面的支持（Lu et al.，2014）均有力地促进了企业的国际化。同时使用产业指引和国家所有权考察政府影响的研究发现政府的支持对于企业对外直接投资具有显著的解释力（Cui and Jiang，2012；Wang et al.，2012b；Hong et al.，2015）。以前的研究只关注便利化和金融等政策中的一部分，很少有文献考察对外投资政策组合的作用。

在最近的研究中，影响对外直接投资的政策范畴得到部分拓展。巴克利（Buckley，2018）通过案例分析发现，企业利用产业指引、对外投资便利化措施克服市场不完全性，可以提高对外直接投资的国际竞争力。此类政策环境因素会影响关键资源的可获得性和质量，以及国内市场的竞争格局，促进部分企业对外直接投资（Singh et al.，2018）。高尔等（Gaur et al.，2018）采用问卷调查，考察企业管理者对税收支持、外汇管理、信息服务等多维度对外投资政策的理解，发现政策支持的主观认同有助于促进企业的对外直接投资。现有文献（Wang et al.，2012b；Gaur et al.，2018）多通过企业特征对政策的调节作用考察政策影响对外直接投资的微观机制，缺乏对政策通过生产率渠道直接作用于对外直接投资的探讨。

关于产业政策作用机制的研究，大量文献从资源再分配（李力行和申广军，2015；Kalouptsidi，2017）和竞争促进（Aghion et al.，2015）等角度，探究产业政策对产品价格、生产行为、消费者剩余等的影响。伊茨霍基和莫尔（Itskhoki and Moll，2019）在拉姆塞（Ramsey）框架下，采用多部门增长模型考察存在金融摩擦时的动态最优政策选择，发现对于发展中国家来说，最优政策状态能够提升企业利润、促进财富积累。刘斯原（Liu，2019）在产品模型中引入不完全市场特征，发现针对下游行业实施的产业政策会通过后向关联加剧上游行业的扭曲，实证研究发现中国和韩国的产业政策均未实现最优。戴小勇和成力为（2019）从生产率和资源配置效率的角度探索产业政策的有效性，发现合理的产业政策应具有普惠性和竞争促进性。那么，从对外直接投资的角度，产业政策何时能够达到最优状态？

本章构建异质性企业模型，从福利的视角研究了产业政策对企业对外直接投资的影响，利用文本分析等方法量化政策支持水平，并基于企业层面的数据进行实证研究和福利模拟。与现有研究相比，本章的主要贡献是：第一，从研究视角上，将对外投资产业政策支持和企业生产率纳入统一分析框架，提出政策支持通过降低对外直接投资的临界生产率促进对外直接投资。第二，使用理论模型详细论证了产业政策对投资的动力传导和福利影响。第三，使用数量和文本分析的方法综合考察政策集合的动态变化及其作用。

本章余下部分安排为：7.2 节基于异质性企业模型进行理论推演，提出本章的假说；7.3 节是实证检验；7.4 节针对福利进行数值计算并考察最优政策支持力度；7.5 节是本章小结。

7.2 理 论 模 型

对外投资产业政策已成为影响企业对外直接投资的一个重要因素。本章借鉴赫尔普曼等（Helpman et al.，2004）和楚（Chor，2009）的主要思想，将对外投资产业政策支持纳入分析框架。在该框架下，随机抽取的生产率是企业的核心固定特征，决定了企业生产的可变成本。对外直接投资的固定成本包括市场探索成本、信息交流成本、在东道国当地建厂的成本等（Head and Ries，2003），决定了企业的对外直接投资是否会发生（Davies and Kristjánsdóttir，2010）。母国的审批、外汇、财政、金融等对外投资政策，能够降低企业对外直接投资的固定成本，对于边际生产成本的影响有限（Sauvant et al.，2014）。例如，《国别投资经营障碍报告制度》《对外投资国别产业指引》详细介绍东道国产业投资环境，制订解决投资环境障碍问题的方案，有助于降低企业探索当地市场、收集交流信息的成本。同时，符合国家对外投资政策导向的企业，可以通过费用补助、专项资金扶持等优惠政策降低在东道国建厂的固定成本。因此，假定政策支持力度越强，对外直接投资的固定成本越低。

7.2.1 需求

假定存在两个国家：本国（H）和外国（F），国家 i 的劳动力禀赋为 L_i，工资水平 w_i，每个国家有一个同质产品部门 z_i 和一个差异化产品部门 Ω_i，Ω_i 的产品市场为垄断竞争市场。代表性消费者效用及其预算约束式为：

$$U_i = z_i + \sum_{c=H,F} \frac{1}{\mu} \Big[\int_{\Omega_i^c} x_i^c(\omega)^\alpha \mathrm{d}\omega \Big]^{\mu/\alpha} \qquad (7-1)$$

$$\mathrm{s.\,t.} \quad z_i + \sum_{c=H,F} \int_{\Omega_i^c} p_i^c(\omega) x_i^c(\omega) \mathrm{d}\omega = w_i \qquad (7-2)$$

其中，$\omega \in \Omega_i^c$ 代表差异化产品，$x_i^c(\omega)$ 为 ω 的需求函数，相应的价格为 $p_i^c(\omega)$，σ 是差异化产品的替代弹性（$\sigma > 1$）①，μ 是不同国家产品之间的替代弹性，假设 $0 < \mu < \alpha < 1$，同质产品价格为标准化的 1。令 $X_i^c = \Big[\int_{\Omega_i} x_i^c(\omega)^\alpha \mathrm{d}\omega \Big]^{1/\alpha}$，最大化代表性消费者的效用可以将 $x_i^c(\varphi)$ 表示成：

$$x_i^c(\varphi) = p_i^c(\omega)^{\frac{1}{(\alpha-1)}} (X_i^c)^{\frac{\mu-\alpha}{1-\alpha}} \qquad (7-3)$$

式（7-3）代入 X_i^c 的表达式，可得：

$$X_i^c = \Big[\int_{\Omega_i^c} p_i^c(\omega)^{1-\sigma} \mathrm{d}\omega \Big]^{\frac{1}{\sigma-1} \frac{1}{1-\mu}} \qquad (7-4)$$

7.2.2 生产

每个企业使用劳动这一生产要素，生产一种差异化产品，在支付进入固定成本 f_E 后，从分布 $G(\varphi)$ 中随机抽取生产率 φ，然后决定继续生产还是退出市场，继续生产则需进一步支付生产固定成本 f_D。沿用赫尔普曼等（Helpman et al.，2004）的假定，在国际化进程中，企业有出口和对外直接投资两种选择。如果企业选择出口，需支付出口的固定成本 f_X 和运输

---

① $\sigma = 1/(1-\alpha)$。

每单位产品的冰山成本 τ。如果企业选择对外直接投资，需支付固定成本 f_I。假设 $f_I > \tau_{ij}^{\sigma-1} f_X > f_D$，企业可以自由选择国内销售、出口和对外直接投资。

前述文献综述已经证实了母国政府的支持对企业对外直接投资的促进作用，基于此，可以假定 H 国实施对外投资政策支持 $s(0 < s < 1)$，使企业对外直接投资的固定成本下降 $s(f_I - f_X)$。假定两国劳动力水平相同（$L_H = L_F$），工资水平均为1，生产率分布 $G(\varphi)$ 也相同。企业按照 $1/\alpha = \sigma/\sigma-1$ 的加成率给产品定价 $p_i(\varphi) = 1/\alpha\varphi$，则国内销售、出口和对外直接投资的利润函数分别为：

$$\pi_D(\varphi) = (1-\alpha)\alpha^{\sigma-1}\varphi^{\sigma-1}(X_H)^{\frac{\mu-\alpha}{1-\alpha}}L - f_D \qquad (7-5)$$

$$\pi_X(\varphi) = (1-\alpha)\alpha^{\sigma-1}\tau^{1-\sigma}\varphi^{\sigma-1}(X_F)^{\frac{\mu-\alpha}{1-\alpha}}L - f_X \qquad (7-6)$$

$$\pi_I(\varphi) = (1-\alpha)\alpha^{\sigma-1}\varphi^{\sigma-1}(X_F)^{\frac{\mu-\alpha}{1-\alpha}}L - f_I + s(f_I - f_X) \qquad (7-7)$$

预期利润为正是企业支付对应固定成本的唯一原因，当对外直接投资的利润超过出口的利润时，企业才会选择对外直接投资，据此国内销售、出口和对外直接投资的临界生产率分别为 φ_D、φ_X 和 φ_I：

$$\varphi_D^{\sigma-1} = \frac{f_D}{(1-\alpha)\alpha^{\sigma-1}B_H} \qquad (7-8)$$

$$\varphi_X^{\sigma-1} = \frac{f_X}{(1-\alpha)\alpha^{\sigma-1}\tau^{1-\sigma}B_F} \qquad (7-9)$$

$$\varphi_I^{\sigma-1} = \frac{(1-s)(f_I - f_X)}{(1-\alpha)\alpha^{\sigma-1}(1-\tau^{1-\sigma})B_F} \qquad (7-10)$$

其中，$B_i = (X_i)^{(\mu-\alpha)/(1-\alpha)}L_i (i = H, F)$ 是国家 i 的总体需求水平。如图7-1所示，政策支持 s 增加使对外直接投资利润增加，π_I 曲线上移，对外直接投资临界生产率随之降低，更多企业从出口转向以对外直接投资的方式服务外国市场，可以证明 $d\varphi_I/ds < 0$。[1] 同时，根据企业国际化的路径，假设政策支持 s 不足以使对外直接投资的临界生产率低于出口的临界生产率，即仍有 $\varphi_X^{\sigma-1} < \varphi_I^{\sigma-1}$。当 $\varphi_X = \varphi_I$ 时，政策支持力度最大，为 $s_M =$

---

① 相关证明见本书附录。

$(f_I - \tau^{\sigma-1} f_X)/(f_I - f_X)$，因此 s 取值范围是 $(0, s_M)$。

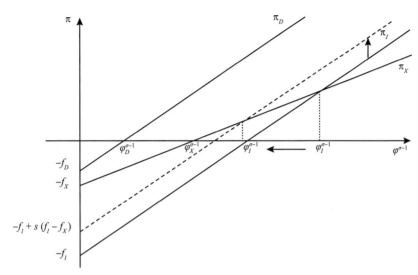

图 7 – 1　对外直接投资临界生产率随政策支持的增加而降低

假定分布函数为 $G(\varphi) = 1 - (\varphi_u/\varphi)^k$，相应的概率密度函数为 $g(\varphi) = k\varphi_u^k/\varphi^{k+1}$，其中 $\varphi_u > 0$ 是企业生产率最小值 $(\varphi > \varphi_u)$，k 是决定帕累托分布偏度的形状参数，假设 $k > \sigma - 1$[1]。总生产率水平由企业事后 (ex post) 生产率分布决定，因此，对外直接投资企业的平均生产率 $\tilde{\varphi}(\varphi_I)$ 是对外直接投资临界生产率 φ_I 的线性函数[2]：

$$\tilde{\varphi}(\varphi_I) = \left[\frac{1}{1 - G(\varphi_I)} \int_{\varphi_I}^{\infty} \varphi^{\sigma-1} g(\varphi) \, d\varphi \right]^{\frac{1}{\sigma-1}} = \left(\frac{k}{k+1-\sigma} \right)^{\frac{1}{\sigma-1}} \varphi_I$$

$$(7-11)$$

由式 (7–11) 可知 $d\tilde{\varphi}(\varphi_I)/ds = [k/(k+1-\sigma)]^{1/(\sigma-1)} d\varphi_I/ds < 0$。综上所述，得到本章假说 7 – 1。

---

① 赫尔普曼等（Helpman et al., 2004）根据欧洲制造业企业数据进行实证研究，发现 $k - \sigma + 1$ 的估计值始终大于 1。

② 进入市场的企业和出口企业的平均生产率水平可以进一步写为 $\tilde{\varphi}(\varphi_D) = (k/k+1-\sigma)^{1/(\sigma-1)} \varphi_D$，$\tilde{\varphi}(\varphi_X) = (k/k+1-\sigma)^{1/(\sigma-1)} [(\varphi_X^{-k-1+\sigma} - \varphi_I^{-k-1+\sigma})/(\varphi_X^{-k} - \varphi_I^{-k})]^{1/(\sigma-1)}$。

假说 7 - 1：产业政策支持会降低对外直接投资的临界生产率和平均生产率。

7.2.3 均衡

7.2.3.1 差异化产品部门的均衡消费量

均衡时有 N 个企业，对应 N 种差异化产品，结合生产率分布，X_i^c 可以改写为 $X_i^c = \left[N \int_\varphi^\infty p(\varphi)^{1-\sigma} \mathrm{d}G(\varphi) \right]^{1/(\sigma-1)(1-\mu)}$，根据式（7 - 8）~式（7 - 10），求出本国（H）和外国（F）消费的本国（H）差异化产品集合：

$$X_H = \left[NA_H(B_H)^{\frac{k+1-\sigma}{\sigma-1}} \right]^{\frac{1}{\sigma-1}\frac{1}{1-\mu}}, \quad X_F = \left[NA_F(B_F)^{\frac{k+1-\sigma}{\sigma-1}} \right]^{\frac{1}{\sigma-1}\frac{1}{1-\mu}}$$

$$(7-12)$$

其中 $A_H = \dfrac{k}{k+1-\sigma}(\alpha\varphi_u)^k \left(\dfrac{1-\alpha}{f_D}\right)^{\frac{k+1-\sigma}{\sigma-1}}$，$A_F = \dfrac{k}{k+1-\sigma}(\alpha\varphi_u)^k (1-\alpha)^{\frac{k+1-\sigma}{\sigma-1}} \left\{ \tau^{-k}(f_X)^{\frac{k+1-\sigma}{1-\sigma}} + (1-\tau^{1-\sigma})^{\frac{k}{\sigma-1}} \left[(1-s)(f_I-f_X) \right]^{\frac{k+1-\sigma}{1-\sigma}} \right\}$。[①]

将 $B_i = (X_i)^{(\mu-\alpha)/(1-\alpha)} L_i$ 代入 X_H 和 X_F 的表达式中，解出 X_H 和 X_F：

$$(X_i)^\mu = \left[NA_i(L_i)^{\frac{k+1-\sigma}{\sigma-1}} \right]^{\frac{\mu\alpha}{\mu\alpha-k(\mu-\alpha)}}, \quad i = H, F \qquad (7-13)$$

7.2.3.2 自由进入条件

企业自由进入差异化产品部门，预期利润为正是潜在企业支付进入固定成本的唯一原因，均衡条件下必然有预期利润等于进入的固定成本（f_E）：

$$f_E = (1-\alpha)\alpha^{\sigma-1}B_H V(\varphi_D) + (1-\alpha)\alpha^{\sigma-1}\tau^{1-\sigma}B_F \left[V(\varphi_X) - V(\varphi_I) \right]$$
$$+ (1-\alpha)\alpha^{\sigma-1}B_F V(\varphi_I) - f_D \left[1-G(\varphi_D) \right] - f_X \left[G(\varphi_I) - G(\varphi_X) \right]$$
$$- \left[f_I - s(f_I-f_X) \right] \left[1-G(\varphi_I) \right]$$

$$(7-14)$$

---

① 详见本书附录。

其中，$V(\varphi) = \dfrac{k}{k+1-\sigma}\varphi_u^k\varphi^{-k-1+\sigma}$。进一步化简可得[1]：

$$f_E = \frac{\alpha}{k}A_H\,(B_H)^{\frac{k}{\sigma-1}} + \frac{\alpha}{k}A_F\,(B_F)^{\frac{k}{\sigma-1}} \qquad (7-15)$$

结合 B_i 的形式和式（7-13），得到企业数量的内生决定方程：

$$N = \left(\frac{\alpha}{k}\frac{\tilde{A}_H\tilde{L}_H + \tilde{A}_F\tilde{L}_F}{f_E}\right)^{\frac{\mu\alpha - k(\mu-\alpha)}{k(\alpha-\mu)}} \qquad (7-16)$$

其中，$\tilde{A}_i = (A_i)^{\frac{\mu\alpha}{\mu\alpha - k(\mu-\alpha)}}$，$\tilde{L}_i = (L_i)^{\frac{k\alpha(1-\mu)}{\mu\alpha - k(\mu-\alpha)}}$，$i = H$，$F$。可以看出，在其他因素不变的情况下，政策支持力度增加，企业国外销售预期利润提高，更多企业进入市场，企业数量增加，[2] 对外直接投资规模扩大。根据式（7-16）可知，X_H 和 X_F 增加，B_H 和 B_F 也会受到影响。

7.2.4　福利分析

政府的目标是最大化由消费者福利和生产者利润构成的总福利。假设政府是预算中性的，对外投资政策支持完全来自从国内消费者征收的税率为 $t(0 < t < 1)$ 的所得税：

$$tL_H = s(f_I - f_X)p_I N \qquad (7-17)$$

此时消费者的工资为 $1 - t$，因此消费者总体福利的表达式为：

$$\Lambda = L_H - s(f_I - f_X)p_I N + \frac{1-\mu}{\mu}[\,(X_H)^\mu + (X_H^F)^\mu\,]L_H$$

$$(7-18)$$

式（7-18）中 X_H^F 为 H 国消费的 F 国差异化产品集合，假设 F 国没有 s，用 $f_I - f_X$ 替代 A_F 中的 $(1-s)(f_I - f_X)$，可以得到 X_H^F。结合式（7-18），F 国企业数量与 s 无关，因此 X_H^F 不受 s 影响。

结合利润表达式 π_D、π_X、π_I 和平均生产率 $\tilde{\varphi}_D$、$\tilde{\varphi}_X$、$\tilde{\varphi}_I$，以及企业数

---

[1]　详见本书附录。

[2]　企业数量（N）和政策支持力度（S）的关系，详见本书附录。

量 N、出口和对外直接投资的企业数量 N_X 和 N_I,[1] 可得所有企业的利润总和：

$$\Pi = \pi(\tilde{\varphi}_D)N + \pi(\tilde{\varphi}_X)N_X + \pi(\tilde{\varphi}_I)N_I \qquad (7-19)$$

其中，出口和对外直接投资的企业数量分别为 $N_X = [G(\varphi_I) - G(\varphi_X)]N$ 和 $N_I = [1 - G(\varphi_I)]N$。将企业国内生产、出口、对外直接投资的利润表达式，平均生产率和临界生产率的关系式以及式（7-8）~式（7-10）依次代入式（7-19），整理可得：

$$\Pi = \frac{\sigma-1}{k+1-\sigma}f_D N + \frac{\sigma-1}{k+1-\sigma}f_X \varphi_u^k \varphi_X^{-k} N + \frac{(\sigma-1)(1-s)}{k+1-\sigma}(f_I - f_X)\varphi_u^k \varphi_I^{-k} N$$

$$(7-20)$$

因此，总福利 $W = \Lambda + \Pi$，加总式（7-18）和式（7-20）得到：

$$W = L_H + \frac{1-\mu}{\mu}[(X_H)^\mu + (X_H^F)^\mu]L_H + \frac{\sigma-1-ks}{k+1-\sigma}(f_I - f_X)\varphi_u^k \varphi_I^{-k} N$$

$$+ \frac{\sigma-1}{k+1-\sigma}f_D N + \frac{\sigma-1}{k+1-\sigma}f_X \varphi_u^k \varphi_X^{-k} N \qquad (7-21)$$

代入均衡时的各变量值，W 关于 s 的一阶导可以表示为：

$$\frac{dW}{ds} = \underbrace{\frac{1-\mu}{\mu}L_H \frac{d(X_H)^\mu}{ds}}_{①} - \underbrace{\frac{\alpha}{k+1-\sigma}\frac{dA_F}{ds}N(B_F)^{\frac{k}{\sigma-1}}}_{②} + \underbrace{\frac{\sigma-1-ks}{k+1-\sigma}\frac{\alpha}{k}\frac{d^2 A_F}{ds^2}(B_F)^{\frac{k}{\sigma-1}}N}_{③}$$

$$+ \underbrace{\frac{\sigma-1-ks}{k+1-\sigma}(1-\alpha)\frac{dA_F}{ds}N(B_F)^{\frac{k+1-\sigma}{\sigma-1}}\frac{dB_F}{ds}}_{④} + \underbrace{\frac{\sigma-1-ks}{k+1-\sigma}\frac{\alpha}{k}\frac{dA_F}{ds}(B_F)^{\frac{k}{\sigma-1}}\frac{dN}{ds}}_{⑤}$$

$$+ \underbrace{\frac{\sigma-1}{k+1-\sigma}f_D \frac{dN}{ds}}_{⑥} + \underbrace{\frac{\sigma-1}{k+1-\sigma}f_X \varphi_u^k \left(\frac{d\varphi_X^{-k}}{ds}N + \varphi_X^{-k}\frac{dN}{ds}\right)}_{⑦} \qquad (7-22)$$

下面讨论 dW/ds 的符号：当 s 从右侧趋近于零时，①、⑦项为正，②+③项趋于 0，④+⑤+⑥项为正，因此 $dW/ds > 0$，即 s 从无到有的过程中，福利增加；当 s 从左侧趋近于 1 时，①、⑦项为正，②+③项趋近于 $-\infty$，④+⑤项为负，⑥项为正，$dW/ds < 0$，说明如果 s 取值很大，随

---

[1] 企业选择出口或对外直接投资的概率分别为 $p_X = G(\varphi_I) - G(\varphi_X)$ 和 $p_I = 1 - G(\varphi_I)$，对应出口企业数量 $N_X = p_X N$ 和对外直接投资企业数量 $N_I = p_I N$。

着 s 的增加，福利反而受损。在（0，1）区间内，既有 $\mathrm{d}W/\mathrm{d}s > 0$，也有 $\mathrm{d}W/\mathrm{d}s < 0$，该区间内至少存在一个极大值点 s_e 使得 $\mathrm{d}W/\mathrm{d}s = 0$，相应地，存在福利的极大值。[①]

在其他条件不变的情况下，对外投资政策支持会给消费者福利带来正反两方面影响，对外投资政策支持力度增加，国内消费者工资收入减少，导致消费者福利降低；同时生产者预期利润的提高带来可消费产品种类的增多，使福利增加。对于企业来说，对外投资政策支持力度的增加通过竞争效应提高国内存活企业的总体生产率水平，同时通过提升企业预期利润，增加企业数量，因而企业获得的总利润增加。由此提出本章假说7-2。

假说7-2：产业政策支持会影响本国福利，存在 $s_e \in$（0，1），对应福利的极大值。

7.3　实证检验

7.3.1　数据来源

本章采用2004~2013年中国工业企业数据库和商务部境外投资企业名录数据，以及手动整理的中国对外投资产业政策，对理论假说进行经验验证。首先参照布兰特等（Brandt et al.，2012）的方法处理中国工业企业数据库，并删除从业人员小于8的样本，参考芬斯特拉等（Feenstra et al.，2014）的做法，剔除资产总额、固定资产、销售收入等指标缺失或违背一般公认会计准则（GAAP）的样本；再根据企业名称匹配处理后的中国工业企业数据库和商务部境外投资企业名录。为了获得对外投资政策数据，浏览商务部、国家发展改革委、国家外汇管理局等政府部门官方网

---

① 具体步骤见本书附录。

站，逐个查找并筛选出相关政策。作为补充，在北大法宝数据库，依次输入"对外投资""对外直接投资""境外投资""对外经济"等关键词进行查找，力求全面搜集相关政策。根据政策名称、政策发布部门、发文字号、颁布日期、实施日期、失效日期、关联政策、政策要点等信息，构建中国对外投资政策全新数据库。进一步，将样本期内的有效政策分成列出具体支持行业的政策、列出东道国的政策、支持某一类型企业的政策、列出试点地区的政策四类，根据政策的类别，按照行业、东道国、企业所有权、省份和政策的实施年份和失效年份，匹配微观企业数据，得到企业是否受到具体政策的支持。[①]

7.3.2 变量构建

根据匹配后的数据库构建如下变量。

（1）对外投资政策支持力度（*Policies*）。验证理论假说所面临的第一个问题就是如何度量政策支持力度，本章不仅使用了政策数量的衡量方法，即对每个企业，加总支持其进行对外直接投资的政策数量作为对外投资的政策支持力度（Number），并运用文本分析技术综合判断政策文本传递出的对于对外直接投资的态度。通过文本分析评估政策支持力度的关键是找到能够表达政策语调的关键词，然而在汉语语境中，词源分类尚不完善，缺乏一个统一的词典用于研究。对此，基于对政策文本的阅读理解，构建一个包含50个积极词和35个消极词的词典（见表3－1），使用罗兰和麦克唐纳（Loughran and McDonald，2011）基于文档长度修正的词频—逆文本频率指数（Term Frequency – Inverse Document Frequency，TF – IDF）方法，依次计算所有政策文本中每个词语的权重，对于每个政策文本，分别加总积极词的权重和消极词的权重，从积极词总权重中减去消极词总权重，得到政策文本的净积极权重作为政策支持力度（TF – IDF）。根据每

---

① 政策的实施日期在6月30日及之前的，认为政策在该年即生效；实施日期在7月1日及之后的，认为政策在下一年度生效；用相同的方法处理失效日期。

个政策的实施时间和失效时间，使用每年行业平均有效政策的支持力度表示对外投资产业政策支持力度。

（2）对外直接投资的临界生产率（Cutoff）。为了得到对外直接投资的临界生产率，首先估算企业生产率，所需变量包括总产出、中间投入、折旧、固定资产、资本存量、投资等。采用国家统计局发布的二位数行业分类下的工业生产者出厂价格指数，对总产出进行价格平减，得到真实产出值。参考余淼杰等（2018），用制造业城镇单位就业人员年度平均工资替代 2008～2010 年缺失的工资数据，利用二位数行业的累计折旧推算行业折旧率，通过企业的固定资产原价和行业折旧率估计 2008～2010 年的本年折旧值，并结合杨汝岱（2015），采用当年累计折旧减去上年累计折旧替换其他年份缺失的本年折旧数据，估计 2008～2009 年缺失的固定资产原价数据，再利用产出、销售成本、销售收入、工资、本年折旧数据估计 2008～2013 年缺失的中间投入变量。使用 2002 年、2007 年和 2012 年的投入产出表，加权产出价格指数，构建行业层面的投入品价格平减指数，计算中间投入的真实值。根据布兰特等（Brandt et al.，2012），采用永续盘存法计算资本存量的真实值。假设同行业企业的生产规模较为相似，采用甘地等（Gandhi et al.，2020）的方法分行业估算企业生产率。然后借鉴科斯塔等（Costa et al.，2019），以企业每年是否有新的对外直接投资为状态变量，企业生产率为检验变量，进行受试者工作特征曲线（ROC）估计，根据约登（Youden，1950）的 J 统计量，在非参的受试者工作曲线上依次寻找每年二位数行业层面最优的对外直接投资临界生产率。

（3）对外直接投资平均生产率（AVETFP）。参考李建萍和辛大楞（2019）的做法，具体测算公式为：

$$\tilde{\varphi}_{jt} = \sum_i b_{ijt} \cdot \varphi_{ijt} \qquad (7-23)$$

其中，$\tilde{\varphi}_{jt}$ 表示 j 行业 t 时期的对外直接投资加权平均生产率水平，φ_{ijt} 表示 j 行业中新增对外直接投资企业 i 在 t 时期的生产率水平，b_{ijt} 表示 j 行业中新增对外直接投资企业 i 在 t 时期的工业总产值占行业总产值的比重。

（4）平均企业规模（*Size*）。规模较大的企业获取资源的能力更强，能够以较低的成本获得资本等要素投入，有助于提升企业生产率。采用行业中企业年末从业人数平均后的对数值衡量行业平均企业规模，其值越大，行业生产率水平越高，对外直接投资的临界生产率和平均生产率也越高。

（5）平均企业年龄（*Age*）。企业年龄也会影响企业生产率，企业的经营年限越长，其积累的经验越多，经营状况相对更稳定。依据企业的成立时间和观测年度的差值推算企业经营年限，利用行业内企业平均经营年限的对数值来表示平均企业年龄。

（6）平均企业盈利能力（*Profitability*）。采用行业中企业的平均净资产利润率衡量。企业盈利能力越强，越有能力进行研发以提升生产率，但较强的盈利能力也可能降低企业的竞争压力，造成企业主动提升生产率的激励不足。

（7）行业外资份额（*FOE*）。外资企业往往具有更高的生产率水平，采用外资和港澳台资本占实收资本的比重来衡量。

（8）成本加成率离散度（*Rmd*）。首先，借鉴德洛克和沃新斯基（De Loecker and Warzynski，2012）、陆毅和余林徽（Lu and Yu，2015），采用阿克伯格等（Ackerberg et al.，2015）的两阶段估计方法估算企业层面的中间投入产出弹性，除以中间投入，得到企业的成本加成率。其次，参考刘啟仁和黄建忠（2016），采用相对均值离差（relative mean deviation）方法计算二位数行业内的成本加成率离散度。行业的成本加成率离散程度越低，资源配置效率越高，企业更有动力做出对外直接投资决策，在全球范围内配置资源，行业的平均生产率越高。

（9）生产率比较优势（*TFPCA*）。采用二位数行业中企业的平均生产率与全行业平均生产率的比值衡量，该变量取值越大，说明行业整体生产率水平越高，对外直接投资的临界生产率和平均生产率也越高。

（10）行业资本密集度（*AssetIntens*）。资本密集度越高，企业更容易获得净收益和垄断利润，具有更高的生产率水平。此外，资本密集度可以表示企业进入的沉没成本，沉没成本的增加将通过阻止低生产率企业的进入提高行业的平均生产率水平。因此，加入行业资本密集度变量，用行业中企业总资产与总劳动比值的均值来衡量，将该变量除以 100。

变量的描述性统计如表 7 - 1 所示。

表 7 - 1　　　　　　　　　　　　描述性统计

变量	观测值	平均值	标准差	最小值	最大值
Cutoff	289	3.133	0.412	1.628	4.233
AVETFP	289	2.857	0.937	0.066	5.315
Policies（Number）	289	23.851	4.445	12.676	31.316
Policies（TF - TDF）	289	42.499	9.756	18.731	55.905
Size	289	5.710	0.496	4.853	8.569
Age	289	2.175	0.212	1.593	3.106
Profitability	289	0.122	0.062	0.012	0.506
FOE	289	1.554	6.813	0.250	107.922
Rmd	289	0.081	0.544	0.018	9.204
TFPCA	289	1.048	0.093	0.680	1.260
AssetIntens	289	12.424	40.945	0.686	371.530

7.3.3　计量模型设定

为了验证理论假说，设定如下计量模型：

$$Cutoff_{jt} = \beta_0 + \beta_1 Policies_{jt} + \Gamma\gamma + \lambda_t + r_j + \varepsilon_{jt} \tag{7-24}$$

$$AVETFP_{jt} = \beta_0 + \beta_1 Policies_{jt} + \Gamma\gamma + \lambda_t + r_j + \varepsilon_{jt} \tag{7-25}$$

其中，被解释变量根据行业 j 在 t 年新增对外直接投资的企业样本计算，$Cutoff_{jt}$ 表示 j 行业 t 年对外直接投资临界生产率，$AVETFP_{jt}$ 表示 j 行业 t 年对外直接投资平均生产率；$Policies_{jt}$ 表示 j 行业 t 年的平均政策支持力度，Γ 表示控制变量，λ_t 和 r_j 分别表示时间固定效应和行业固定效应。根据理论假说 7 - 1，预期方程（7 - 24）和方程（7 - 25）中的 β_1 显著为负。

7.3.4 基本回归结果与分析

关于对外投资政策对于对外直接投资临界生产率、平均生产率的影响，具体回归结果见表 7 - 2，第（1）~（4）列是对外投资政策对于对外直接投资临界生产率的影响。第（1）、（3）列分别表示两种不同的政策支持力度衡量方法在控制了行业和时间固定效应后的回归结果，第（2）、（4）列则加入了相应的控制变量。结果显示，两种方法衡量的政策支持力度与对外直接投资临界生产率均显著负相关，加入其他控制变量后，结果和显著性没有发生明显变化。

其他各项控制变量的回归结果与预期基本一致。*FOE* 的回归系数显著为正，说明外资带来的管理效率和技术水平等优势会促进生产率的提升。*Rmd* 的回归系数显著为负，可能的原因是成本加成率离散度越高的行业，企业加成率的两极分化现象越突出，加成率较高的企业具有一定的垄断势力和较高盈利能力，对加成率较低企业施加了更多的竞争压力，这部分企业倾向于通过开拓国际市场寻找发展空间。*TFPCA* 代表行业中企业的整体生产率水平，其回归系数显著为正，表明对外直接投资的临界生产率会凭借行业生产率比较优势的增强而提高。*AssetIntens* 的回归系数符号为正，可能的原因是资本密集型行业的生产率水平相对较高，导致资本密集度与对外直接投资临界生产率正相关。*Size*、*Age* 和 *Profitability* 的回归系数符号均为正，但并不显著。

表 7 - 2 中第（5）~（8）列将对外直接投资平均生产率作为被解释变量进行回归。其中，*Policies* 的回归系数显著为负，表明对外投资政策支持力度越强，对外直接投资平均生产率越低，结合第（1）~（4）列的回归结果，验证了本章假说 7 - 1。值得注意的是，对外投资政策对平均生产率的影响大于对临界生产率的影响，可能的原因在于，通过非参的受试者工作曲线估计的临界生产率，受生产率极端值的影响较小，而对外直接投资平均生产率的计算则直接包含了所有对外直接投资企业的生产率。在控制

表 7 - 2　对外直接投资的临界生产率、平均生产率对对外投资政策的回归结果

变量	(1) Cutoff	(2) Cutoff	(3) Cutoff	(4) Cutoff	(5) AVETFP	(6) AVETFP	(7) AVETFP	(8) AVETFP
Policies (Number)	-0.1795** (0.0880)	-0.1953** (0.0881)			-0.4626** (0.1885)	-0.4647** (0.1966)		
Policies (TF - IDF)			-0.0438* (0.0244)	-0.0471* (0.0248)			-0.1178*** (0.0429)	-0.1069** (0.0431)
Size		0.0393 (0.1216)		0.0337 (0.1234)		0.1116 (0.4478)		0.096 (0.449)
Age		0.0273 (0.3476)		0.0113 (0.3544)		-0.0239 (0.8194)		-0.062 (0.819)
Profitability		0.2361 (0.9618)		0.1874 (0.9626)		-3.9423* (2.3098)		-4.064* (2.324)
FOE		0.0054** (0.0025)		0.0054** (0.0025)		0.0125* (0.0063)		0.013* (0.006)
Rmd		-0.1233*** (0.0140)		-0.1218*** (0.0144)		-0.1108** (0.0451)		-0.107** (0.046)
TFPCA		3.0875*** (0.7798)		3.1094*** (0.7913)		0.1477 (2.3871)		0.193 (2.412)

续表

变量	(1) *Cutoff*	(2) *Cutoff*	(3) *Cutoff*	(4) *Cutoff*	(5) *AVETFP*	(6) *AVETFP*	(7) *AVETFP*	(8) *AVETFP*
AssetIntens		0.0036 ** (0.0018)		0.0032 * (0.0018)		0.0123 *** (0.0036)		0.011 *** (0.004)
常数项	5.3683 *** (1.1743)	2.3342 (2.0220)	3.8732 *** (0.5067)	0.7460 (1.5988)	9.2393 *** (2.4882)	8.7336 ** (3.6574)	5.4825 *** (0.8638)	4.8741 (3.0446)
行业固定效应	是	是	是	是	是	是	是	是
时间固定效应	是	是	是	是	是	是	是	是
观测值	289	289	289	289	289	289	289	289
Adjusted R^2	0.057	0.107	0.054	0.103	0.202	0.218	0.201	0.214

注：***、**、*分别表示1%、5%、10%的显著性水平，括号内为纠正了异方差后的 t 值，标准误差聚类到行业层面。

变量回归结果中，*Size* 和 *Age* 的回归系数仍不显著；*Profitability* 的回归系数显著为负，表明盈利能力较高的企业提升生产率的激励疲软；*FOE* 的回归系数仍显著为正；*Rmd* 的回归系数仍显著为负；*TFPCA* 的回归系数变为不显著；*AssetIntens* 的系数仍显著为正。

7.3.5　稳健性检验

7.3.5.1　改变临界生产率和平均生产率的衡量方法

基本回归中，采用非参的受试者工作曲线寻找对外直接投资的临界生产率，该方法的原理是分别计算对非对外直接投资企业做出准确预测的比例（特异度）和对对外直接投资企业做出准确预测的比例（灵敏度），选取特异度和灵敏度之和最大的临界值，以此作为临界生产率。该方法得到的临界生产率受极端值的影响较小，但同时可能存在高估对外直接投资临界生产率的问题。因此，根据阿尔法罗和陈（Alfaro and Chen，2018）衡量临界生产率的方法，以行业每年对外直接投资企业中的最低生产率作为临界生产率，使用对外直接投资企业生产率的算术平均值取代原有的加权平均生产率，采用词频—逆文本频率指数方法衡量政策支持力度，对基本回归进行稳健性检验。具体回归结果如表 7 - 3 中的第（1）、（2）列所示，政策支持力度的回归系数始终显著为负，且对临界生产率的影响大于对平均生产率的影响。因此，改变生产率的衡量方法之后，基本结论仍然成立。

7.3.5.2　使用系统广义矩估计（GMM）方法

表 7 - 2 的回归结果虽然显示对外投资政策会降低对外直接投资的临界生产率和平均生产率，但在现实中，由于生产率较低行业的对外直接投资相对受限，政府更倾向激励不具备生产率优势行业的对外直接投资。因此，对外直接投资的生产率和政策支持力度可能互为因果。该内生性问题会导致政策支持力度的不一致估计。针对此问题，将对外投资政策制定视

表 7－3

稳健性检验

变量	改变衡量方法		System GMM		控制样本期初生产率		采用弱内生性子样本	
	(1) Cutoff	(2) AVETFP	(3) Cutoff	(4) AVETFP	(5) Cutoff	(6) AVETFP	(7) Cutoff	(8) AVETFP
L.Cutoff			-0.1258*** (0.0436)					
L.AVETFP				-0.2256*** (0.0480)				
Policies	-0.0502** (0.0225)	-0.0347** (0.0148)	-0.0224*** (0.0044)	-0.0017 (0.0020)	-0.0502** (0.0241)	-0.0347** (0.0158)	-0.0637 (0.0379)	-0.0502** (0.0225)
CICAVETFP					4.5757* (2.5957)	3.3878* (1.8437)		
Size	0.2190 (0.1733)	0.0780 (0.1103)	-0.3211*** (0.1221)	0.0633** (0.0315)	0.2190 (0.1857)	0.0780 (0.1182)	-0.0081 (0.1696)	-0.0778 (0.1077)
Age	-0.3353 (0.2132)	0.1711 (0.1831)	0.0971 (0.2883)	0.0661 (0.1255)	-0.3353 (0.2284)	0.1711 (0.1962)	0.6660** (0.2802)	0.5355** (0.2430)
Profitability	-0.0907 (1.2919)	0.2611 (0.8988)	2.8870 (1.7603)	-0.1103 (0.3549)	-0.0907 (1.3844)	0.2611 (0.9632)	1.0013 (1.7156)	0.5978 (1.8493)
FOE	0.0031 (0.0021)	-0.0016 (0.0012)	0.0020 (0.0013)	-0.0009* (0.0005)	0.0031 (0.0023)	-0.0016 (0.0013)	-0.0025 (0.0059)	0.0004 (0.0033)

续表

变量	改变衡量方法		System GMM		控制样本期初生产率		采用弱内生性子样本	
	(1) Cutoff	(2) AVETFP	(3) Cutoff	(4) AVETFP	(5) Cutoff	(6) AVETFP	(7) Cutoff	(8) AVETFP
Rmd	-0.0628*** (0.0140)	-0.0921*** (0.0143)	0.2656 (0.9921)	0.2466 (0.3554)	-0.0628*** (0.0150)	-0.0921*** (0.0153)	-0.0748*** (0.0173)	-0.1062*** (0.0163)
TFPCA	1.9892 (1.5143)	1.7896 (1.1131)	2.1082*** (0.5861)	2.5460*** (0.1892)	1.9892 (1.6227)	1.7896 (1.1928)	2.0606 (1.5594)	2.4827** (1.1339)
AssetIntens	-0.0024 (0.0016)	0.0036** (0.0014)	0.0053*** (0.0013)	0.0024*** (0.0006)	-0.0024 (0.0017)	0.0036** (0.0015)	-0.0042*** (0.0014)	0.0030** (0.0014)
常数项	1.4401 (1.5346)	1.0702 (1.1989)	2.7459*** (0.8714)	0.7696** (0.3503)	-10.0327 (6.6090)	-7.9741* (4.4565)	0.9116 (1.8373)	1.6414 (1.3061)
行业固定效应	是	是	是	是	是	是	是	是
时间固定效应	是	是	是	是	是	是	是	是
观测值	289	289	245	245	289	289	138	138
Adjusted R^2	0.083	0.207			0.392	0.546	0.077	0.274
AR (1)			0.007	0.010				
AR (2)			0.630	0.183				
Hansen P			0.999	0.997				

注：被解释变量均为最小值衡量的临界生产率变量及算术平均值衡量的平均生产率。

169

作内生化过程，采用系统广义矩估计方法识别因果关系，引入滞后的被解释变量并对回归方程进行一阶差分，采用滞后值、滞后差分值作为差分现值的工具变量。采用系统广义矩估计方法进行估计的两个关键假设是，残差项序列无关和工具变量的选择合理，因此采用 AR（1）、AR（2）统计量和萨金统计量（Sargen）检验。回归结果见表 7 - 3 的第（3）、（4）列。AR（1）、AR（2）以及萨金统计量的检验结果表明该估计方法的前提得到有效满足。同时，政策支持力度影响对外直接投资临界生产率的估计结果和表 7 - 2 结论一致，政策支持力度对对外直接投资平均生产率的影响不显著。

7.3.5.3　控制样本期初生产率水平

如果对外投资政策支持力度变量和行业生产率之间存在反向因果关系，即政策是有意识选择了生产率低的行业作为重点支持对象，则控制样本期初的行业生产率水平后，可能无法观测到对外投资政策显著降低对外直接投资的临界生产率和平均生产率的结果。因此，引入样本期初的行业加权平均生产率水平（CICAVETFP）作为额外的控制变量。表 7 - 3 中第（5）、（6）列的回归结果表明，在控制样本期初的行业加权平均生产率以缓和内生性后，政策支持力度仍然显著降低了对外直接投资的临界生产率和平均生产率水平，研究结论没有发生本质改变。

7.3.5.4　采用弱内生性子样本

对外投资政策中对生产率较低行业的大力扶持会使内生性问题在低生产率行业样本中更为严重。因此，只使用生产率较高的行业样本，可以一定程度上降低内生性问题。表 7 - 3 第（7）、（8）列为只采用行业加权平均生产率水平高于其中位数样本的回归结果。从中可知，政策支持力度显著降低了对外直接投资平均生产率，对临界生产率的影响仍然为负。

7.3.5.5　企业层面的检验

为考察估计结果的稳健性，在企业层面做进一步检验。被解释变量用

FCutoff 和 *FAVETFP* 表示，企业进行了对外直接投资且生产率低于上一年同行业对外直接投资临界生产率时，*FCutoff* 取值为 1，否则为 0；当企业进行了对外直接投资且生产率低于上一年同行业对外直接投资企业的平均生产率，*FAVETFP* 取值为 1，否则为 0。使用企业受到的政策支持力度衡量 *Policies*，控制变量包括企业雇佣人数、企业年龄、资本密集度、债务利息率、是否为国有企业、是否为外资企业。采用逻辑回归模型进行估计，具体结果见表 7-4。

表 7-4　　　　　　　企业生产率状态对对外投资政策的回归

变量	(1) *FCutoff*	(2) *FCutoff*	(3) *FAVETFP*	(4) *FAVETFP*
Policies（Number）	0.5877 *** (0.0206)		0.3855 *** (0.0275)	
Policies（TF-IDF）		0.2910 *** (0.0069)		0.2113 *** (0.0082)
Size	0.3415 *** (0.0438)	0.1784 ** (0.0796)	0.4232 *** (0.0456)	0.3938 *** (0.0564)
Age	0.0052 (0.0040)	-0.0074 (0.0056)	0.0076 ** (0.0038)	0.0009 (0.0047)
State Ownership	-0.1998 * (0.1214)	0.3357 ** (0.1380)	-0.2608 ** (0.1214)	0.1338 (0.1249)
Foreign Ownership	0.3794 ** (0.1733)	0.3630 *** (0.1347)	0.4332 *** (0.1672)	0.3959 *** (0.1391)
AssetIntens	-0.0090 (0.0108)	-0.5563 ** (0.2767)	0.0022 * (0.0013)	-0.0009 (0.0032)
Profitability	-0.0201 *** (0.0031)	-0.0181 *** (0.0032)	-0.0176 *** (0.0032)	-0.0166 *** (0.0032)
常数项	-24.1631 *** (0.6685)	-22.5154 *** (0.4536)	-18.0635 *** (0.7963)	-18.0866 *** (0.5022)

变量	（1） *FCutoff*	（2） *FCutoff*	（3） *FAVETFP*	（4） *FAVETFP*
观测值	2886657	2886657	2886657	2886657
Pseudo R^2	0.2128	0.3027	0.1145	0.1561
Wald chi-square test	943.61	2331.96	522.48	1217.40
log likelihood	−10311.782	−9134.147	−12350.175	−11770.026

注：***、**、*分别表示1%、5%、10%的显著性水平。括号内数值为聚类到企业层面的稳健标准误。

回归结果显示，对外投资政策支持显著促进了企业以低于上期临界生产率水平的生产率进行对外直接投资，对企业低于上期平均生产率水平进行对外直接投资也具有显著正向影响，间接证实了政策支持力度的提高会降低对外直接投资临界生产率和平均生产率的结果。

上述稳健性检验的结果均表明本章基本回归结果是可靠的。

7.3.6 进一步分析

7.3.6.1 政策分类影响

为了区分不同类别政策对于对外直接投资的影响，根据第3章的总结，将变量*Policies*分成便利化政策（*PolicyFacilit*）、方向指导政策（*PolicyInd*）、金融财税政策（*PolicyFin*）三类，采用词频—逆文本频率指数方法衡量政策支持力度，再次针对假说7-1进行回归，结果报告见表7-5。在对假说7-1进行验证时，便利化政策仅对对外直接投资临界生产率有显著影响，方向指导政策和金融财税政策的回归结果仅支持了政策对于对外直接投资平均生产率的影响。

表7-5　　　　对外直接投资的临界生产率、平均生产率对
对外投资政策分类回归结果

变量	(1) Cutoff	(2) Cutoff	(3) Cutoff	(4) AVETFP	(5) AVETFP	(6) AVETFP
PolicyFacilit	-0.2763*** (0.0996)			-0.3939 (0.3943)		
PolicyInd		-0.0417 (0.0254)			-0.0909** (0.0405)	
PoliciesFin			0.1982 (0.4046)			-2.4198* (1.2158)
Size	0.0355 (0.1206)	0.0281 (0.1257)	0.0124 (0.1304)	0.0844 (0.4562)	0.0825 (0.4503)	0.1088 (0.4310)
Age	0.0716 (0.3624)	-0.0007 (0.3618)	-0.0019 (0.3837)	0.0209 (0.8428)	-0.0888 (0.8198)	0.0515 (0.7815)
Profitability	0.5686 (1.0563)	0.1405 (0.9763)	0.2527 (1.0527)	-3.5703 (2.2325)	-4.1721* (2.3423)	-5.7025** (2.2626)
FOE	0.0055** (0.0025)	0.0055** (0.0025)	0.0056** (0.0025)	0.0127* (0.0065)	0.0127* (0.0064)	0.0111* (0.0063)
Rmd	-0.1264*** (0.0139)	-0.1211*** (0.0146)	-0.1216*** (0.0148)	-0.1144** (0.0436)	-0.1058** (0.0455)	-0.1200*** (0.0410)
TFPCA	2.8196*** (0.7744)	3.1188*** (0.8000)	2.9621*** (0.7980)	-0.2708 (2.3834)	0.2083 (2.4269)	1.1166 (2.0144)
AssetIntens	0.0048** (0.0019)	0.0030 (0.0018)	0.0031 (0.0019)	0.0137*** (0.0041)	0.0108*** (0.0038)	0.0135*** (0.0036)
常数项	5.3255** (2.4813)	-0.1199 (1.4176)	0.1101 (1.4734)	10.7643 (7.7520)	2.9181 (3.1308)	1.7352 (2.7355)
行业固定效应	是	是	是	是	是	是
时间固定效应	是	是	是	是	是	是
观测值	289	289	289	289	289	289
Adjusted R^2	0.1067	0.0993	0.0916	0.2096	0.2109	0.2259
Within R^2	0.1595	0.1525	0.1452	0.2563	0.2575	0.2716

注：***、**、*分别表示1%、5%、10%的显著性水平，括号内数值为聚类到行业层面的稳健标准误。

具体来说，首先考察了三类政策对于对外直接投资临界生产率的影响，表 7 – 5 第（1）~（3）列的回归结果表明，便利化政策的支持力度增强会显著降低对外直接投资临界生产率，而方向指导政策和金融财税政策对对外直接投资临界生产率的作用不显著。可能的原因是，便利化政策以提升对外直接投资自由化为核心，具有普惠性质，作用对象是市场中所有的企业，能够有效降低对外直接投资的市场探索和信息交流等驱动成本，从而激励低生产率企业进入东道国市场。例如，得益于政府对投资项目的管理方式从审批制向核准制、备案制转变，企业开展对外直接投资所需的行政批准手续得到明显简化。在《国别投资经营障碍报告制度》等机制下，政府整合资源，为企业提供全面有效的投资机会、投资环境等信息。同时，汇回利润保证金制度的取消和外汇资金来源审查的放松，使得对外投资的外汇管制程度不断降低。而方向指导政策和金融财税政策强调支持具备一定比较优势和对外直接投资条件的企业"走出去"，对于生产率没有明显优势的企业的对外直接投资影响有限。

表 7 – 5 的第（4）~（6）列，就三类政策对于对外直接投资平均生产率的影响进行分析。第（4）列的回归结果中，便利化政策的回归系数为负但不显著；第（5）、（6）列的回归结果中，方向指导政策和金融财税政策的回归系数均显著为负。可能是因为，与便利化政策相比，方向指导政策和金融财税政策具有明确的支持目标，资金支持、税收优惠等政策力量更为集中，有助于鼓励和引导特定行业中更多生产率相对较低的企业进行对外直接投资，从而降低对外直接投资的平均生产率水平。而便利化政策的作用范围更广，政策力量相对分散，因此对于对外直接投资平均生产率的影响不显著。

7.3.6.2 对外直接投资和出口之间的替代

政策支持促进更多企业从出口转向以对外直接投资方式服务外国市场，由此产生了二者之间的替代问题。匹配海关贸易数据库，运用多元逻辑回归模型（多元 logit 模型）考察企业"走出去"方式的选择。被解释变量为只进行对外直接投资、既做出口也进行对外直接投资、只进行出口、只服务国内市场四类，分别用 *OFDI*、*EXOFDI*、*EX* 和 *NON* 表示，将只进行出口作为对照组。表 7 - 6 第（1）~（3）列的回归结果表明，和只进行出口相比，政策支持力度的增加显著提高了企业进行对外直接投资的可能性。

表 7 - 6　　　　政策影响企业对外直接投资和出口的选择及区位选择

变量	全样本			所有国家	高制度质量	低制度质量
	（1） *OFDI*	（2） *EXOFDI*	（3） *NON*	（4） *OFDIcountry*	（5） *OFDIcountry*	（6） *OFDIcountry*
Policies （TF - IDF）	0.4242 *** （0.0111）	0.4263 *** （0.0121）	- 0.0191 *** （0.0008）	0.4655 *** （0.0117）	0.4692 *** （0.0107）	0.4043 *** （0.0210）
Size	0.3694 *** （0.0522）	0.3649 *** （0.0739）	- 0.9166 *** （0.1111）	0.2255 *** （0.0401）	0.2287 *** （0.0397）	0.1988 *** （0.0635）
Age	- 0.0112 *** （0.0035）	- 0.0111 *** （0.0036）	- 0.0137 *** （0.0011）	- 0.0051 （0.0035）	- 0.0038 （0.0037）	- 0.0100 （0.0064）
AssetIntens	0.0001 ** （0.0001）	0.0001 * （0.0001）	0.0001 （0.0000）	0.0000 * （0.0000）	0.0000 （0.0000）	0.0000 ** （0.0000）
Profitability	0.2665 * （0.1430）	- 0.0070 ** （0.0032）	0.6865 *** （0.0510）	- 0.1231 （0.2363）	- 0.0495 （0.2465）	- 0.3243 （0.3281）
State Ownership	2.1946 *** （0.1120）	1.7290 *** （0.0920）	1.5118 *** （0.0172）	0.9474 *** （0.1099）	0.7921 *** （0.1059）	1.3546 *** （0.1834）
Foreign Ownership	- 1.0381 *** （0.0757）	- 0.7000 *** （0.0589）	- 1.5098 *** （0.0163）	- 0.2227 *** （0.0771）	- 0.0990 （0.0784）	- 0.6916 *** （0.1116）
常数项	- 27.7554 *** （0.6355）	- 27.1959 *** （0.7091）	2.7811 *** （0.0297）	- 22.7304 *** （0.5045）	- 22.5729 *** （0.4565）	- 20.7688 *** （0.9026）
观测值	2558054			561861	287995	273866
Pseudo R^2	0.1063			0.4427	0.4818	0.3105
Wald chi-square test	65458.82			2061.61	2111.21	695.68
log likelihood	- 1118508.2			- 15642.091	- 10692.226	- 4535.212

注：***、**、*分别表示1%、5%、10%的显著性水平；括号内数值为聚类到企业层面的稳健标准误。后3列只使用进行对外直接投资的企业样本，每个企业对应141个东道国。

7.3.6.3 对外直接投资区位选择

结合陈和摩尔（Chen and Moore，2010）的思路，理论模型容易拓展至多国，本章也考察了政策支持力度如何影响对外直接投资的区位选择。使用进行对外直接投资的企业样本，将样本中出现的所有东道国作为每个企业对外直接投资的可能区位选择集合（王永钦等，2014）。如果企业选择了该东道国进行对外直接投资，则被解释变量 $OFDIcountry$ 取值为 1，否则为 0。采用逻辑回归模型估计，结果见表 7 - 6 第（4）~（6）列。第（4）列的回归结果显示企业倾向选择政策支持力度大的目的地。进一步的，以 2004~2013 年世界治理指标数据库法制规则（rule of law）的 50 分位数（-0.1917）作为分类标准，将样本划分为高制度质量国家和低制度质量国家。第（5）、（6）列政策支持力度回归系数差异的似无相关检验（suest）结果为 $p = 0.0001$，说明相对于低制度质量组，政策支持对引导企业选择高制度质量国家进行投资的作用更强。

7.3.6.4 对外直接投资流量变化

根据前文理论阐述，产业政策支持力度提升，引致对外直接投资企业数量的增加，有助于扩大对外直接投资规模，对此，采用省级对外直接投资的流量数据进行检验。主要的解释变量为年度政策支持力度，控制变量包括省级规模以上工业企业的雇佣人数、资本密集度、盈利水平、国有股份占比和外资股份占比。为了平滑数据、减弱模型的异方差问题，采用被解释变量和控制变量的对数形式。表 7 - 7 的回归结果显示，政策支持力度的回归系数始终显著为正，说明从总量上看，对外投资政策支持力度的提升，会促进对外直接投资规模扩大。

表 7 - 7　　　　　　　对外直接投资流量对对外投资政策的回归

变量	(1)	(2)	(3)	(4)
$Policies$（Number）	0.1543 *** (0.0088)	0.1335 ** (0.0651)		

续表

变量	（1）	（2）	（3）	（4）
Policies（TF – IDF）			0.0606 *** （0.0035）	0.0524 ** （0.0256）
Size		0.3463 （1.3190）		0.3463 （1.3190）
AssetIntens		0.1535 （1.1517）		0.1535 （1.1517）
Profitability		0.6168 ** （0.2936）		0.6168 ** （0.2936）
SOE		0.0029 （0.2209）		0.0029 （0.2209）
FOE		− 0.1532 （0.3062）		− 0.1532 （0.3062）
常数项	− 4.3476 *** （0.3498）	− 5.8634 （18.2749）	− 3.1296 *** （0.2840）	− 4.8096 （18.7799）
地区固定效应	是	是	是	是
时间固定效应	是	是	是	是
观测值	268	268	268	268
Adjusted R^2	0.6908	0.6978	0.6908	0.6978
Within R^2	0.7001	0.7125	0.7001	0.7125

注：*** 、 ** 、 * 分别表示 1% 、5% 、10% 的显著性水平；括号内数值为稳健标准误。

7.4　基于数值计算的福利分析

本节利用数值计算方法分析对外投资政策支持对本国福利的影响。首先介绍关键参数的选取，依照梅里兹和雷丁（Melitz and Redding，2015）以及谭用等（2019）的研究，产品之间的替代弹性 σ 设定为 4（$\alpha = 0.75$）；出口可变成本 τ 设为 1.83；市场进入固定成本和国内生产的固定成本都标准化为 1，即 $f_E = f_D = 1$；企业支付进入固定成本之后，从形状参数 $k = 4.25$ 的帕累托分布中抽取生产率。基于实证检验部分对生产率的估计，得到 φ_u 取值样本企业的最低生产率 0.045。根据 2013 年中国工业企业数据，得到出口企业和对外直接投资企业在行业的平均占比分别为 0.166 和 0.004，以此作为出口的概率 p_X 和对外直接投资的概率 p_I。结合企业国内生产、出口、对外直接投资的临界生产率方程以及 σ、τ、k、p_X、p_I 的取值，在没有对外投资政策支持的情况下，将出口的固定成本 f_X 标准化为 1，可以得到对外直接投资的固定成本 $f_I = 72.305$。根据楚（Chor，2009）的研究，H 国和 F 国产品之间的替代弹性 $\mu = 0.5$。① 基于劳动力水平相同假定，H 国和 F 国的劳动力数量都设为 9 亿，即 $L_H = L_F = 900000000$。②

图 7 - 2 的模拟结果显示实施支持企业对外直接投资的政策后，福利随着政策支持力度的增大而上升；当政策支持力度取值 0.489 时，福利达到最大，此时政策支持使企业对外直接投资的固定成本下降 f_I 和 f_X 差值的 48.9%；越过该点后，政策支持力度增大会导致福利下降。模拟结果说明政策支持力度应保持适度才有利于社会福利的改善，过高的支持力度反而会削弱福利增进效应。③ 其可能的原因是，适度的政策支持力度下，消费者可消费产品种类以及企业利润总额的增加效应超过了收入减少效应，表现为福利增进。当政策支持力度超过合理范围，消费者可消费产品种类以及企业利润总额的增加效应无法弥补收入减少效应，表现为福利损失。

---

① 国家之间产品的替代性 μ 通常小于国内产品之间的替代性 α，$\mu = 0.5$ 对应的替代弹性为 2，是 σ 取值的 1/2，因此 μ 的取值具有一定的普适性。

② 根据国家统计局的最新数据，2022 年底中国的劳动年龄人口（16 岁至 59 岁）为 8.7556 亿人，接近 9 亿人。

③ 索旺等（Sauvant et al.，2014）将对外投资促进措施分为信息服务、金融措施、财政措施等六项，并列出了 2012～2013 年 10 个发达国家和 10 个新兴市场的政策实施情况。中国并不是采取对外投资促进措施最多的国家，假设各国均以福利最大化为目标，有理由认为，中国目前的政策支持力度尚处于最优政策支持力度的左侧，存在较大的调整空间。

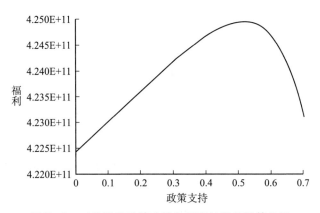

图 7 – 2 对外投资政策支持与福利的数值计算结果

7.5 本 章 小 结

本章在异质性企业模型框架的基础上解读了产业政策影响对外直接投资的微观机制和动力传导。理论模型显示，当政策支持力度降低对外直接投资固定成本时，对外直接投资的临界生产率和平均生产率将降低，福利会受到可消费种类、企业利润增加和收入减少的双重影响。利用中国工业企业数据库、商务部境外投资企业名录和全新的中国对外投资政策数据库，考察对外投资政策支持力度变化如何影响企业的对外直接投资行为，实证检验结果符合理论模型预测。数值模拟结果表明适度的政策支持会提升福利，但过度的政策支持反而会导致福利下降。研究结果表明：一方面，产业政策支持力度的增强有助于降低对外直接投资的临界生产率，对中国企业对外直接投资具有重要的推动作用；另一方面，产业政策对于对外直接投资的支持依赖于政府财政收入，财政收入来源于消费者税收，进一步会对社会福利产生影响。

上述发现具有重要的理论意义。第一，政策支持会通过降低企业对外直接投资的临界生产率这一渠道，促进对外直接投资，这是对现有对外直接投资理论的补充。第二，政策支持会推动和鼓励更多企业参与对外直接投资实践，降低这部分企业的平均生产率水平，这为中国低生产率的企业参与对外直接投资等新现象提供了理论解释。第三，政策支持会对福利产生影响，存在一个适度的支持水平。

本书的政策含义明显。首先，在中国对外投资实践中，政府通过实施广泛的产业政策，完善对外投资领域的宏观调控和制度建设，同时根据不同阶段的贸易优势和国家战略目标，将资源更多地配置到对外投资的重点行业和领域，从借助加工贸易的优势发展对外投资逐步过渡到利用对外投资带动进出口、劳务输出、技术进步和人才吸收。研究显示，在一定条件下产业政策有助于促进对外投资、提升福利水平。一系列产业政策转化为治理效能，在外部环境的复杂变化下，对中国优化对外投资布局、解决现实困境具有重要意义。

为了应对复杂的外部环境，实现开放型经济的高质量发展，利用政策支持降低企业对外直接投资的门槛是"走出去"的第一步，后续更重要的是打造有国际竞争力的中国跨国公司。研究显示，政策支持带动了一部分低生产率企业的对外直接投资。产业政策显著拓展了中国对外直接投资的广度，下一阶段，中国除保持对外直接投资的领先水平和政策优势外，应着力提升企业的生产效率和国际竞争力，培养中国的跨国公司。根据中国的对外投资实践和产业链的发展，更好地利用国际资源和国际市场，以培育中国企业综合竞争优势为目标，完善对外投资政策体系。在政策制定和实施的过程中，一方面，要掌握好政策支持的力度，实施适度的对外投资支持政策；另一方面，加强各类对外投资政策的协同，进一步明确各政府部门的权责分工，减少不必要的内部摩擦，提高政策合力。通过推动企业以对外投资的方式积极参与国际竞争，合理布局国内国际两个生产、两个市场，提高中国制造业的全球制造半径，实现国内国际双循环的协同提升。

第8章　主要结论与政策启示

中国企业的对外直接投资，产业政策是重要的影响因素。中国作为世界第二大对外直接投资国，政府发布的一系列对外投资产业政策关系到对外直接投资的整体发展战略和未来发展方向，对企业对外直接投资的意义非凡。围绕产业政策与中国企业对外直接投资的关系问题，本书从不同的视角系统全面地考察了产业政策对中国企业对外直接投资的影响和传导机制。本章对前文的研究进行总结，归纳概括主要结论，在此基础上得到相应的研究启示和政策含义，最后展望该领域未来的研究方向。

8.1　研究结论

本书的主线是探讨产业政策影响中国企业对外直接投资的理论机制和经验证据，沿着这一路径，基于对中国对外投资产业政策体系的系统梳理、分析和总结，从企业意愿和能力、政策协同性、企业能力提升、福利的视角，深入研究了产业政策与中国企业对外直接投资之间的关系。主要研究结论包括以下几点。

第一，梳理中国对外投资产业政策体系，从便利化政策、方向指导政策、金融财税政策三方面阐述其演化路径。其中，便利化政策经历了从限制到支持、鼓励的转变过程，方向指导政策从关注加工贸易向涉及更多行业的方向转变，金融财税政策配合方向指导政策的实施，发布的密度较高。总体上看，中国对外投资产业政策表现出明显的实用主义色彩，具有阶段性和特殊性。在不同阶段之间的转变过程中，产业政策的发布和实施始终围绕两个定位。比较优势是对外投资产业政策的基础定位，充分发挥本国在既定的资源禀赋方面的优势，在方向指导政策和金融财税政策中多有体现；有为政府和有效市场是一国按照比较优势发展的制度前提，对于经济增长的作用不可或缺，政府发布的有利于创造良好产业环境的便利化政策即是对构建充分竞争的有效市场体系的不断推进。在这一过程中，产业政策的四个目标，即弥补市场失灵、发挥比较优势、创造后发优势、提升产业竞争力，也延伸到对外投资领域。以简政放权、信息服务为主要内容的便利化政策有助于减少信息不对称，控制海外企业的竞争规模，方向指导政策和金融财税政策的落脚点则是发挥比较优势的同时发展新的竞争优势、创造后发优势，最终的目标都是提升产业的竞争力。

第二，从企业意愿和能力的角度考察产业政策对中国企业对外直接投资决策的影响，依托动态优化模型，提供理论机制说明，在微观企业层面进行实证研究。理论研究表明，产业政策通过影响企业对外直接投资的意愿和能力，显著提升了企业进行对外直接投资的概率，也增大了企业再投资的可能性。实证分析结果显示，总体上产业政策促进了企业的对外直接投资，企业的生产率越高，产业政策对于对外直接投资的促进作用越强；相比于国有企业，产业政策对非国有企业的对外直接投资正向影响更大。进一步分析发现，金融财税政策对于企业对外直接投资的促进作用最强，便利化政策的促进作用最弱；便利化政策、方向指导政策以及金融财税政策均能显著提升企业继续进行对外直接投资的概率，其中便利化政策和金融财税政策的促进作用更强；部分企业对外直接投资的次数大于 1 次，且东道国存在差异，产业政策对企业对外直接投资的区域多元化程度也存在显著的正向影响。

第三，中央政府发布的政策需要一定的空间载体，地方政府的政策执行力度、市场化程度等因素均会对中央政策的效果产生影响。对此，从政策协同性视角出发，通过制度理论，探讨不同层级政府发布的便利化政策对企业对外直接投资的影响，进一步证实了产业政策支持对弥补企业自身竞争优势不足以促进中国企业对外直接投资的关键作用。研究发现，中央便利化政策和省级便利化政策均能促进企业对外直接投资，更重要的是，省级政府颁布的便利化政策能够增强中央便利化政策的正向影响，说明不同层级产业政策之间存在协同作用；各级政府颁布的便利化政策对隶属层级较低的企业的影响更加显著；在市场化程度较高的地区，便利化政策对企业对外直接投资的促进作用更强。考虑到规模较大的国有企业和规模较小的民营企业对中国的对外直接投资贡献较大，构建规模偏离度指标，进行机制分析，结果表明规模偏离度是便利化政策影响企业对外直接投资的可能渠道。

第四，利用 2004～2013 年中国工业企业数据库中首次投资的企业样本，尝试从企业能力提升的视角，考察对外直接投资的生产率效应以及产业政策对生产率效应的作用。以方向指导政策为代表进行的研究发现，对外直接投资对企业的生产率有着显著的正向影响，产业政策支持力度增大有助于增强对外直接投资给企业生产率带来的正向促进作用；只有在研发资源密集型国家、信贷放松型国家投资的企业，对外直接投资才会带来显著的生产率增长，而无论东道国的研发资源密集程度、信贷放松程度如何，产业政策都进一步提升了对外直接投资的生产率效应；对于非战略型行业的企业来说，对外直接投资对企业生产率提升的作用不显著，而产业政策支持有助于这类企业吸收对外直接投资带来的逆向技术溢出；企业的生产率因其对外直接投资而提高，且存在先上升后下降的动态变化，但是产业政策支持并没有加强对外直接投资和生产率之间的长期因果关系。

第五，以福利为落脚点，探讨产业政策影响中国企业对外直接投资的微观作用机制和宏观效应。通过构建异质性企业模型，推导理论假说，从福利的视角说明产业政策促进中国企业对外直接投资的机制，并在行业层面进行实证检验，利用数值计算的方法考察福利效应。研究发现，产业政策支持力度的增强有助于降低对外直接投资的临界生产率和平均生产率，进一步引致社会福利的提高，这是政策作用的核心。进一步分析表明，便利化政策仅对于对外直接投资临界生产率具有显著负向影响，而方向指导政策和金融财税政策会降低对外直接投资平均生产率；与只进行出口相比，政策支持力度的增加显著提高了企业以对外直接投资方式服务外国市场的可能性；政策支持有助于引导企业选择高制度质量国家进行对外直投资。从总量上看，产业政策支持力度提升还会促进对外直接投资的规模扩大。

8.2 研 究 启 示

在理论研究和经验研究的基础上，本书得到如下政策启示。

第一，完善对外直接投资政策和服务体系，其关键在于明确产业政策的方向，提高产业政策的有效性，逐步实现政府职能的转变。为此，应至少从两方面推进：一方面，中国的对外直接投资政策应当向着清晰明确的方向继续优化，逐步确立政府的职能界限，通过对外直接投资体系的优化，提升政府的服务职能；另一方面，对于那些对外直接投资企业相对较少的行业，挖掘背后的原因，平衡对外直接投资结构，促进企业竞争力的同步提高。同时，结合中国参与全球制造分工体系的新形势，整体规划对外投资产业政策，加快推进双边投资协定的升级和完善，减少对外投资过程中的信息不对称，从监管向服务和保护转型。产业政策不仅能够促进企业的对外直接投资，还有助于提升对外直接投资带来的企业生产率的增长，因此，完善对外投资产业政策促进体系也是增强对外直接投资的逆向溢出效应的重要一环。政府要依托对外直接投资的积极作用，通过健全对外投资产业政策，扩大对外直接投资的规模，充分发挥产业政策在对外直接投资提升企业生产率中所起的作用。

第二，加强政策的有效性具有重要的战略地位，为此，政府要合理评估产业政策，做好引导者和开发者的角色。在对外直接投资的发展过程中，政府需要判断企业在国内是否具有竞争优势，这一优势会影响企业对外直接投资的动力和能力。政府可以着力完善对外直接投资后期监管政策，具体到对外直接投资的微观实践。部分企业的投资决策和规划不完善，导致经营出现困难，或者对东道国的环境要求、安全标准等的重视程度不够，引发对外直接投资的纠纷，给自身带来经济损失。对外投资产业政策应引导企业正确地"走出去"，通过分析已有对外直接投资项目的经验和教训，根据国家战略和实际需要，制定准确、有效的政策，提高企业在国际竞争中的竞争优势；深化已有投资合作，关注政策和企业的良性互动，重点放在企业自身竞争力的提高和专业化管理能力的增强，从重数量向重质量转变，进一步提高中国对外直接投资的整体质量，助力产业升级。

第三，便利化政策是引导对外直接投资的重要手段。在过去较长的时期，政府通过审批制和核准制管理企业的对外直接投资，程序复杂繁琐且周期较长，同时对外直接投资取得快速发展，投资管理体制滞后于对外直接投资实践需求。近二十年来，围绕"走出去"战略，政府在对外直接投资的管理方面不断下放项目的审批核准权限，简化与政府有关的程序，支持企业的国际化经营。中国目前的对外投资政策基本处于便利化的阶段，各级政府在制定和执行便利化政策时，始终围绕着提高企业对外直接投资的便利化水平、促进对外直接投资健康发展的逻辑，在对外直接投资的规范、引导、促进、调控等方面发挥着重大的职能作用。中央政府和地方政府在企业对外直接投资活动中均具有重要作用，尤其是部分对外直接投资项目的核准权限交由地方后，地方政府对于企业对外直接投资具有更为直接的把控权。因此，在未来一段时间内，仍需立足于优化便利化政策环境，充分发挥中央、省级便利化政策对企业对外直接投资的促进作用，并强化不同层级政策的协调性，提高聚合力。中央政府立足于国内比较优势和发展需求，着力提升企业对外直接投资的便利化程度，而地方政府选择性地响应能够促进地方经济建设、增强地区竞争优势的中央政策。中央政府和地方政府制定政策的利益出发点不一致，可能导致省级政策的整体跟进速度较慢，从而阻碍产业政策的有效转变。在当前的权责体系下，这种矛盾带来的影响未来仍将存在，因而各级政府在制定政策时，需全盘考虑国家利益、省级特定优势和企业能力，找准三者的均衡点，加快探索中央、省级政策的协调机制，促进不同层级政策间的良性互动与发展。为此，还需加强中央政府对地方政府的监督管理，制定明确有效的制度约束。

第四，政府在制定和执行产业政策的过程中，应加强信息交流和沟通，提高政策的协调性，避免造成内部摩擦，从而最小化政策执行成本。中央政府在制定政策时，应明确政策目标和政策内容，尤其在试点政策中可以指导地方政府有针对性地选择和创新政策工具，有机衔接地区对外直接投资需求。改进政策执行管理制度，加强政策落实程序的监督和公开，在一定程度上保持地方自主裁量权的同时，制定明确有效的政策约束；及时收集并深度分析地方的反馈信息，规范地方政府的行为。在此过程中，重视不同企业潜在需求的差异性，结合企业的特点优化政策效果，加强对隶属层级高的国有企业的支持，进一步降低隶属层级较低的非国有企业可能承担的制度性成本。继续深入推进市场化改革，为对外直接投资项目审批渠道的通畅创造条件，提升对外直接投资领域的资源配置效率，提高产业政策的影响力。

第五，政府在制定和实施对外投资产业政策过程中应重视长期效果的反馈，建立提高对外直接投资逆向溢出作用的长效机制，既要及时给予对外直接投资相应扶持，还需要明确自身的角色和定位。在健全对外直接投资政策促进体系的基础上，依托对外直接投资的积极作用，进一步扩大对外直接投资规模的同时提高质量，充分发挥产业政策支持为对外直接投资的生产率效应带来的促进作用。重点做好对外直接投资逆向溢出平台的搭建，提高政策的精准度，为对外直接投资的生产率效应提供机制支撑。在提高对外直接投资水平的进程中，支持企业发挥主导作用，鼓励企业管理人员及时搜集和分析东道国的环境信息，引导其科学合理地决策。政府做好经济目标和企业需求的协调工作，企业集中精力提高自身能力，避免对外部支持的过度依赖，共同培养和发展企业的独特竞争优势，稳步推进中国跨国公司的建设。

8.3　研究展望

本书从产业政策的视角解读中国企业对外直接投资行为，综合使用动态优化方程、制度理论和异质性企业模型，一定程度上丰富了产业政策影响企业对外直接投资的理论机制和分析视角，为中国企业的对外直接投资实践提供了新的经验证据。更为重要的是，本书系统梳理中国对外投资产业政策体系，为科学客观地评估产业政策与对外直接投资的关系提供了重要依据。当然，本书的研究还存在一些需要完善的地方，如下几个方面值得未来进一步研究。

第一，考虑到篇幅的限制，本书结合对外直接投资的经典文献和中国的实际，主要结合动态优化方程、制度理论、异质性企业模型等进行理论推演，探究产业政策的作用机制，考量生产率、所有权、市场化程度等对产业政策的调节作用，分析不同层级政策的作用。然而产业政策对企业对外直接投资的影响还可能受到其他因素的作用，例如政府和市场的关系、市场竞争程度、东道国市场特征和政策导向等，对这些问题的研究有助于深化对于产业政策影响企业对外直接投资的微观机制的认识，同时也能更全面地考察产业政策和企业对外直接投资之间的关系，因此本书的研究维度还有待进一步拓展。

第二，本书系统梳理对外投资产业政策，采用传统的数量衡量方法和最新的文本分析方法进行政策评估。在文本分析时，通过阅读政策文本，分析政策对企业对外直接投资态度的变化，基于这种定性的分析，列出政策的关键词，构建词表。对于政策关键词的选择，存在一定的主观性。从这一角度看，采用更为客观的方法和分析流程，细化政策的量化是将来可以继续研究的方向。以关键词的提取为例，可以在对文本进行分词的基础上，对关键词进行共词分析和频次分析，进行共聚词类量化研究，发现对外投资产业政策关注点的改变，进一步描述政府理念和态度的转变。对于对外投资产业政策，可以设立科学的评估制度，独立评估具体政策的效果。

第三，在考察产业政策影响企业对外直接投资的微观作用机制时，本书在动态优化方程和异质性企业模型的基础上，引入对外直接投资的产业政策支持变量，实证研究中也更多关注企业的对外直接投资行为，而关于企业的出口和对外直接投资之间的关系以及企业对外直接投资的东道国选择问题没有太多涉及，这也使得本书在探讨企业对外直接投资选择的理论机制方面具有可以拓展的空间。此外，产业政策和企业对外直接投资的规模方面的研究也是将来可以继续延伸的方向。

第四，本书在考察不同层级政府政策对企业对外直接投资的影响时，主要根据便利化政策推断中央政府和省级政府的关系，而关于两级政府在制定便利化政策方面的动机和路径没有太多涉及。从这一角度来看，如何明确中央和地方制定产业政策的出发点还需要做进一步探讨，特别是需要理顺中央政府、地方各级政府的权责关系，这一点对于优化对外投资产业政策促进体系也具有重要意义。

第五，本书选取的样本区间是 2004 ~ 2013 年。正如前文所说，2004年之后，中国对外直接投资规模开始显著增大。不过，随着国内国际环境的深刻变化，近年来，中国的对外直接投资与 2013 年之前的对外直接投资情况相比有较大区别，在 2017 年前后甚至出现了非理性扩张的趋势。对此，政府也相应出台了对外直接投资领域的限制政策，反映出了政府对于对外直接投资的态度发生转变。但受数据的限制，本书的样本区间不包含 2013 年之后，如果今后获得 2013 年之后年份的相关数据，会进一步分析最新的政策内容，整理匹配企业数据，深化对产业政策和企业对外直接投资相关问题的研究。

第六，对外直接投资的生产率效应取决于产业政策因素。考虑到政策对于对外直接投资后的作用，本书将分析的重点放在方向指导政策。未来的研究可以评估某项具体政策的效果或不同阶段的产业政策的影响，从而提供新的见解。例如，尽管政府政策规范对外直接投资活动，但这些政策针对对外直接投资的不同发展阶段，其实施时间也存在较大差异。对此，可根据政策实施的具体时间节点，立足具体的国际环境和历史阶段特点，结合政策所涉及的对外直接投资具体领域和边界，分类分时段做进一步评估。

附录　第7章理论模型推导

1. $\mathrm{d}\varphi_I/\mathrm{d}s < 0$。

证明：F 国可消费的 H 国产品 X_F^H

$$X_F^H = \left[N\left(\int_{\varphi_X}^{\varphi_I} \tau^{1-\sigma} \alpha^{\sigma-1} \varphi^{\sigma-1} \mathrm{d}G(\varphi) + \int_{\varphi_I}^{\infty} \alpha^{\sigma-1} \varphi^{\sigma-1} \mathrm{d}G(\varphi) \right) \right]^{\frac{1}{\sigma-1}\frac{1}{1-\mu}}$$

$$= \left[N\left(\frac{k}{k+1-\sigma} \varphi_u^k \alpha^{\sigma-1} (1-\tau^{1-\sigma}) \varphi_I^{-k-1+\sigma} + \frac{k}{k+1-\sigma} \varphi_u^k \alpha^{\sigma-1} \tau^{1-\sigma} \varphi_X^{-k-1+\sigma} \right) \right]^{\frac{1}{\sigma-1}\frac{1}{1-\mu}}$$

$$\text{（A.1）}$$

是关于 φ_X、φ_I 和 N 的函数。

$$\frac{\mathrm{d}\varphi_I}{\mathrm{d}s} = \frac{\partial \varphi_I}{\partial s} + \frac{\partial \varphi_I}{\partial B_F} \frac{\mathrm{d}B_F}{\mathrm{d}s} \qquad \text{（A.2）}$$

$$\frac{\mathrm{d}\varphi_I}{\mathrm{d}s} = -\frac{1}{\sigma-1} (1-s)^{\frac{2-\sigma}{\sigma-1}} \left[\frac{(f_I - f_X)}{(1-\alpha)\alpha^{\sigma-1}(1-\tau^{1-\sigma})B_F} \right]^{\frac{1}{\sigma-1}} \qquad \text{（A.3）}$$

$$\frac{\partial \varphi_I}{\partial B_F} = \frac{1}{1-\sigma} \frac{\varphi_I}{B_F} \qquad \text{（A.4）}$$

$$\frac{\mathrm{d}B_F}{\mathrm{d}s} = \frac{\partial B_F}{\partial s} + \frac{\partial B_F}{\partial \varphi_X} \frac{\mathrm{d}\varphi_X}{\mathrm{d}s} + \frac{\partial B_F}{\partial \varphi_I} \frac{\mathrm{d}\varphi_I}{\mathrm{d}s} + \frac{\partial B_F}{\partial N} \frac{\mathrm{d}N}{\mathrm{d}s} \qquad \text{（A.5）}$$

$$\frac{\mathrm{d}\varphi_X}{\mathrm{d}s} = \frac{\partial \varphi_X}{\partial B_F} \frac{\mathrm{d}B_F}{\mathrm{d}s} = \frac{1}{1-\sigma} \frac{\varphi_X}{B_F} \frac{\mathrm{d}B_F}{\mathrm{d}s} = \frac{\varphi_X}{\varphi_I} \left(\frac{\mathrm{d}\varphi_I}{\mathrm{d}s} - \frac{\partial \varphi_I}{\partial s} \right) \qquad \text{（A.6）}$$

$$\frac{\partial B_F}{\partial N} = \frac{\mu-\alpha}{1-\alpha} \frac{1}{\sigma-1} \frac{1}{1-\mu} (X_F^H)^{\frac{\mu-\alpha}{1-\alpha}} L_F N^{-1} \qquad \text{（A.7）}$$

$$\frac{\mathrm{d}N}{\mathrm{d}s} = \frac{\mu\alpha}{k(\alpha-\mu)} N \frac{\tilde{A}_F \tilde{L}_F}{\tilde{A}_H \tilde{L}_H + \tilde{A}_F \tilde{L}_F} \frac{1}{A_F} \frac{\mathrm{d}A_F}{\mathrm{d}s} \qquad \text{（A.8）}$$

$$\frac{\mathrm{d}A_F}{\mathrm{d}s} = -\frac{k}{1-\sigma}(1-s)^{\frac{k}{1-\sigma}}(f_I - f_X)^{\frac{k+1-\sigma}{1-\sigma}}(\alpha\varphi_u)^k(1-\alpha)^{\frac{k+1-\sigma}{\sigma-1}}(1-\tau^{1-\sigma})^{\frac{k}{\sigma-1}}$$

$$(\text{A.9})$$

对于该式，由于 $\sigma > 1$，$0 < \alpha < 1$，$\varphi_u > 0$，$k+1-\sigma > 0$，$\tau > 1$，$f_I > f_X$，$0 < s < 1$，所以有 $\mathrm{d}A_F/\mathrm{d}s > 0$。

将（A.3）–（A.9）代入（A.2）并化简可得：

$$\frac{\mathrm{d}\varphi_I}{\mathrm{d}s} = \frac{\dfrac{\partial\varphi_I}{\partial s}\left(1 + \dfrac{1}{\sigma-1}\dfrac{\varphi_I}{B_F}\dfrac{\partial B_F}{\partial\varphi_X}\dfrac{\varphi_X}{\varphi_I}\right) - \dfrac{1}{\sigma-1}\dfrac{\varphi_I}{B_F}\dfrac{\partial B_F}{\partial s} + \dfrac{\partial B_F}{\partial N}\dfrac{\mathrm{d}N}{\mathrm{d}s}}{1 + \dfrac{1}{\sigma-1}\dfrac{\varphi_I}{B_F}\dfrac{\partial B_F}{\partial\varphi_X}\dfrac{\varphi_X}{\varphi_I} + \dfrac{1}{\sigma-1}\dfrac{\varphi_I}{B_F}\dfrac{\partial B_F}{\partial\varphi_I}} \quad (\text{A.10})$$

其中，$\dfrac{\partial\varphi_I}{\partial s} < 0$，$\dfrac{\partial B_F}{\partial s} = 0$，$\dfrac{\partial B_F}{\partial N} < 0$，$\dfrac{\mathrm{d}N}{\mathrm{d}s} > 0$，且根据（A.1），有 $\dfrac{\partial B_F}{\partial\varphi_X} > 0$，$\dfrac{\partial B_F}{\partial\varphi_I} > 0$，所以有 $\dfrac{\mathrm{d}\varphi_I}{\mathrm{d}s} < 0$。

2. A_H、A_F 表达式。

$$X_H = \left[N\int_{\varphi_D}^{\infty} p(\varphi)^{1-\sigma}\mathrm{d}G(\varphi)\right]^{\frac{1}{\sigma-1}\frac{1}{1-\mu}}$$

$$= \left[N\int_{\varphi_D}^{\infty}\alpha^{\sigma-1}k\varphi_u^k\varphi^{\sigma-k-2}\mathrm{d}\varphi\right]^{\frac{1}{\sigma-1}\frac{1}{1-\mu}}$$

$$= \left[N\alpha^{\sigma-1}\frac{k}{k+1-\sigma}\varphi_u^k\varphi_D^{-k-1+\sigma}\right]^{\frac{1}{\sigma-1}\frac{1}{1-\mu}}$$

$$= \left[N\frac{k}{k+1-\sigma}(\alpha\varphi_u)^k\left(\frac{1-\alpha}{f_D}\right)^{\frac{k+1-\sigma}{\sigma-1}}(B_H)^{\frac{k+1-\sigma}{\sigma-1}}\right]^{\frac{1}{\sigma-1}\frac{1}{1-\mu}}$$

$$= \left[NA_H(B_H)^{\frac{k+1-\sigma}{\sigma-1}}\right]^{\frac{1}{\sigma-1}\frac{1}{1-\mu}}$$

$$X_F = \left[N\int_{\varphi_X}^{\varphi_I}\tau^{1-\sigma}p(\varphi)^{1-\sigma}\mathrm{d}G(\varphi) + \int_{\varphi_I}^{\infty}p(\varphi)^{1-\sigma}\mathrm{d}G(\varphi)\right]^{\frac{1}{\sigma-1}\frac{1}{1-\mu}}$$

$$= \left[N\int_{\varphi_X}^{\varphi_I}\tau^{1-\sigma}\alpha^{\sigma-1}k\varphi_u^k\varphi^{\sigma-k-2}\mathrm{d}\varphi + \int_{\varphi_I}^{\infty}\alpha^{\sigma-1}k\varphi_u^k\varphi^{\sigma-k-2}\mathrm{d}\varphi\right]^{\frac{1}{\sigma-1}\frac{1}{1-\mu}}$$

$$= \left[N\frac{k}{k+1-\sigma}(\alpha\varphi_u)^k(1-\alpha)^{\frac{k+1-\sigma}{\sigma-1}}\right]^{\frac{1}{\sigma-1}\frac{1}{1-\mu}}$$

$$\left\{\left[\tau^{-k}(f_X)^{\frac{k+1-\sigma}{1-\sigma}} + (1-\tau^{1-\sigma})^{\frac{k}{\sigma-1}}\left[(1-s)(f_I-f_X)\right]^{\frac{k+1-\sigma}{1-\sigma}}\right](B_F)^{\frac{k+1-\sigma}{\sigma-1}}\right\}^{\frac{1}{\sigma-1}\frac{1}{1-\mu}}$$

$$= \left[NA_F (B_F)^{\frac{k+1-\sigma}{\sigma-1}} \right]^{\frac{1}{\sigma-1}} \frac{1}{-\mu}$$

3. 自由进入条件。

潜在进入企业的预期利润为：

$$\int_{\varphi_D}^{\infty} \left[(1-\alpha) \alpha^{\sigma-1} \varphi^{\sigma-1} B_H - f_D \right] \mathrm{d}G(\varphi) + \int_{\varphi_X}^{\varphi_I} \left[(1-\alpha) \alpha^{\sigma-1} \tau^{1-\sigma} \varphi^{\sigma-1} B_F - f_X \right] \mathrm{d}G(\varphi)$$

$$+ \int_{\varphi_I}^{\infty} \left[(1-\alpha) \alpha^{\sigma-1} \varphi^{\sigma-1} B_F - (f_I - s(f_I - f_X)) \right] \mathrm{d}G(\varphi)$$

对上式求积分可得：

$$(1-\alpha) \alpha^{\sigma-1} B_H V(\varphi_D) + (1-\alpha) \alpha^{\sigma-1} \tau^{1-\sigma} B_F (V(\varphi_X) - V(\varphi_I))$$

$$+ (1-\alpha) \alpha^{\sigma-1} B_F V(\varphi_I) - f_D (1 - G(\varphi_D)) - f_X (G(\varphi_I) - G(\varphi_X))$$

$$- (f_I - s(f_I - f_X))(1 - G(\varphi_I))$$

其中 $V(\varphi) = \dfrac{k}{k+1-\sigma} \varphi_u^k \varphi^{-k-1+\sigma}$。

$(1-\alpha) \alpha^{\sigma-1} B_H V(\varphi_D) - f_D (1 - G(\varphi_D))$ 表示企业国内生产的利润，根据 (7.5)，代入 φ_D，得到：

$$(1-\alpha) \alpha^{\sigma-1} B_H V(\varphi_D) - f_D (1 - G(\varphi_D))$$

$$= (1-\alpha)(B_H)^{\frac{k}{\sigma-1}} (\alpha \varphi_u)^k \frac{k}{k+1-\sigma} \left(\frac{1-\alpha}{f_D} \right)^{\frac{k+1-\sigma}{\sigma-1}}$$

$$- (1-\alpha)(B_H)^{\frac{k}{\sigma-1}} (\alpha \varphi_u)^k \left(\frac{1-\alpha}{f_D} \right)^{\frac{k+1-\sigma}{\sigma-1}}$$

$$= (1-\alpha)(B_H)^{\frac{k}{\sigma-1}} (\alpha \varphi_u)^k \frac{k}{k+1-\sigma} \left(\frac{1-\alpha}{f_D} \right)^{\frac{k+1-\sigma}{\sigma-1}} \frac{\sigma-1}{k}$$

$$= \frac{\alpha}{k} (B_H)^{\frac{k}{\sigma-1}} A_H$$

同理可得企业预期的国外销售利润为 $\dfrac{\alpha}{k} A_F (B_F)^{\frac{k}{\sigma-1}}$，结合企业进入的固定成本，有式 (7.10)：

$$f_E = \frac{\alpha}{k} A_H (B_H)^{\frac{k}{\sigma-1}} + \frac{\alpha}{k} A_F (B_F)^{\frac{k}{\sigma-1}}$$

4. $\mathrm{d}W/\mathrm{d}s$ 各项表达式及符号讨论。

在具体的求导过程中，代入式 (7.6)、式 (7.7)、式 (7.9)、

式（7.11）等式；按照复合的次序，例如，$B_F - X_F - N - A_F - s$，$X_H - N -$
$A_F - s$，向内一层一层求导。为了简化表达式，用（A.9）$\mathrm{d}A_F/\mathrm{d}s$ 表达式，
即 $\partial A_F/\partial s$，替代化简后的部分内容。

$$① = \frac{1-\mu}{\mu}L_H \frac{\mu\alpha}{\mu\alpha - k(\mu-\alpha)}N^{\frac{k(\mu-\alpha)}{\mu\alpha - k(\mu-\alpha)}}\frac{\mathrm{d}N}{\mathrm{d}s}\left(A_H\left(L_H\right)^{\frac{k+1-\sigma}{\sigma-1}}\right)^{\frac{\mu\alpha}{\mu\alpha - k(\mu-\alpha)}}，该式$$

始终大于零。

$$② + ③ = (\alpha - 1)\frac{s}{1-s}N(B_F)^{\frac{k}{\sigma-1}}\frac{\mathrm{d}A_F}{\mathrm{d}s}$$

当 $s \to 0^+$ 时，② + ③略小于零，可以认为其约等于 0；当 $s \to 1^-$ 时，
$\lim_{s\to 1^-}\frac{s}{1-s} = +\infty$，结合 $\alpha < 1$，可知② + ③趋向于 $-\infty$。

$$④ + ⑤ + ⑥ = \frac{\sigma - 1 - ks}{k+1-\sigma}\frac{\mathrm{d}A_F}{\mathrm{d}s}(B_F)^{\frac{k}{\sigma-1}}\frac{\mathrm{d}N}{\mathrm{d}s}\left[\frac{\alpha}{k} + \frac{(\mu-\alpha)\alpha}{\mu\alpha - k(\mu-\alpha)}\right]$$
$$+ \frac{\alpha}{k+1-\sigma}\frac{N}{A_F}\frac{\mathrm{d}A_F}{\mathrm{d}s}\left[\frac{(\sigma-1)\mu f_D}{k(\alpha-\mu)}\frac{\tilde{A}_F}{\tilde{A}_H + \tilde{A}_F}\right]$$
$$+ \frac{(\sigma - 1 - ks)(\mu-\alpha)}{\mu\alpha - k(\mu-\alpha)}\frac{\mathrm{d}A_F}{\mathrm{d}s}(B_F)^{\frac{k}{\sigma-1}}\Bigg]$$

假设 $\frac{\alpha}{k} + \frac{(\mu-\alpha)\alpha}{\mu\alpha - k(\mu-\alpha)} > 0$，当 $s \to 0^+$ 时，④ + ⑤ + ⑥大于零。

当 $s \to 1^-$ 时，$⑥ = \frac{\sigma - 1}{k+1-\sigma}f_D\frac{\mathrm{d}N}{\mathrm{d}s} > 0$，

$$④ + ⑤ = \frac{\sigma - 1 - ks}{k+1-\sigma}\left(\frac{\mathrm{d}A_F}{\mathrm{d}s}\right)^2\frac{\alpha N}{A_F}(B_F)^{\frac{k}{\sigma-1}}\frac{\mu^2\alpha^2\tilde{A}_F - k^2(\alpha-\mu)^2(\tilde{A}_H + \tilde{A}_F)}{k^2(\alpha-\mu)[\mu\alpha - k(\mu-\alpha)](\tilde{A}_H + \tilde{A}_F)}，$$

该式小于零。

$$⑦ = \frac{\sigma - 1}{k+1-\sigma}f_X\varphi_u^k\varphi_X^{-k}\frac{1}{A_F}\frac{\mathrm{d}A_F}{\mathrm{d}s}$$
$$\left[\frac{k(\mu-\alpha)}{\mu\alpha - k(\mu-\alpha)}\left(\frac{\mu\alpha}{k(\alpha-\mu)}\frac{\tilde{A}_F}{\tilde{A}_H + \tilde{A}_F} + 1\right) + \frac{\mu\alpha}{k(\alpha-\mu)}\frac{\tilde{A}_F}{\tilde{A}_H + \tilde{A}_F}N\right]$$

该式始终大于零。

综上所述，当 $s \to 0^+$ 时，$\mathrm{d}W/\mathrm{d}s > 0$；当 $s \to 1^-$ 时，$\mathrm{d}W/\mathrm{d}s < 0$。

5. 国内存活企业总体生产率水平和对外投资政策支持的关系。

因为 $\tilde{\varphi}_D = \left(\dfrac{k}{k+1-\sigma} \right)^{\frac{1}{\sigma-1}} \varphi_D$，所以有 $\dfrac{\partial \tilde{\varphi}_D}{\partial \varphi_D} > 0$。

$\dfrac{\mathrm{d}B_H}{\mathrm{d}s} = \dfrac{\partial B_F}{\partial N} \dfrac{\mathrm{d}N}{\mathrm{d}s}$，其中 $\dfrac{\partial B_F}{\partial N} < 0$，$\dfrac{\mathrm{d}N}{\mathrm{d}s} > 0$，因此 $\dfrac{\mathrm{d}B_H}{\mathrm{d}s} < 0$。

进一步，$\dfrac{\mathrm{d}\varphi_D}{\mathrm{d}s} = \dfrac{\partial \varphi_D}{\partial B_H} \dfrac{\mathrm{d}B_H}{\mathrm{d}s} = \dfrac{1}{1-\sigma} \dfrac{\varphi_D}{B_H} \dfrac{\mathrm{d}B_H}{\mathrm{d}s}$，由于 $\sigma < 1$，所以 $\dfrac{\mathrm{d}\varphi_D}{\mathrm{d}s} > 0$。

因此有 $\dfrac{\partial \tilde{\varphi}_D}{\partial s} = \dfrac{\partial \tilde{\varphi}_D}{\partial \varphi_D} \dfrac{\mathrm{d}\varphi_D}{\mathrm{d}s} > 0$。

参 考 文 献

［1］卜伟、杨玉霞、李洁琳：《中国对外直接投资政策对 OFDI 的影响研究》，载《宏观经济研究》2018 年第 7 期。

［2］蔡长昆：《制度环境、制度绩效与公共服务市场化：一个分析框架》，载《管理世界》2016 年第 4 期。

［3］陈岩、马利灵、钟昌标：《中国对非洲投资决定因素：整合资源与制度视角的经验分析》，载《世界经济》2012 年第 10 期。

［4］陈胤默、孙乾坤、文雯、黄雨婷：《母国经济政策不确定性、融资约束与企业对外直接投资》，载《国际贸易问题》2019 年第 6 期。

［5］陈云松、范晓光：《社会学定量分析中的内生性问题测估社会互动的因果效应研究综述》，载《社会》2010 年第 4 期。

［6］戴翔：《中国企业"走出去"的生产率悖论及其解释——基于行业面板数据的实证分析》，载《南开经济研究》2013 年第 2 期。

［7］戴小勇、成力为：《产业政策如何更有效：中国制造业生产率与加成率的证据》，载《世界经济》2019 年第 3 期。

［8］樊纲、王小鲁、马光荣：《中国市场化进程对经济增长的贡献》，载《经济研究》2011 年第 9 期。

［9］樊纲、王小鲁、张立文、朱恒鹏：《中国各地区市场化相对进程报告》，载《经济研究》2003 年第 3 期。

［10］高鹏飞、胡瑞法、熊艳：《中国对外直接投资 70 年：历史逻辑、当前问题与未来展望》，载《亚太经济》2019 年第 5 期。

［11］葛顺奇、罗伟：《中国制造业企业对外直接投资和母公司竞争优势》，载《管理世界》2013 年第 6 期。

［12］宫汝凯：《转型背景下的政策不确定性与中国对外直接投资》，载《财经研究》2019 年第 8 期。

［13］黄萃、任弢、张剑：《政策文献量化研究：公共政策研究的新方向》，载《公共管理学报》2015 年第 2 期。

［14］黄胜、叶广宇、周劲波、靳田田、李玉米：《二元制度环境、制度能力对新兴经济体创业企业加速国际化的影响》，载《南开管理评论》2015 年第 3 期。

［15］蒋冠宏、蒋殿春：《中国对发展中国家的投资——东道国制度重要吗?》，载《管理世界》2012 年第 11 期。

［16］蒋冠宏、蒋殿春：《我国技术研发型外向 FDI 的"生产率效应"——来自工业企业的证据》，载《管理世界》2013 年第 9 期。

［17］蒋冠宏、曾靓：《融资约束与中国企业对外直接投资模式：跨国并购还是绿地投资》，载《财贸经济》2020 年第 2 期。

［18］姜广省、李维安：《政府干预是如何影响企业对外直接投资的? ——基于制度理论视角的研究》，载《财经研究》2016 年第 3 期。

［19］金刚、沈坤荣：《中国企业对"一带一路"沿线国家的交通投资效应：发展效应还是债务陷阱》，载《中国工业经济》2019 年第 9 期。

［20］金晓梅、张幼文、赵瑞丽：《行业要素结构与对外直接投资：来自中国工业企业的经验研究》，载《世界经济研究》2019 年第 6 期。

［21］李建萍、辛大楞：《异质性企业多元出口与生产率关系视角下的贸易利益研究》，载《世界经济》2019 年第 9 期。

［22］李磊、包群：《融资约束制约了中国工业企业的对外直接投资吗?》，载《财经研究》2014 年第 6 期。

［23］李磊、蒋殿春、王小霞：《企业异质性与中国服务业对外直接投资》，载《世界经济》2017 年第 11 期。

［24］李磊、冼国明、包群：《"引进来"是否促进了"走出去"? ——外商投资对中国企业对外直接投资的影响》，载《经济研究》2018 年第 3 期。

［25］李力行、申广军：《经济开发区、地区比较优势与产业结构调

整》，载《经济学（季刊）》2015 年第 3 期。

［26］李梅、柳士昌：《对外直接投资逆向技术溢出的地区差异和门槛效应——基于中国省际面板数据的门槛回归分析》，载《管理世界》2012 年第 1 期。

［27］李平、简泽、江飞涛：《进入退出、竞争与中国工业部门的生产率——开放竞争作为一个效率增进过程》，载《数量经济技术经济研究》2012 年第 9 期。

［28］李平、徐登峰：《中国企业对外直接投资进入方式的实证分析》，载《国际经济合作》2010 年第 5 期。

［29］李新春、肖宵：《制度逃离还是创新驱动？——制度约束与民营企业的对外直接投资》，载《管理世界》2017 年第 10 期。

［30］林毅夫：《新结构经济学：反思经济发展与政策的理论框架》，北京大学出版社 2012 年版。

［31］刘莉亚、何彦林、王照飞、程天笑：《融资约束会影响中国企业对外直接投资吗？——基于微观视角的理论和实证分析》，载《金融研究》2015 年第 8 期。

［32］刘啟仁、黄建忠：《人民币汇率、依市场定价与资源配置效率》，载《经济研究》2016 年第 12 期。

［33］刘啟仁、赵灿、黄建忠：《税收优惠、供给侧改革与企业投资》，载《管理世界》2019 年第 1 期。

［34］刘青、陶攀、洪俊杰：《中国海外并购的动因研究——基于广延边际与集约边际的视角》，载《经济研究》2017 年第 1 期。

［35］刘文革、周方召、肖园园：《不完全契约与国际贸易：一个评述》，载《经济研究》2016 年第 11 期。

［36］刘晓光、杨连星：《双边政治关系、东道国制度环境与对外直接投资》，载《金融研究》2016 年第 12 期。

［37］刘志强：《制度与中国对外直接投资的理论与实证》，对外经济贸易大学博士论文，2014 年。

［38］逯东、孙岩、周玮、杨丹：《地方政府政绩诉求、政府控制权

与公司价值研究》，载《经济研究》2014 年第 1 期。

［39］马亚明、张岩贵：《策略竞争与发展中国家的对外直接投资》，载《南开经济研究》2000 年第 4 期。

［40］毛其淋、盛斌：《贸易自由化、企业异质性与出口动态——来自中国微观企业数据的证据》，载《管理世界》2013 年第 3 期。

［41］毛其淋、盛斌：《中国制造业企业的进入退出与生产率动态演化》，载《经济研究》2013 年第 4 期。

［42］毛其淋、许家云：《中国对外直接投资如何影响了企业加成率：事实与机制》，载《世界经济》2016 年第 6 期。

［43］孟醒、董有德：《社会政治风险与我国企业对外直接投资的区位选择》，载《国际贸易问题》2015 年第 4 期。

［44］裴长洪、樊瑛：《中国企业对外直接投资的国家特定优势》，载《中国工业经济》2010 年第 7 期。

［45］裴长洪、郑文：《国家特定优势：国际投资理论的补充解释》，载《经济研究》2011 年第 11 期。

［46］彭纪生、仲为国、孙文祥：《政策测量、政策协同演变与经济绩效：基于创新政策的实证研究》，载《管理世界》2008 年第 9 期。

［47］茹玉骢：《技术寻求型对外直接投资及其对母国经济的影响》，载《经济评论》2004 年第 2 期。

［48］谭用、孙浦阳、胡雪波、张为付：《互联网、信息外溢与进口绩效：理论分析与经验研究》，载《世界经济》2019 年第 12 期。

［49］田巍、余淼杰：《企业生产率和企业"走出去"对外直接投资：基于企业层面数据的实证研究》，载《经济学（季刊)》2012 年第 2 期。

［50］王碧珺、谭语嫣、余淼杰、黄益平：《融资约束是否抑制了中国民营企业对外直接投资》，载《世界经济》2015 年第 12 期。

［51］王方方、赵永亮：《企业异质性与对外直接投资区位选择——基于广东省企业层面数据的考察》，载《世界经济研究》2012 年第 2 期。

［52］王桂军、张辉：《"一带一路"与中国 OFDI 企业 TFP：对发达国家投资视角》，载《世界经济》2020 年第 5 期。

［53］王恕立、向姣姣：《制度质量、投资动机与中国对外直接投资的区位选择》，载《财经研究》2015 年第 5 期。

［54］王永钦、杜巨澜、王凯：《中国对外直接投资区位选择的决定因素：制度、税负和资源禀赋》，载《经济研究》2014 年第 12 期。

［55］吴先明、黄春桃：《中国企业对外直接投资的动因：逆向投资与顺向投资的比较研究》，载《中国工业经济》2016 年第 1 期。

［56］吴小节、谭晓霞、曾华：《母国区域制度质量对民营企业海外市场进入模式的影响》，载《管理科学》2018 年第 4 期。

［57］肖文、韩沈超：《地方政府效率变动对企业"走出去"的影响——基于 2004—2012 年省级面板样本的检验》，载《浙江大学学报（人文社会科学版）》2016 年第 1 期。

［58］徐茗丽、庞立让、王砾、孔东民：《治理成本、市场竞争与企业生产率》，载《中南财经政法大学学报》2016 年第 2 期。

［59］阎大颖、洪俊杰、任兵：《中国企业对外直接投资的决定因素：基于制度视角的经验分析》，载《南开管理评论》2009 年第 6 期。

［60］严兵、肖琬君：《市场分割、异质性与对外直接投资——基于企业层面的考察》，载《国际贸易问题》2018 年第 10 期。

［61］严兵、张禹、李雪飞：《中国企业对外直接投资的生产率效应——基于江苏省企业数据的检验》，载《南开经济研究》2016 年第 4 期。

［62］闫雪凌、林建浩：《领导人访问与中国对外直接投资》，载《世界经济》2019 年第 2 期。

［63］杨宏恩、孟庆强、王晶、李浩：《双边投资协定对中国对外直接投资的影响：基于投资协定异质性的视角》，载《管理世界》2016 年第 4 期。

［64］杨娇辉、王伟、谭娜：《破解中国对外直接投资区位分布的"制度风险偏好"之谜》，载《世界经济》2016 年第 11 期。

［65］杨恺钧、胡树丽：《经济发展、制度特征与对外直接投资的决定因素——基于"金砖四国"面板数据的实证研究》，载《国际贸易问题》2013 年第 11 期。

［66］杨连星、刘晓光、张杰：《双边政治关系如何影响对外直接投资——基于二元边际和投资成败视角》，载《中国工业经济》2016 年第11 期。

［67］杨连星、罗玉辉：《中国对外直接投资与全球价值链升级》，载《数量经济技术经济研究》2017 年第 6 期。

［68］杨汝岱：《中国制造业企业全要素生产率研究》，载《经济研究》2015 年第 2 期。

［69］叶建平、申俊喜、胡潇：《中国 OFDI 逆向技术溢出的区域异质性与动态门限效应》，载《世界经济研究》2014 年第 10 期。

［70］殷华方、潘镇、鲁明泓：《中央—地方政府关系和政策执行力：以外资产业政策为例》，载《管理世界》2007 年第 7 期。

［71］尹东东、张建清：《我国对外直接投资逆向技术溢出效应研究——基于吸收能力视角的实证分析》，载《国际贸易问题》2016 年第1 期。

［72］余淼杰、金洋、张睿：《工业企业产能利用率衡量与生产率估算》，载《经济研究》2018 年第 5 期。

［73］袁东、李霖洁、余淼杰：《外向型对外直接投资与母公司生产率——对母公司特征和子公司进入策略的考察》，载《南开经济研究》2015 年第 3 期。

［74］臧成伟：《市场化有助于提高淘汰落后产能效率吗？——基于企业进入退出与相对生产率差异的分析》，载《财经研究》2017 年第 2 期。

［75］曾守桢、余官胜：《行政审批简化与我国对外直接投资增长——基于核准权下放试点的准自然实验实证研究》，载《国际贸易问题》2020 年第 4 期。

［76］张海亮、齐兰、卢曼：《套利动机是否加速了对外直接投资——基于对矿产资源型国有企业的分析》，载《中国工业经济》2015 年第2 期。

［77］张建红、姜建刚：《双边政治关系对中国对外直接投资的影响研究》，载《世界经济与政治》2012 年第 12 期。

［78］张为付：《影响我国企业对外直接投资因素研究》，载《中国工业经济》2008 年第 11 期。

［79］赵伟、古广东、何元庆：《外向 FDI 与中国技术进步：机理分析与尝试性实证》，载《管理世界》2006 年第 7 期。

［80］周茂、陆毅、陈丽丽：《企业生产率与企业对外直接投资进入模式选择——来自中国企业的证据》，载《管理世界》2015 年第 11 期。

［81］宗芳宇、路江涌、武常岐：《双边投资协定、制度环境和企业对外直接投资区位选择》，载《经济研究》2012 年第 5 期。

［82］Acemoglu D，Robinson J. The Role of Institutions in Growth and Development. *Review of Economics and Institutions*，2010.

［83］Ackerberg D A，Caves K，Frazer G. Identification Properties of Recent Production Function Estimators. *Econometrica*，Vol. 86，No. 6，June 2015，pp. 2411 – 2451.

［84］Aghion P，Cai J，Dewatripont M，Du L，Harrison A，Legros P. Industrial Policy and Competition. *American Economic Journal：Macroeconomics*，Vol. 7，No. 4，April 2015，pp. 1 – 32.

［85］Aiken L S，West S G，Reno R R. Multiple Regression：Testing and Interpreting Interactions. Sage，1991.

［86］Alfaro L，Chen X. Selection and Market Reallocation：Productivity Gains from Multinational Production. *American Economic Journal：Economic Policy*，Vol. 10，No. 2，February 2018，pp. 1 – 38.

［87］Alfaro L，Chanda A，Kalemli-Ozcan S，Sayek S. FDI and Economic Growth：The Role of Local Financial Markets. *Journal of International Economics*，Vol. 64，No. 1，2004，pp. 89 – 112.

［88］Alon I，Anderson J，Munim Z H，Ho A. A Review of the Internationalization of Chinese Enterprises. *Asia Pacific Journal of Management*，Vol. 35，2018，pp. 573 – 605.

［89］Amit R，Schoemaker P. Strategic Assets and Organizational Rent. *Strategic Management Journal*，Vol. 14，No. 1，1993，pp. 33 – 46.

[90] Antràs P. Firms, Contracts and Trade Structure. *The Quarterly Journal of Economics*, Vol. 118, No. 4, 2003, pp. 1375 – 1418.

[91] Antràs P, Helpman E. Global Sourcing. *Journal of Political Economy*, Vol. 112, No. 3, 2004, pp. 552 – 580.

[92] Asiedu E. Foreign Direct Investment in Africa: The Role of Natural Resources, Market Size, Government Policy, Institutions and Political Instability. *The World Economy*, Vol. 29, 2006, pp. 63 – 77.

[93] Bai C, Lu J, Tao Z. The Multitask Theory of State Enterprise Reform: Empirical Evidence from China. *American Economic Review*, Vol. 96, No. 2, 2006, pp. 353 – 357.

[94] Bajo-Rubio O, Díaz-Mora C. On the Employment Effects of Outward FDI: The Case of Spain, 1995 – 2011. *Applied Economics*, Vol. 47, No. 21, 2015, pp. 2127 – 2141.

[95] Baker S R, Bloom N, Davis S J. Measuring Economic Policy Uncertainty. *The Quarterly Journal of Economics*, Vol. 131, No. 4, 2016, pp. 1593 – 1636.

[96] Baldwin R E. The Political Economy of Trade Policy. *Journal of Economic Perspectives*, Vol. 3, No. 4, 1989, pp. 119 – 135.

[97] Balli H O, Sørensen B E. Interaction Effects in Econometrics. *Empirical Economics*, Vol. 45, No. 1, 2013, pp. 583 – 603.

[98] Barney J. Firm Resources and Sustained Competitive Advantage. *Journal of Management*, Vol. 17, No. 1, 1991, pp. 99 – 120.

[99] Becker-Ritterspach F, Allen M L, Lange K, Allen M M C. Home-Country Measures to Support Outward Foreign Direct Investment: Variation and Consequences. UNCTAD, *Transnational Corporations Journal*, 2019.

[100] Bentivogli C, Mirenda L. Foreign Ownership and Performance: Evidence from a Panel of Italian Firms. *IFC Bulletins Chapters*, Vol. 45, 2017.

[101] Bernard A B, Jensen B J. Why Some Firms Export. *Review of Economics and Statistics*, Vol. 86, No. 2, 2004, pp. 561 – 569.

［102］Blonigen B A. A Review of the Empirical Literature on FDI Determinants. *Atlantic Economic Journal*, Vol. 33, No. 4, 2005, pp. 383 – 403.

［103］Boddewyn J J. Foreign Direct Divestment and Investment Decisions: Like or Unlike. *Journal of International Business Studies*, Winter 1988, pp. 23 – 35.

［104］Boddewyn J J, Brewer T L. International – Business Political Behavior: New Theoretical Directions. *The Academy of Management Review*, Vol. 19, No. 1, 1994, pp. 119.

［105］Borin A, Mancini M. Foreign Direct Investment and Firm Performance: An Empirical Analysis of Italian Firms. *Review of World Economics*, Vol. 152, No. 4, 2016, pp. 705 – 732.

［106］Bradley S W, Shepherd D A, Wiklund, J. The Importance of Slack for New Organizations Facing "Tough" Environments. *Journal of Management Studies*, Vol. 48, No. 5, 2011, pp. 1071 – 1097.

［107］Brander J A, Spencer B J. Export Subsidies and International Market Share Rivalry. *Journal of International Economics*, Vol. 18, No. 1 – 2, 1985, pp. 83 – 100.

［108］Brandt L, Van Biesebroeck J, Zhang Y. Creative Accounting or Creative Destruction? Firm – Level Productivity Growth in Chinese Manufacturing. *Journal of Development Economics*, Vol. 97, No. 2, 2012, pp. 339 – 351.

［109］Branstetter L. Is Foreign Direct Investment a Channel of Knowledge Spillovers? Evidence from Japan's FDI in the United States. *Journal of International Economics*, Vol. 68, No. 2, 2006, pp. 325 – 344.

［110］Buckley P J. Internalisation Theory and Outward Direct Investment by Emerging Market Multinationals. *Management International Review*, Vol. 58, No. 2, 2018, pp. 195 – 224.

［111］Buckley P J, Clegg L J, Cross A R, Liu X, Voss H, Zheng P. The Determinants of Chinese Outward Foreign Direct Investment. *Journal of*

International Business Studies, Vol. 38, No. 4, 2007, pp. 499 – 518.

[112] Buckley P J, Cross, A R, Tan, H, Xin, L, Voss, H. Historic and Emergent Trends in Chinese Outward Direct Investment. *Management International Review*, Vol. 48, No. 6, 2008, pp. 715 – 748.

[113] Buckley P J, Yu P, Liu Q, Munjal S, Tao P. The Institutional Influence on the Location Strategies of Multinational Enterprises from Emerging Economies: Evidence from China's Cross-Border Mergers and Acquisitions. *Management and Organization Review*, Vol. 12, No. 3, 2016, pp. 425 – 448.

[114] Caves R E. International Corporations: The Industrial Economics of Foreign Investment. *Economica*, Vol. 38, 1971, pp. 1 – 27.

[115] Castrogiovanni G J. Environmental Munificence: A Theoretical Assessment. *Academy of Management Review*, Vol. 16, No. 3, 1991, pp. 542 – 565.

[116] Cezar R, Escobar O R. Institutional Distance and Foreign Direct Investment. *Review of World Economics*, Vol. 151, No. 4, 2015, pp. 713 – 733.

[117] Chang H J. *The East Asian Development Experience: The Miracle, the Crisis and the Future.* Zed Books, 2006.

[118] Chen V Z, Li J, Shapiro D M. International Reverse Spillover Effects on Parent Firms: Evidences from Emerging – Market MNEs in Developed Markets. *European Management Journal*, Vol. 30, No. 3, 2012, pp. 204 – 218.

[119] Chen T, Lin G, Yabe M. Impact of Outward FDI on Firms' Productivity over the Food Industry: Evidence from China. *China Agricultural Economic Review*, Vol. 11, No. 4, 2019, pp. 655 – 671.

[120] Chen M X, Moore M O. Location Decision of Heterogeneous Multinational Firms. *Journal of International Economics*, Vol. 80, No. 2, 2010, pp. 188 – 199.

[121] Child J, Rodrigues S B. The Internationalization of Chinese Firms:

A Case for Theoretical Extension? *Management and Organization Review*, Vol. 1, No. 3, 2005, pp. 381 – 410.

[122] Chen W, Tang H. The Dragon is Flying West: Micro-Level Evidence of Chinese Outward Direct Investment. *Asian Development Review*, Vol. 31, No. 2, 2014, pp. 109 – 140.

[123] Chor D. Subsidies for FDI: Implications from a Model with Heterogeneous Firms. *Journal of International Economics*, Vol. 78, No. 1, 2009, pp. 113 – 125.

[124] Cohen W M, Levinthal, D A. Absorptive Capacity: A New Perspective on Learning and Innovation. *Administrative Science Quarterly*, Vol. 35, No. 1, 1990, pp. 128 – 152.

[125] Costa S, Sallusti F, Vicarelli C, Zurlo D. Over the ROC Methodology: Productivity, Economic Size and Firms' Export Thresholds. *Review of International Economics*, Vol. 27, No. 3, 2019, pp. 955 – 980.

[126] Cozza C, Rabellotti R, Sanfilippo M. The Impact of Outward FDI on the Performance of Chinese Firms. *China Economic Review*, Vol. 36, 2015, pp. 42 – 57.

[127] Cui L, Jiang F. Ownership Decisions in Chinese Outward FDI: An Integrated Conceptual Framework and Research Agenda. *Asian Business and Management*, Vol. 8, No. 3, 2009, pp. 301 – 324.

[128] Cui L, Jiang F. State Ownership Effect on Firms' FDI Ownership Decisions under Institutional Pressure: A Study of Chinese Outward – Investing Firms. *Journal of International Business Studies*, Vol. 43, No. 3, 2012, pp. 264 – 284.

[129] D'Agostino L M. The Impact of FDI on Firms' Productivity Development: The Case of the UK. *Research Policy*, Vol. 37, No. 12, 2008, pp. 1125 – 1135.

[130] David P, O'Brien, J P, Yoshikawa, T, Delios, A. Do Shareholders or Stakeholders Appropriate the Rents from Corporate Diversification?

The Influence of Ownership Structure. *Academy of Management Journal*, Vol. 53, No. 3, 2010, pp. 636 – 654.

[131] Davies R, Desbordes R. Greenfield FDI and Skill Upgrading: A Polarization of Within-Industry Wage Inequality. *Review of International Economics*, Vol. 27, No. 3, 2019, pp. 847 – 876.

[132] De Loecker J. Detecting Learning by Exporting. *American Economic Journal: Microeconomics*, Vol. 5, No. 3, 2013, pp. 1 – 21.

[133] Deng P. The Internationalization of Chinese Firms: A Critical Review and Future Research. *International Journal of Management Reviews*, Vol. 14, No. 4, 2012, pp. 408 – 427.

[134] Di Minin, A, Zhang, J, Gammeltoft, P. Chinese Foreign Direct Investment in R&D in Europe: A New Model of R&D Internationalization? *European Management Journal*, Vol. 30, No. 3, 2012, pp. 189 – 203.

[135] Ding Y. The Impact of Chinese Outward FDI on Employment in Chinese Firms. *China Economic Review*, 34, 2015, pp. 213 – 226.

[136] Dixit A. Entry and Exit Decisions under Uncertainty. *Journal of Political Economy*, 97 (3), 1989, pp. 620 – 638.

[137] Davies R B, Kristjánsdóttir H. Fixed Costs, Foreign Direct Investment, and Gravity with Zeros. *Review of International Economics*, Vol. 18, No. 1, 2010, pp. 47 – 62.

[138] Deeds D L, Yamakawa Y, Peng M W. What Drives New Ventures to Internationalize from Emerging to Developed Economies? *Entrepreneurship Theory and Practice*, 2008.

[139] Demidova S, Rodríguez-Clare A. The Simple Analytics of the Melitz Model in A Small Economy. *Journal of International Economics*, Vol. 90, No. 2, 2013, pp. 266 – 272.

[140] De Loecker J, Warzynski F. Markups and Firm-Level Export Status. *American Economic Review*, Vol. 102, No. 6, 2012, pp. 2437 – 2471.

[141] Deng P. Revitalizing Outward FDI from Emerging Economies: A

Social Relational Perspective. *Academy of Management Proceedings*, 2017.

[142] Deng Z, Yan J, Van Essen M. Heterogeneity of Political Connections and Outward Foreign Direct Investment. *International Business Review*, Vol. 27, No. 4, 2018, pp. 893 – 903.

[143] Driffield N, Love J H. Foreign Direct Investment, Technology Sourcing and Reverse Spillovers. *The Manchester School*, Vol. 71, No. 6, 2003, pp. 659 – 672.

[144] Du X, Luo J. Political Connections, Home Formal Institutions, And Internationalization: Evidence from China. *Management and Organization Review*, Vol. 12, No. 1, 2016, pp. 103 – 133.

[145] Duanmu J L. Firm Heterogeneity and Location Choice of Chinese Multinational Enterprises (MNEs). *Journal of World Business*, Vol. 47, No. 1, 2012, pp. 64 – 72.

[146] Dunning J H. Trade, *Location of Economic Activity and The MNE: A Search foran Eclectic Approach*. The International Allocation of Economic Activity, 1977, pp. 395 – 418.

[147] Dunning J H. *Multinational Enterprises, Economic Structure and International Competitiveness*. Chichester: Wiley, 1985.

[148] Dunning J. *Explaining International Production*. London: Unwin Hyman, 1988.

[149] Dunning J H. Internationalizing Porter's Diamond. *Management International Review*, Vol. 33, No. 2, 1993, pp. 7.

[150] Dunning J H. The Eclectic (OLI) Paradigm of International Production: Past, Present and Future. *International Journal of the Economics of Business*, Vol. 8, No. 2, 2001, pp. 173 – 190.

[151] Dunning J H, Lundan S M. Institutions and the OLI Paradigm ofthe Multinational Enterprise. *Asia Pacific Journal of Management*, Vol. 25, No. 4, 2008, pp. 573 – 593.

[152] Dutta S, Narasimhan O M, Rajiv S. Conceptualizing and Measur-

ing Capabilities: Methodology and Empirical Application. *Strategic Management Journal*, Vol. 26, No. 3, 2005, pp. 277 – 285.

[153] Economou P, Sauvant K P. FDI Trends in 2010 – 2011 And The Challenge of Investment Policies for Outward Foreign Direct Investment. In Karl P. Sauvant, Ed., *Yearbook on International Investment Law and Policy*, 2011 – 2012 (New York: Oxford University Press, 2013, pp. 3 – 40.

[154] Elango B, Pattnaik C. Building Capabilities for International Operations Through Networks: A Study of Indian Firms. *Journal of International Business Studies*, Vol. 38, No. 4, 2007, pp. 541 – 555.

[155] Feenstra R C, Li Z, Yu M. Exports and Credit Constraints Under Incomplete Information: Theory and Evidence from China. *Review of Economics and Statistics*, Vol. 96, No. 4, 2014, pp. 729 – 744.

[156] Gandhi A, Navarro S, Rivers D A. On the Identification of Gross Output Production Functions. *Journal of Political Economy*, Vol. 128, No. 8, 2020.

[157] Gaur A S, Ma X, Ding Z. Home Country Supportiveness/Unfavorableness and Outward Foreign Direct Investment from China. *Journal of International Business Studies*, Vol. 49, No. 3, 2018, pp. 324 – 345.

[158] Gawande K, Krishna P, Olarreaga M. What Governments Maximize and Why: The View from Trade. *International Organization*, Vol. 63, No. 3, 2009, pp. 491 – 532.

[159] Girma S, Kneller R, Pisu M. Exports Versus FDI: An Empirical Test. *Review of World Economics*, Vol. 141, No. 2, 2005, pp. 193 – 218.

[160] Globerman S, Shapiro D. Global Foreign Direct Investment Flows: The Role of Governance Infrastructure. *World Development*, Vol. 30, No. 11, 2002, pp. 1899 – 1919.

[161] Goldberg P K, Maggi G. Protection for Sale: An Empirical Investigation. *American Economic Review*, Vol. 89, No. 5, 1999, pp. 1135 – 1155.

[162] Grossman G M, Helpman E. Protection for Sale. *The American Eco-*

nomic Review, Vol. 84, No. 4, 1994, pp. 833 – 850.

[163] Guiso L, Sapienza P, Zingales L. Cultural Biases in Economic Exchange? *Quarterly Journal of Economics*, Vol. 124, No. 3, 2009, pp. 1095 – 1131.

[164] Habib M, Zurawicki L. Corruption and Foreign Direct Investment. *Journal of International Business Studies*, Vol. 33, No. 2, 2002, pp. 291 – 307.

[165] Head K, Ries J. Heterogeneity and The FDI Versus Export Decision of Japanese Manufacturers. *Journal of the Japanese and International Economies*, Vol. 17, No. 4, 2003, pp. 448 – 467.

[166] Helpman E, Melitz M J, Yeaple S R. Export Versus FDI with Heterogeneous Firms. *American Economic Review*, Vol. 94, No. 1, 2004, pp. 300 – 316.

[167] Henisz W J. The Institutional Environment for Economic Growth. *Economics and Politics*, Vol. 12, No. 1, 2000, pp. 1 – 31.

[168] Herzer D. The Long-Run Relationship Between Outward FDI and Total Factor Productivity: Evidence for Developing Countries. Proceedings of the German Development Economics Conference, Berlin, Research Committee Development Economics, 2011.

[169] Hong E, Sun L. Dynamics of Internationalization and Outward Investment: Chinese Corporations' Strategies. *China Quarterly*, Vol. 187, No. 187, 2006, pp. 610 – 634.

[170] Hong J, Wang C, Kafouros M. The Role ofthe State in Explaining the Internationalization of Emerging Market Enterprises. *British Journal of Management*, Vol. 26, No. 1, 2015, pp. 45 – 62.

[171] Horstmann I J, Markusen J R. Strategic Investments and the Development of Multinationals. *International Economic Review*, 1987, pp. 109 – 121.

[172] Horstmann I J, Markusen J R. Endogenous Market Structures in International Trade (Natura Facit Saltum). *Journal of International Economics*,

Vol. 32, 1992, pp. 109 – 129.

［173］Hoskisson R E, Wright M, Filatotchev I, Peng M W. Emerging Multinationals from Mid – Range Economies: The Influence of Institutions and Factor Markets. *Journal of Management Studies*, Vol. 50, No. 7, 2013, pp. 1295 – 1321.

［174］Huang Y, Xie E, Li Y, Reddy K S. Does State Ownership Facilitate Outward FDI of Chinese SOEs? Institutional Development, Market Competition, And The Logic of Interdependence Between Governments and SOEs. *International Business Review*, Vol. 26, No. 1, 2017, pp. 176 – 188.

［175］Huang Y, Zhang Y. How Does Outward Foreign Direct Investment Enhance Firm Productivity? A Heterogeneous Empirical Analysis from Chinese Manufacturing. *China Economic Review*, Vol. 44, 2017, pp. 1 – 15.

［176］Hymer S. *The International Operations of National Firms: A Study of Direct Foreign Investment*. The MIT Press, Cambridge, 1960.

［177］Hymer S H. *The International Operations of National Firms: A Study of Direct Foreign Investment*. Cambridge: MIT Press, 1976.

［178］Itskhoki O, Moll B. Optimal Development Policies with Financial Frictions. *Econometrica*, Vol. 87, No. 1, 2019, pp. 139 – 173.

［179］Januszewski S I, Koke J, Winter J K. Product Market Competition, Corporate Governance and Firm Performance: An Empirical Analysis for Germany. *Research in Economics*, Vol. 56, No. 3, 2002, pp. 299 – 332.

［180］Jung B. Optimal Fixed Cost Subsidies in Melitz – Type Models. *Empirica*, Vol. 39, No. 1, 2012, pp. 87 – 108.

［181］Kafouros M, Aliyev M. Institutions and Foreign Subsidiary Growth in Transition Economies: The Role of Intangible Assets and Capabilities. *Journal of Management Studies*, Vol. 53, No. 4, 2016, pp. 580 – 607.

［182］Kafouros M I, Buckley P J. Under What Conditions Do Firms Benefit from the Research Efforts of Other Organizations? *Research Policy*, Vol. 37, No. 2, 2008, pp. 225 – 239.

［183］ Kafouros M, Wang C, Mavroudi E, Hong J, Katsikeas C S. Geographic Dispersion and Co – Location in Global R&D Portfolios: Consequences for Firm Performance. *Research Policy*, Vol. 47, No. 7, 2018, pp. 1243 – 1255.

［184］ Kalotay K. Russian Transnationals and International Investment Paradigms. *Research in International Business and Finance*, Vol. 22, No. 1, 2008, pp. 85 – 107.

［185］ Kalotay K, Sulstarova A. Modelling Russian Outward FDI. *Journal of International Management*, Vol. 16, No. 2, 2010, pp. 131 – 142.

［186］ Kalouptsidi M. Detection and Impact of Industrial Subsidies: The Case of Chinese Shipbuilding. *Review of Economic Studies*, Vol. 85, No. 2, 2017, pp. 1111 – 1158.

［187］ Kandilov I T, Leblebicioğ Lu A, Petkova N. The Impact of Banking Deregulation On Inbound Foreign Direct Investment: Transaction – Level Evidence from The United States. *Journal of International Economics*, Vol. 100, 2016, pp. 138 – 159.

［188］ Kang Y, Jiang F. FDI Location Choice of Chinese Multinationals in East and Southeast Asia: Traditional Economic Factors and Institutional Perspective. *Journal of World Business*, Vol. 47, No. 1, 2012, pp. 45 – 53.

［189］ Kimura F, Kiyota K. Exports, FDI, and Productivity: Dynamic Evidence from Japanese Firms. *Review of World Economics*, Vol. 142, No. 4, 2006, pp. 695 – 719.

［190］ Knight G A, Cavusgil S T. Innovation, Organizational Capabilities, and the Born – Global Firm. *Journal of International Business Studies*, Vol. 35, No. 2, 2004, pp. 124 – 141.

［191］ Kobrin S J. *Managing Political Risk Assessment: Strategic Response to Environmental Change.* University of California Press, 1982.

［192］ Kolstad I, Wiig A. What Determines Chinese Outward FDI? *Journal of World Business*, Vol. 47, No. 1, 2012, pp. 26 – 34.

［193］ Kong Q, Guo R, Wang Y, Sui X, Zhou S. Home-Country Environment and Firms' Outward Foreign Direct Investment Decision: Evidence from Chinese Firms. *Economic Modelling*, Vol. 85, 2019, pp. 390 – 399.

［194］ Kostova T, Roth K, Dacin M T. Institutional Theory in the Study of Multinational Corporations: A Critique and New Directions. *Academy of Management Review*, Vol. 33, No. 4, 2008, pp. 994 – 1006.

［195］ Kotabe M, Srinivasan S S, Aulakh P S. Multinationality and Firm Performance: The Moderating Role of R&D and Marketing Capabilities. *Journal of International Business Studies*, Vol. 33, No. 1, 2002, pp. 79 – 97.

［196］ Krugman P. Scale Economies, Product Differentiation, and the Pattern of Trade. *The American Economic Review*, Vol. 70, No. 5, 1980, pp. 950 – 959.

［197］ Kuijs L. How Will China's Saving-Investment Balance Evolve? Policy Research Working Paper Series 3958, The World Bank, 2006.

［198］ Laver M, Garry J. Estimating Policy Positions from Political Texts. *American Journal of Political Science*, 2000, pp. 619 – 634.

［199］ Levinsohn J, Petrin A. Estimating Production Functions Using Inputs to Control for Unobservables. *The Review of Economic Studies*, Vol. 70, No. 2, 2003, pp. 317 – 341.

［200］ Li L, Liu X, Yuan D, Yu M. Does Outward FDI Generate Higher Productivity for Emerging Economy MNEs? Micro – Level Evidence from Chinese Manufacturing Firms. *International Business Review*, Vol. 26, No. 5, 2017, pp. 839 – 854.

［201］ Lin J, Chang H J. Should Industrial Policy in Developing Countries Conform to Comparative Advantage or Defy It? A Debate Between Justin Lin and Ha – Joon Chang. *Development Policy Review*, Vol. 27, No. 5, 2009, pp. 483 – 502.

［202］ Lin J, Monga C, te Velde D W, Tendulkar S D, Amsden A, Amoako K Y, Pack H, Lim W. Growth Identification and Facilitation: The

Role of the State in the Dynamics of Structural Change. *Development Policy Review*, Vol. 29, No. 3, 2011, pp. 259 – 310.

［203］ Liu E. Industrial Policies in Production Networks. *The Quarterly Journal of Economics*, Vol. 134, No. 4, 2019, pp. 1883 – 1948.

［204］ Liu X, Buck T, Shu C. Chinese Economic Development, The Next Stage: Outward FDI? *International Business Review*, Vol. 14, No. 1, 2005, pp. 97 – 115.

［205］ Luo Y, Zhang H. Emerging Market MNEs: Qualitative Review and Theoretical Directions. *Journal of International Management*, Vol. 22, No. 4, 2016, pp. 333 – 350.

［206］ Loughran T, McDonald B. When is a Liability Not a Liability? Textual Analysis, Dictionaries, and 10 – Ks. *The Journal of Finance*, Vol. 66, No. 1, 2011, pp. 35 – 65.

［207］ Loughran T, McDonald B. Textual Analysis in Accounting and Finance: A Survey. *Journal of Accounting Research*, Vol. 54, No. 4, 2016, pp. 1187 – 1230.

［208］ Lu J, Liu X, Wang H. Motives for Outward FDI of Chinese Private Firms: Firm Resources, Industry Dynamics, and Government Policies. *Management and Organization Review*, Vol. 7, No. 2, 2011, pp. 223 – 248.

［209］ Lu J, Liu X, Wright M, Filatotchev I. International Experience and FDI Location Choices of Chinese Firms: The Moderating Effects of Home Country Government Support and Host Country Institutions. *Journal of International Business Studies*, Vol. 45, No. 4, 2014, pp. 428 – 449.

［210］ Lu Y, Tao Z, Zhu L. Identifying FDI Spillovers. *Journal of International Economics*, Vol. 107, 2017, pp. 75 – 90.

［211］ Luo Y, Tung R L. International Expansion of Emerging Market Enterprises: A Springboard Perspective. *Journal of International Business Studies*, Vol. 38, No. 4, 2007, pp. 481 – 498.

［212］ Luo Y, Xue Q, Han B. How Emerging Market Governments Promote Outward FDI: Experience from China. *Journal of World Business*, Vol. 45, No. 1, 2010, pp. 68 – 79.

[213] Lu Y, Yu L. Trade Liberalization and Markup Dispersion: Evidence from China's WTO Accession. *American Economic Journal: Applied Economics*, Vol. 7, No. 4, 2015, pp. 221 – 253.

[214] Markusen J R, Venables A J. Multinational Firms and the New Trade Theory. *Journal of International Economics*, Vol. 46, No. 2, 1998, pp. 183 – 203.

[215] Markusen J R, Venables A J. The Theory of Endowment, Intra – Industry and Multinational Trade. *Journal of International Economics*, Vol. 52, 2000, pp. 209 – 234.

[216] Marquis C, Raynard M. Institutional Strategies in Emerging Markets. *The Academy of Management Annals*, Vol. 9, No. 1, 2015, pp. 291 – 335.

[217] Mayer T, Méjean I, Nefussi B. The Location of Domestic and Foreign Production Affiliates by French Multinational Firms. *Journal of Urban Economics*, Vol. 68, No. 2, 2010, pp. 115 – 128.

[218] Melitz M J. The Impact of Trade On Intra-Industry Reallocations and Aggregate Industry Productivity. *Econometrica*, Vol. 71, No. 6, 2003, pp. 1695 – 1725.

[219] Melitz M J, Redding S J. New Trade Models, New Welfare Implications. *The American Economic Review*, Vol. 105, No. 3, 2015, pp. 1105 – 1146.

[220] Meyer K E, Peng M W. Probing Theoretically into Central and Eastern Europe: Transactions, Resources, And Institutions. *Journal of International Business Studies*, Vol. 36, No. 6, 2005, pp. 600 – 621.

[221] Meyer K E, Peng M W. Theoretical Foundations of Emerging Economy Business Research. *Journal of International Business Studies*, Vol. 47, No. 1, 2016, pp. 3 – 22.

［222］Makino S, Beamish P W, Zhao N B. The Characteristics and Performance of Japanese FDI in Less Developed and Developed Countries. *Journal of World Business*, Vol. 39, No. 4, 2004, pp. 377 – 392.

［223］Morck R, Yeung B, Zhao M. Perspectives On China's Outward Foreign Direct Investment. *Journal of International Business Studies*, Vol. 39, No. 3, 2008, pp. 337 – 350.

［224］Nickell S J. Competition and Corporate Performance. *Journal of Political Economy*, Vol. 104, No. 4, 1996, pp. 724 – 746.

［225］North D. Institutions. *Journal of Economic Perspectives*, Vol. 5, No. 1, 1991, pp. 97 – 112.

［226］Oliver C. Strategic Responses to Institutional Processes. *Academy of Management Review*, Vol. 16, No. 1, 1991, pp. 145 – 179.

［227］Pan Y, Teng L, Supapol A B, Lu X, Huang D, Wang Z. Firms' FDI Ownership: The Influence of Government Ownership and Legislative Connections. *Journal of International Business Studies*, Vol. 45, No. 8, 2014, pp. 1029 – 1043.

［228］Peng M W. Towards an Institution-Based View of Business Strategy. *Asia Pacific Journal of Management*, Vol. 19, No. 2 – 3, 2002, pp. 251 – 267.

［229］Peng M W, Heath P S. The Growth ofthe Firm in Planned Economies in Transition: Institutions, Organizations, and Strategic Choice. *Academy of Management Review*, Vol. 21, No. 2, 1996, pp. 492 – 528.

［230］Peng M W, Luo Y. Managerial Ties and Firm Performance in a Transition Economy: The Nature of a Micro-Macro Link. *Academy of Management Journal*, Vol. 43, No. 3, 2000, pp. 486 – 501.

［231］Peng M W, Sun S L, Pinkham B, Chen H. The Institution-Based View as a Third Leg for a Strategy Tripod. *Academy of Management Perspectives*, Vol. 23, No. 3, 2009, pp. 63 – 81.

［232］Pflüger M, Südekum J. Subsidizing Firm Entry in Open Economies. *Journal of Public Economics*, Vol. 97, 2013, pp. 258 – 271.

[233] Potterie B van P de la, Lichtenberg F. Does Foreign Direct Investment Transfer Technology Across Borders? *Review of Economics and Statistics*, Vol. 83, No. 3, 2001, pp. 490 – 497.

[234] Pradhan J P, Singh N. Outward FDI and Knowledge Flows: A Study of the Indian Automotive Sector. MPRA Paper, No. 12325, 2008.

[235] Ramasamy B, Yeung M, Laforet S. China's Outward Foreign Direct Investment: Location Choice and Firm Ownership. *Journal of World Business*, Vol. 47, No. 1, 2012, pp. 17 – 25.

[236] Rasiah R, Gammeltoft P, Jiang Y. Home Government Policies for Outward FDI from Emerging Economies: Lessons from Asia. *International Journal of Emerging Markets*, Vol. 5, No. 3/4, 2010, pp. 333 – 357.

[237] Rialp A, Rialp J, Knight G A. The Phenomenon of Early Internationalizing Firms: Wat Do We Know After a Decade (1993 – 2003) of Scientific Inquiry? *International Business Review*, Vol. 14, No. 2, 2005, pp. 147 – 166.

[238] Rodrik D. Industrial Policy for the Twenty-First Century. Harvard University, 2004. https: //invenio. unidep. org/invenio/record/18463/files/rodrik. pdf.

[239] Rui H, Yip G S. Foreign Acquisitions by Chinese Firms: a Strategic Intent Perspective. *Journal of World Business*, Vol. 43, No. 2, 2008, pp. 213 – 226.

[240] Rugman A M, Verbeke A. Strategic Capital Budgeting Decisions and The Theory of Internalisation. *Managerial Finance*, Vol. 16, No. 2, 1990, pp. 17 – 24.

[241] Sauvant K P, Chen V Z. China's Regulatory Framework for Outward Foreign Direct Investment. *China Economic Journal*, Vol. 7, No. 1, 2014, pp. 141 – 163.

[242] Sauvant K, Economou P, Gal K, Lim S, Wilinski W. Trends in FDI, Home Country Measures and Competitive Neutrality. In A. K. Bjorklund,

Ed., *Yearbook On International Investment Law and Policy* 2012 – 2013. New York: Oxford University Press, 2014, pp. 3 – 107.

[243] Sauvant K P, Mallampally P. Policy Options for Promoting Foreign Direct Investment in the Least Developed Countries. *Transnational Corporations Review*, Vol. 7, No. 3, 2015, pp. 237 – 268.

[244] Shi W S, Sun S L, Yan D, Zhu Z. Institutional Fragility and Outward Foreign Direct Investment from China. *Journal of International Business Studies*, Vol. 48, No. 4, 2017, pp. 452 – 476.

[245] Singh D, Pattnaik C, Gaur A S, Ketencioglu E. Corporate Expansion During Pro-Market Reforms in Emerging Markets: The Contingent Value of Group Affiliation and Unrelated Diversification. *Journal of Business Research*, Vol. 82, 2018, pp. 220 – 229.

[246] Song J Y. Firm Capability and Technology Ladders: Sequential Foreign Direct Investments of Japanese Electronics Firms in East Asia. *Strategic Management Journal*, Vol. 23, No. 3, 2002, pp. 191 – 201.

[247] Spencer B J, Brander J A. International R and D Rivalry and Industrial Strategy. *The Review of Economic Studies*, Vol. 50, No. 4, 1983, pp. 707 – 722.

[248] Stallkamp M, Pinkham B C, Schotter A P, Buchel O. Core or Periphery? The Effects of Country-of-Origin Agglomerations On the Within-Country Expansion of MNEs. *Journal of International Business Studies*, Vol. 49, No. 8, 2018, pp. 942 – 966.

[249] Stoian C. Extending Dunning's Investment Development Path: The Role of Home Country Institutional Determinants in Explaining Outward Foreign Direct Investment. *International Business Review*, Vol. 22, No. 3, 2013, pp. 615 – 637.

[250] Stoian C, Filippaios F. Dunning's Eclectic Paradigm: A Holistic, Yet Context Specific Framework for Analysing the Determinants of Outward FDI. Evidence from International Greek Investments. *International Business Review*,

Vol. 17, No. 3, 2008, pp. 349 – 367.

［251］Sun P, Mellahi K, Thun E. The Dynamic Value of MNE Political Embeddedness: The Case of the Chinese Automobile Industry. *Journal of International Business Studies*, Vol. 41, No. 7, 2010, pp. 1161 – 1182.

［252］Sun P, Mellahi K, Wright M. The Contingent Value of Corporate Political Ties. *Academy of Management Perspectives*, Vol. 26, No. 3, 2012, pp. 68 – 82.

［253］Tomiura E. Foreign Outsourcing, Exporting, and FDI: A Productivity Comparison at the Firm Level. *Journal of International Economics*, Vol. 72, No. 1, 2007, pp. 113 – 127.

［254］Tseng C-H, Tansuhaj P, Hallagan W, McCullough J. Effects of Firm Resources on Growth in Multinationality. *Journal of International Business Studies*, Vol. 38, No. 6, 2007, pp. 961 – 974.

［255］United Nations Conference on Trade and Development, *World Investment Report* 2008: *Transnational Corporations, and the Infrastructure Challenge*. New York: United Nations, 2008.

［256］Vahter P, Masso J. Home Versus Host Country Effects of FDI: Searching for New Evidence of Productivity Spillovers. *SSRN Electronic Journal*, Vol. 53, No. 2, 2006, pp. 165 – 196.

［257］Wang M Y. The Motivations Behind China's Government – Initiated Industrial Investments Overseas. *Pacific Affairs*, Vol. 75, No. 2, 2002, pp. 187 – 206.

［258］Wang C, Hong J, Kafouros M, Boateng A. What Drives Outward FDI of Chinese Firms? Testing The Explanatory Power of Three Theoretical Frameworks. *International Business Review*, Vol. 21, No. 3, 2012a, pp. 425 – 438.

［259］Wang C, Hong J, Kafouros M, Wright M. Exploring the Role of Government Involvement in Outward FDI from Emerging Economies. *Journal of International Business Studies*, Vol. 43, No. 7, 2012b, pp. 655 – 676.

［260］Wang X, Xu L C, Zhu T. State-Owned Enterprises Going Public: The Case of China. *Economics of Transition*, Vol. 12, No. 3, 2004, pp. 467 - 487.

［261］Witt M A, Lewin A Y. Outward Foreign Direct Investment as Escape Response to Home Country Institutional Constraints. *Journal of International Business Studies*, Vol. 38, No. 4, 2007, pp. 579 - 594.

［262］Xia J, Ma X, Lu J W, Yiu D W. Outward Foreign Direct Investment by Emerging Market Firms: A Resource Dependence Logic. *Strategic Management Journal*, Vol. 35, No. 9, 2014, pp. 1343 - 1363.

［263］Yamakawa Y, Peng M W, Deeds D L. What Drives New Ventures to Internationalize from Emerging to Developed Economies? *Entrepreneurship Theory and Practice*, Vol. 32, No. 1, 2008, pp. 59 - 82.

［264］Yaprak A, Yosum T, Centindamar D. The Influence of Firm-Specific and Country-Specific Advantages in The Internationalization of Emerging Market Firms: Evidence from Turkey. *International Business Review*, Vol. 27, No. 1, 2018, pp. 198 - 207.

［265］Yeaple S R. Firm Heterogeneity and the Structure of US Multinational Activity. *Journal of International Economics*, Vol. 78, No. 2, 2009, pp. 206 - 215.

［266］Yiu D W, Lau C, Bruton G D. International Venturing by Emerging Economy Firms: The Effects of Firm Capabilities, Home Country Networks, and Corporate Entrepreneurship. *Journal of International Business Studies*, Vol. 38, No. 4, 2007, pp. 519 - 540.

［267］Youden W J. Index for Rating Diagnostic Tests. *Cancer*, Vol. 3, No. 1, 1950, pp. 32 - 35.

［268］Zhang J. Chinese Foreign Economic and Trade Cooperation Zones: Experimentation Field for Going Out of Chinese Enterprises. Xinhuanet, 2011.

［269］Zhang Y, Zhan W, Xu Y, Kumar V. International Friendship Cities, Regional Government Leaders, and Outward Foreign Direct Investment from China. *Journal of Business Research*, Vol. 108, 2020, pp. 105 – 118.

    [270] Zhang J, Zhou C, Ebbers H. Completion of Chinese Overseas Acquisitions: Institutional Perspectives and Evidence. *International Business Review*, Vol. 20, No. 2, 2011, pp. 226 – 238.

后　记

本书是在我的博士学位论文的基础上修改完善而成，旨在系统总结我关于对外直接投资的前期研究成果。回望这段研究之旅，我的母校对外经济贸易大学国际化建设和复合型人才的培养模式使我受益良多。往昔难忘的时光依然历历在目，那份温暖和感动至今萦绕心间，我深感幸运，同时也满怀憧憬。

在此，我要特别感谢我的导师洪俊杰教授，并表达最诚挚的敬意。洪老师有着独到的学术视野、精深的理论知识和严谨的治学态度，始终教诲我做人做事做学问的真谛。在导师的带领下，我逐步解决了研究中的难题，反复推演理论模型，不断推敲经验研究，学术思维和科研能力得到了充分锻炼和提升。感谢乔治·华盛顿大学的陈晓阳教授，在国外联合培养的一年里，感谢陈教授在学术上对我的指导与支持。

我还要特别感谢我的父亲、母亲，正是他们无私的爱和无言的信任，鼓励我克服困难，不断前行。

感谢我的先生为本书题目提供的宝贵建议，以及他的支持、理解与陪伴。

感谢本书编辑王娟、李艳红女士，她们的专业性使本书更加完善。

本书即将出版，但中国企业对外直接投资的研究仍将继续。伴随着中国对外开放水平的不断提升，如何在全球范围内优化投资布局，建设中国的跨国公司，已成为影响微观企业和政府决策的重要议题，也关乎中国产业链供应链安全与全球竞争力提升。希望本书的出版能为中国企业在全球竞争中提供一些有益的启示，助力它们在国际舞台上找到更加坚实的立足点。

张宸妍

2025 年 3 月